Ana Tatit
Maria Silvia M. Machado

300 propostas

de artes visuais

Edições Loyola

Dados Internacionais de Catalogação na Publicação (CIP)
(Câmara Brasileira do Livro, SP, Brasil)

Tatit, Ana
  300 propostas de artes visuais / Ana Tatit, Maria Silvia M. Machado. -- 7. ed. -- São Paulo : Edições Loyola, 2017.

  ISBN 978-85-15-02687-6

  1. Arte (Ensino fundamental) - Estudo e ensino 2. Arte na educação 3. Atividades criativas na sala de aula I. Machado, Maria Silvia M.. II. Título.

11-12468   CDD-700.7

Índices para catálogo sistemático:
  1. Artes : Estudo e ensino   700.7

Preparação: Maurício Balthazar Leal
Capa e diagramação: Maurélio Barbosa
Fotos: Maria Silvia Monteiro Machado
  Ana Tatit
  Taís Barossi
Ilustração: Maria Silvia Monteiro Machado
Revisão: Sandra G. Custódio

Edições Loyola Jesuítas
Rua 1822, 341 – Ipiranga
04216-000 São Paulo, SP
T 55 11 3385 8500/8501 • 2063 4275
editorial@loyola.com.br
vendas@loyola.com.br
www.loyola.com.br

Todos os direitos reservados. Nenhuma parte desta obra pode ser reproduzida ou transmitida por qualquer forma e/ou quaisquer meios (eletrônico ou mecânico, incluindo fotocópia e gravação) ou arquivada em qualquer sistema ou banco de dados sem permissão escrita da Editora.

ISBN 978-85-15-02687-6

7ª edição: 2017

© EDIÇÕES LOYOLA, São Paulo, Brasil, 2003

AO MILTON DIAS TATIT, COM SAUDADES,
E ÀS MINHAS MENINAS: LINA, LIA, BIA, IL E NINA
Ana Tatit

PARA MAURICIO, MEU AMOR.
PARA MEUS PAIS, VIRGINIA E JOÃO BAPTISTA,
QUE OLHAM POR MIM LÁ DO CÉU.
Maria Silvia

Agradecimentos

Agradecemos a todos os alunos, professores, direção e funcionários da Escola Municipal de Iniciação Artística (EMIA) onde pudemos desenvolver grande parte das propostas deste livro.

Abigail Tatit, Adelsin,
Antonio Carlos Barossi,
Beatriz Reinach, Cândida Cappello,
Celeste Magnocavallo,
Chico dos Bonecos, Cristina Rogatko
Daniela Bozzo, Edith Derdyk,
Edith Pittier, Eduardo Brito da Silveira,
Elaine Ramos Coimbra, Eugenio Vinci,
Isabelle Bernard, Laura Vinci,
Lia Savoy Reinach, Lina de Morais Tatit,
Lisete Bonamin, Luiz Tatit,
Lydia Hortélio, Marcelo Juliano,
Marcelo Sapienza, Marcia Andrade,
Marcia Lagua, Marcos Venceslau,
Mariana Reinach, Marina Marcondes Machado, Maristela Loureiro,
Mariza Szpigel, Mauricio de Miranda,
Nina Savoy Reinach, Odino Pizzingrilli,
Paulo Tatit, Rosa Comporte,
Rosa Iavelberg, Rui Siqueira,
Tais Barossi, Tarcísio Sapienza,
Tati Barossi, Tatiana De Láquila,
Thelma Penteado,
Wilson Bezerra, Zé Tatit

Sumário

Prefácio XVII
Introdução 1

Pintura

1. Corpo humano em tamanho natural 27
2. Pintura com cola e corante 27
3. Corante natural 28
4. Pintura com esponja 28
5. Pintura com esponja e colagem 29
6. Pintura com rolinho de espuma 29
7. Tinta de papel de seda e papel crepom 30
8. Pintura com água sanitária 31
9. Pintura espelhada 31
10. Pintura com mãos e pés 31
11. Caminho dos pés 32
12. Histórias com mãos e pés 33
13. O grande pé e a grande mão 33
14. Painel 34
15. Painel com módulos 36
16. Como fazer tinta guache 37
17. Pintura com tinta creme 38
18. Têmpera 39
19. Tinta a óleo 40
20. Fazer tela 41
21. Pintura em tecido estampado 42
22. Pintura com tinta borrifada 43
23. Anilina sobre giz pastel ou de cera 43

24. Anilina sobre tinta guache 44
25. Sabão e anilina 44
26. Aquarelar a canetinha 45
27. Pintura com pente 45
28. Pintura lavada 45
29. Pintura escorrida 46
30. Pintura transportável 47
31. Pintura na pedra 47
32. Espírito de um estilo 47
33. Pintura pontilhista 48
34. Autorretrato 49
35. Autorretrato no espelho 50
36. Pintura a distância 51
37. Xerox de uma obra de arte 51
38. Reprodução com papel-carbono 53
39. Observação com papel-carbono 53
40. Pintura de observação de uma obra de arte 54
41. Pintura de memória de uma obra de arte 54
42. Reorganização de uma obra de arte 55
43. Releitura de uma obra de arte com recortes 55
44. Modelo vivo de uma obra de arte 56
45. Releitura com contraste 57
46. Fachadas 58
47. Organização cronológica de obras de arte 60
48. Escurecer e clarear a cor 60
49. Pintura sobre o branco e o preto 61
50. Pintura corporal 62

 **Desenho**

51. Desenho cego 67
52. Mão esquerda 67
53. Desenho com a mão direita e a esquerda simultaneamente 68
54. Desenho cronometrado 68
55. Desenho a partir do rabisco 69
56. Traço contínuo 70
57. Modelo vivo 70
58. Retrato de perfil 71
59. Retrato falado 72
60. Caretas 72
61. Desenho de um objeto 72
62. Xerox de fotos da família 73
63. Desenho de observação fora da sala de aula 74

64. Sombras	74
65. Desenho de observação e de memória de animais	76
66. Contar uma história	77
67. Descrição de uma obra de arte	78
68. Desenho e mímica	79
69. O som e o desenho	79
70. Nanquim	80
71. Modelo vivo e nanquim	81
72. Nanquim e giz de cera	81
73. Desenho sobre papel rasgado	82
74. Desenho a partir de formas geométricas	83
75. *Frottage*	83
76. Desenho com borracha	85
77. Desenho com cola e outros materiais	85
78. Desenho com cola colorida	85
79. Desenho negativo	86
80. Desenho com vela e giz de cera	86
81. Desenho com pó de lápis colorido	86
82. Desenho com clipes	87
83. Desenho com durex colorido	87
84. Desenho na lixa	87
85. Desenhar e imprimir com plástico	87
86. Desenho na etiqueta	88
87. Desenho na partitura	88
88. Giz molhado	89
89. Desenho com papel-carbono	89
90. Variações sobre temas	90
91. Trajeto de casa à escola	90
92. Grafismo com linhas sinuosas	91
93. Faixas com obstáculos	93
94. Desenho em planos	93
95. Desenho tridimensional	94
96. Janelas	95
97. Novo alfabeto	96
98. Desenho da palavra	96
99. Desenho de provérbios, expressões e ditos populares	96
100. Liga-pontos	97
101. Jogo de adivinhação	97
102. Desenho surpresa	98
103. Desenho em três fases	98
104. Passado/presente/futuro	99
105. Livro maluco	99
106. Desenho animado	100
107. Animação com o lápis	101
108. Animação girando	101
109. Disco de cores com bola de gude	102
110. Cineminha	103
111. Fenacistoscópio	104
112. Arte postal	104

Recortes, colagens e outras técnicas

113. Natureza 109
114. Pintura com elementos da natureza 109
115. Cópia da natureza 109
116. Celebração à natureza 110
117. Carimbo com elementos da natureza 110
118. Carimbo de legumes e outros materiais 111
119. Gravura na bandejinha de isopor 111
120. Impressão com papel dobrado 112
121. Impressão a partir de figuras de revistas 112
122. Impressão na parafina 113
123. Monotipia 113
124. Monotipia com pastel oleoso 115
125. Revista e bombril 116
126. Cologravura 117
127. Xilogravura e gravura em linóleo 118
128. A grande colagem 120
129. Bolinhas de papel 121
130. Casca de ovo 121
131. Grãos 121
132. O lixo no trabalho 122
133. Integração pintura e revista 122
134. Colagem e pintura 123
135. Contraste entre preto e branco 123
136. Imagem projetada 123
137. Retrato na transparência 124
138. Retratando um time de futebol 124
139. Fotomontagem 125
140. Imagem ampliada 126
141. Imagens intercaladas 127
142. Retrato com mosaico 127
143. Vitral com celofane 128
144. Quebra-cabeça 129
145. Quebra-cabeça com caixa de fósforo 129
146. Colagem de recortes e papel rasgado 130
147. Recortes de papéis coloridos 131
148. Quadrados e retângulos 132
149. Colagem de retalhos sobre tecido 133
150. Papel ondulado 133
151. Furador de papel 134
152. Interferência com barbante 134
153. Barbante molhado na tinta 134
154. Textura com lápis 135
155. Lápis marmorizado 136
156. Trama com papel 136

157. Tear de caixa de sapato	139
158. Trama em cruz	140
159. Tramas com lãs	141
160. Papel feito à mão	142
161. Papel e vela marmorizados	143
162. Batique	145
163. Velas recicladas	146
164. Giz de cera reciclado	147

Bonecos, máscaras, modelagens e fantoches

165. Boneco de dedo	151
166. Boneco com cartolina	151
167. Boneco de papel com movimento	151
168. Boneco de jornal enrolado	152
169. Boneco de jornal amassado	154
170. Boneco com rolo de papel higiênico ou caixas	155
171. Boneco de meia ou luva	156
172. Boneco de cone	157
173. Boneco acrobata	159
174. Máscara e boneco de espuma	160
175. Boneco e máscara de bexiga	161
176. Máscara com cartolina	162
177. Máscara de saquinho de papel	163
178. Máscara de pratinhos de festa e de embalagens de pizza	163
179. Máscara com tiras de papel	163
180. Máscara de papel-alumínio	165
181. Máscara com caixa de papelão	165
182. Máscara de argila e pátina	166
183. Máscara de argila e papelagem	167
184. Objetos de papelagem	168
185. Máscara com atadura gessada	168
186. Argila	170
187. Argila com tema	172
188. Argilogravura	172
189. Pote de argila feito de "rolinhos"	173
190. Figura humana em argila	174
191. Módulos de argila para construção	176
192. Jogos de argila	176
193. Colar de argila ou durepóxi	178
194. Modelagem com durepóxi	179
195. Construção com pedras	179
196. Alto e baixo-relevo na argila	180

XIII

197. Alto e baixo-relevo em argila e gesso 181
198. Maçã de argila a partir de um molde de gesso 183
199. Tênis de cimento com molde de gesso 185
200. Quadro com relevo de papelagem 185
201. Escultura em gesso 186
202. Braço engessado 187
203. Luva engessada 187
204. Pés e mãos de gesso 189
205. Afresco em gesso 190
206. Como fazer pastel seco 190
207. Massinha para modelar 191
208. Papel machê 191
209. Pés e mãos de papelagem 192
210. Massa para modelagem de papel crepom 192
211. Relevos de papel machê sobre cartão 193
212. Fantoche de argila 193
213. Fantoche de papel machê 194
214. Fantoche de dedo com papelagem 195
215. Fantoche com cabaça 195
216. Marionetes de sucata 196
217. Marionete com bola de isopor 197

Mosaico

218. Mosaico na madeira 201
219. Mosaico em vaso de barro com cerâmica 202
220. Mosaico em vaso de barro com casca de coco 202
221. Mosaico no muro 203

Escultura e construções com materiais variados

222. Móbile 207
223. Escultura com arame 208
224. Construção com cabides 209
225. Figura humana com arame e outros materiais 210
226. Formas com bombril 211
227. Relevo com papel-alumínio 211
228. Relevo com canudos de papelão 212
229. Escultura com caixas de papelão 213

230. Subsolo, terra e ar	213
231. Esculturas a partir de um quadrado de papel	214
232. Formas tridimensionais	215
233. Construção de mochilas, bolsas e carteiras	215
234. Construção de chinelos e sapatos	217
235. Escultura com concreto celular	217
236. Escultura com gravetos	218
237. Construção com madeira	219
238. Madeira com dobradiças	220
239. Escultura em sabão e vela	221
240. Guache e giz de cera em vidro	222
241. Objetos de barbante	222
242. Lanterna de vidro, de lata e de papel	222

Jogos e brinquedos com sucata e outros materiais

243. Telefone de lata	227
244. Sapato de lata	227
245. Boliche com lata	227
246. Caleidoscópio	227
247. "Caleidoscópio" com garrafa	228
248. Binóculo colorido	228
249. Pipa e minipipa	228
250. Piabinha de papel	230
251. Helicóptero de papel	232
252. Paraquedas	232
253. Cata-vento	232
254. Barquinhos	233
255. Grande bolha de sabão	234
256. Carrinho sobe e desce	235
257. Bichinho que mexe a cabeça e o rabo	236
258. Bichinho que anda	237
259. Colar de contas de papel	238
260. Bola de bexiga e painço	239
261. Isopor encolhido	239
262. Rabo de gato	240
263. Quatro, seu retrato	241
264. Mensagem na tira de papel	242
265. Futebol de prego	242
266. Cavalinho de pau	243
267. Jogo de damas com cabo de vassoura	243
268. Jogo da velha gigante	244
269. Jogo da velha em três planos	244

270. Jogo da memória e dominó 244
271. Come-come 245
272. 5 Marias 247
273. Pião de tampinha 247
274. Diabolô 247
275. Bilboquê 249
276. Barangandão 249
277. Enrola-bola 250
278. Mini joão-bobo 251
279. Escada de jacó 251
280. Avião de lata de refrigerante 253
281. Helicóptero de sucata 254
282. Carrinho de garrafa e latas de refrigerante 255
283. Corrupio 257
284. Rói-rói 258
285. Som de galinha 259
286. Chocalho de lâmpada 259
287. Pau de chuva 260
288. Chocalho de canudo de papelão 261
289. Maracas 261
290. Reco-reco de conduíte 262
291. Unicórdio 263
292. Apito de barro 264
293. Flauta de êmbolo 266
294. Agogô de lata 266

Outras atividades

295. Interferência no espaço externo 271
296. O circo 271
297. "Boibolê" 272
298. O dragão 273
299. Teatro de sombras 274

O Sucatário

300. Sucatário 279

Índice remissivo 281

Prefácio

Os conteúdos de artes plásticas a serem ensinados e aprendidos nas escolas formam um vasto leque, cuja diversidade coincide com a da própria arte produzida ao longo da história nas distintas culturas.

Acreditamos que o modo de aprendizagem dos alunos é um fio condutor importante nas propostas de ensino. Entre as ações de aprendizagem em arte, o pensar sobre arte e o fazer arte formam um binômio destacado na sala de aula. É desejável que fazer arte na escola promova o desenvolvimento do percurso de criação pessoal do aluno.

Uma das bases na aquisição dos saberes para fazer arte é a articulação e o uso criador dos materiais e das técnicas. Tal base dará oportunidade ao estudante para se comunicar e se expressar em arte.

Esses conhecimentos podem ser relacionados à arte produzida em todas as épocas e culturas: podem, portanto, consolidar um caminho para o trabalho de contextualização das obras de arte e trazer consciência sobre a historicidade dos materiais e suportes no trabalho dos próprios aprendizes.

O saber sobre materiais e técnicas, associado à construção dos trabalhos artísticos dos alunos e dos produtores de arte, é imprescindível no ensino contemporâneo.

Duas artistas e arte-educadoras observaram a necessidade de informar o professor sobre o universo procedimental das artes plásticas, ou seja, sobre o âmbito do saber fazer arte, considerando que esse conjunto de saberes coexistirá, nas aulas, com outros de natureza distinta, por exemplo, os saberes conceituais e os saberes relativos aos valores e às atitudes em arte.

Um conjunto de informações sobre técnicas de artes plásticas ou uma lista dessas, por si, não poderia ajudar o professor a saber como dar aulas de arte, entretanto, a leitura das indicações das autoras pode favorecer a organização das aulas em distintos contextos educativos.

Ana Tatit e Maria Silvia Machado, artistas e arte-educadoras, com experiência em educação formal e não formal, principalmente em instituições públicas, observaram a necessidade de informar o professor sobre materiais e técnicas em artes plásticas, o que significou dar acesso a informações sobre trezentas formas de combinação, entre distintos materiais e suportes.

As autoras, certamente, acreditam que esse conhecimento, tão variado, auxiliará o professor a criar suas aulas, e tal ideia é fruto da própria prática reflexiva, o que propicia aos leitores um contexto de troca e de comunicação com a experiência educativa de Machado e Tatit.

Conscientes de que para que o aluno tenha liberdade de escolha para criar sua arte é necessário que ele conheça materiais, suportes e as possíveis articulações entre eles, as autoras abrem a imaginação dos professores e dos alunos, para que as trezentas sugestões possam ser multiplicadas infinitamente.

Rosa Iavelberg
Professora de Arte na graduação e na pós-graduação da Faculdade de Educação da Universidade de São Paulo (USP).

Introdução

Sabemos como o dia a dia do ensino das artes plásticas exaure lentamente a energia criativa do professor, que diante da urgência de planejar suas aulas acaba por ver-se obrigado a repetir atividades muitas vezes já cansativas para os alunos ou a optar por deixá-los livres para fazer o que quiserem, o que resulta frequentemente numa experiência vazia. Este livro, com seu leque de trezentos exercícios, pretende facilitar e enriquecer o planejamento do professor, apresentando inúmeras possibilidades com as quais ele pode desenvolver e aprofundar sua experiência de ensino. Nesta introdução abordaremos alguns aspectos mais gerais, que envolvem a prática e a execução dessas atividades: dos materiais utilizados na aula até o espaço em que ela se desenvolve, passando pelo papel do professor em sala e suas relações com os alunos, incluindo sugestões de como organizar um "Sucatário", que é uma forma de valorizar o material reciclado, livrando-o do estigma de lixo, alçando-o à condição de material artístico.

Manipulação sensível dos objetos de uso cotidiano e da natureza, associados a materiais específicos das artes visuais

A primeira preocupação deste livro foi criar ou recolher exercícios que possam ser executados com materiais acessíveis, o que quer dizer de baixo custo e fáceis de ser encontrados na maior parte das cidades do país. Com isso, o livro também atende aos docentes que lecionam em escolas menos

Introdução

equipadas (incluindo aquelas minimamente estruturadas para o ensino da arte), já que se acredita que a qualidade pode ser alcançada tendo à mão recursos básicos. Assim sendo, as atividades deste livro estão voltadas para a conquista de uma expressão artística obtida por meio da manipulação dos objetos de uso cotidiano e da natureza associados aos materiais específicos de arte.

A sucata obtida a partir de objetos do cotidiano, por exemplo, já é um material muito usado nas aulas de artes; nesse sentido, procuramos destacar sua importância como meio expressivo, sugerindo formas de organizá-la para que se torne um material atraente e adequado às práticas das artes visuais (mais adiante, no tópico "O Sucatário", desdobraremos este assunto). Além disso, é possível e bastante produtivo buscar outros tipos de sucata, das que se encontram em fábricas, lojas, indústrias etc. e não ficar apenas com aquelas geradas em casa. Recolher esse material é muito enriquecedor para as atividades, sejam as sucatas miúdas, muito usadas em colagens, sejam as grandes, que tanto auxiliam nas construções tridimensionais.

Os recursos e possibilidades de utilização desse material são tão amplos que só neste livro há mais de cinquenta atividades nas quais ele é empregado. É claro que o produto final se enriquece pela mescla da sucata com materiais específicos das artes. No entanto, acreditamos e investimos na ideia de que, mesmo no caso de escolas com poucos recursos financeiros para obter os materiais tradicionais, como papéis variados, tintas específicas etc., é possível, ainda assim, realizar muitas atividades.

Além do uso da sucata, há os exercícios em que são empregados diretamente elementos da natureza, como pedras, terra, folhas, flores, gravetos etc. A natureza está presente até mesmo nos centros urbanos, por isso esses materiais podem ser encontrados em qualquer parte da cidade e, com o uso sensível deles, podemos criar trabalhos expressivos. Propomos algumas atividades com esses elementos e outras que os utilizam indiretamente, como é o caso de trabalhos de observação da natureza.

Ao empregar esses recursos naturais, queremos acordar e sensibilizar o olhar para as coisas que estão ao nosso redor, para que sejam transformadas em produto criativo. Desse modo, por exemplo, é possível "enxergar" em uma semente de árvore caída no chão as formas de um futuro passarinho; ou em uma pedra uma tartaruga; e assim por diante. Trata-se, portanto, de criar muitas outras atividades aproveitando esses recursos junto com materiais tradicionais como tinta, cola etc.

Valorização dos materiais tradicionais

Se, por um lado, propomos o uso de materiais de naturezas diversas, e às vezes insólitas, como pedra, fotocópias, ladrilho, carbono, casca de ovo etc., por outro lado não descartamos e, ao contrário, revalorizamos aqueles materiais com os quais tradicionalmente as artes visuais trabalham, como o guache, o giz de cera, o lápis de cor, a argila etc. Os recursos oferecidos pelos materiais tradicionais devem ser explorados ao máximo, em relação tanto à aplicação que deles normalmente se faz como à possibilidade de experimentá-los de outras formas. O lápis de cor, por exemplo, deve servir para cobrir áreas do desenho, mas suas cores também podem ser sobrepostas, criando outros tons e texturas. Podem ser usados a seco ou com água (no caso do lápis de cor aquarelada); as linhas do desenho podem ser coloridas, substituindo o tradicional lápis preto de desenho; e o seu pigmento (as pequenas partículas de pó que vão saindo do lápis ao ser apontado) pode ser aproveitado ao ser pressionado e espalhado com o dedo sobre o papel. Os trabalhos dos alunos podem ser enriquecidos com a apreciação de obras de arte ou ilustrações feitas apenas com o uso do lápis de cor, para que percebam que são inúmeras suas possibilidades de aplicação e para que o valorizem. Enfim, há muito que explorar com um material simples e muito familiar a todos.

Um outro exemplo, o giz de cera, material tão comum, pode ser usado de muitas formas: com a ponta, "deitado", com força, levemente, sobrepondo cores, criando texturas (ver exercício 75, "*Frottage*"), aproveitando o seu "pozinho" (como no caso do lápis de cor), derretendo-o (exercício 80, "Desenho com vela e giz de cera"), empregando-o com nanquim (exercício 72, "Nanquim e giz de cera") etc. Além dessas possibilidades, com as quais o professor pode desenvolver várias aulas, é possível também ensinar os alunos a reciclar o giz de cera (exercício 164, "Giz de cera reciclado"). A partir de pequenos pedaços de giz (aqueles que sobram na caixa, sujinhos, que nenhuma criança gosta de usar) conseguem-se novos gizes, em vários formatos e de várias cores. Com isso, o material que se encontrava abandonado ganha outra utilidade e passa a atrair os alunos, que se interessam mais uma vez, e de outra forma, por eles, transformando-os e tornando-os novos de novo.

É importante que os alunos percebam que todos os materiais são nobres e seus recursos, inesgotáveis. A fabricação de materiais faz com que eles entendam esse aspecto, além de permitir-lhes conhecer melhor o significado dessa experiência alquímica. Poder fabricá-los na escola ou em casa é bastante enriquecedor. Assim, há neste livro algumas atividades que exploram essa magia da fabricação de materiais.

Introdução

As atividades não estão selecionadas por faixa etária

A segunda preocupação deste livro é evitar a classificação das atividades por faixa etária; ao contrário, deseja-se que elas venham servir tanto à criança como a um jovem artista. Isso porque o principal em qualquer prática artística é o conhecimento que se adquire quando a expressão supera as barreiras dos estereótipos formais e se encontra com o inusitado, e esta possibilidade está presente sempre que se faça arte, independentemente da técnica e maturidade do praticante. Um exercício não é mais que um meio de dar um passo na direção desse conhecimento. Com um pouco de bom senso[1], o professor pode quebrar a lógica dos exercícios "destinados aos pequenos e aos grandes", oferecendo desafios a ambos. A massinha de modelar, por exemplo, é um material somente oferecido às crianças pequenas. Por que não entregar esse material aos alunos do ensino médio? Eles reviveriam algo que deixaram para trás, na infância, e, com esse contato tátil, abririam também um espaço para reviver emoções e sentimentos de uma época já distante. Além disso, passaria a ser um desafio transformar uma matéria tão simples e elementar em um produto condizente com a idade mais madura na qual se encontram. Se aos 6 anos o aluno usava a massinha de uma forma, como seria usá-la aos 16? Sobre esse aspecto abre-se uma discussão interessante, que diz respeito ao próprio processo de criação: se esse adolescente nunca mais, desde pequeno, manipulou a massinha, provavelmente sua criação vai se remeter àquela época, como quando o adulto retoma o desenho depois de muito tempo sem desenhar. Como trabalhar para que o produto final esteja tão maduro quanto a idade cronológica de seu autor? É, sem dúvida, um desafio.

Assim como o jovem pode fazer um uso criativo da massinha, uma criança de 8 anos pode experimentar fazer uma gravura em linóleo, técnica normalmente destinada aos maiores, desde que receba uma orientação do professor quanto ao uso das ferramentas e ao procedimento empregado. Dessa forma as atividades vão se entrelaçando e todos os exercícios, ou quase todos, podem ser vivenciados pelas mais variadas idades. Procura-se, com isso, estimular e desafiar crianças e adolescentes em suas produções, diferenciando, evidentemente, quanto ao produto final.

---

1. Principalmente no que se refere às atividades que incluam materiais tóxicos, os quais evidentemente não devem ser oferecidos aos pequenos.

É importante que o professor vivencie os exercícios antes de propô-los

Um grande artista não é necessariamente um grande professor, e vice-versa. Mas para ser um bom professor é muito importante vivenciar a proposta antes de trazê-la para os alunos. Assim, todas as atividades que o professor seleciona para seu curso devem ser experimentadas, não só para perceber possíveis dificuldades técnicas, mas para sentir integralmente a emoção a que o exercício remete. Estar diante de uma folha de papel em branco, a partir da qual tudo pode acontecer, pode ser mais assustador do que reconfortante. Perceber a criação, de onde partir, o percurso, aonde chegar, é imprescindível para que o professor obtenha subsídios para entender o processo pelo qual seus alunos passarão. Só se percebe, por exemplo, a relação existente entre a inclinação do bico de pena e o traço que o nanquim deixa no papel, ou ainda que ele pode pingar e escorrer sobre o trabalho, se alguma vez já se experimentou essa técnica. Toda essa vivência irá ampliar e auxiliar o olhar e a sensibilidade do professor diante do trabalho do aluno.

Com a prática, estima-se também (mesmo que não precisamente) o tempo que cada exercício solicita. Ao ler o enunciado de uma atividade, o professor não tem noção das dificuldades que pode encontrar, por exemplo, num encaixe de boneco, cuja percepção pode servir-lhe para auxiliá-lo na seleção ou não dessa proposta em determinada situação.

Contudo, não se deve usar a experiência pessoal como modelo de resolução para os alunos. Houve uma grande preocupação, ao enunciarmos os exercícios, em sempre assegurar a liberdade de expressão de cada um. Em todas as propostas, a forma de o aluno caracterizar o seu trabalho, da maneira que ele considerar mais adequada, está rigorosamente garantida. Assim como o professor teve seu momento de criação, aos alunos isso também deve ser assegurado, com incentivo às resoluções pessoais.

Referências artísticas

Sempre que um exercício evoque técnicas ou temas relacionados às obras de arte, o livro traz as referências bibliográficas das quais as informações foram tiradas ou sobre as quais foram fundamentadas para que o professor possa, na medida do possível, pesquisar e complementar sua aula. O ensino das artes visuais está totalmente vinculado ao fazer artístico e à observação

Introdução

de seus procedimentos, sejam os dos alunos ou de artistas consagrados. A observação da própria produção, da dos colegas, ou de obras de arte, reconhecidamente motiva o aluno, que se renova com essa experiência, além de ser essa, no nosso entender, a melhor forma de ele conhecer e compreender a arte (em todos os sentidos).

Há vários caminhos para a apreciação da produção artística. Pode-se começar uma atividade sensibilizando os alunos por meio da observação e do levantamento de todas as impressões que uma obra de arte suscita, e somente depois passar para uma atividade prática. Pode-se, ao contrário, iniciar por uma atividade prática e posteriormente introduzir, no debate a respeito do que foi produzido, elementos tirados da observação de obras que, de antemão, o professor tenha selecionado para aquele exercício. O importante é estabelecer um paralelo entre o que está sendo feito naquele momento e o que já foi feito por outros artistas, para que, na medida do possível, os alunos percebam determinados processos de criação e contextualizem suas produções. Quem pretende ensinar a técnica da têmpera não poderá deixar de relacioná-la às pinturas de Volpi, e assim, concomitantemente, estará iniciando o aluno na apreciação da obra desse grande artista brasileiro. Por isso nos preocupamos em citar alguns artistas, ou movimentos, para que o professor possa pesquisar e melhor desenvolver as propostas sugeridas. Além das referências citadas no livro, cabe ao professor fazer outras associações e ir além em suas pesquisas.

Há duas formas de o aluno entrar em contato com as obras: mediante reproduções, seja em livros, *slides*, transparências, vídeos, internet etc., ou diretamente, visitando museus, galerias, ateliês de artistas, igrejas históricas, monumentos etc. Seja qual for o caminho (sem deixar de enfatizar a importância de o aluno entrar em contato direto com a obra de arte), é preciso que o professor tenha conhecimento e bastante sensibilidade ao propor e ao levar a cabo a apreciação da obra de arte[2]. Assim como realçamos a importância de o professor já ter executado os exercícios antes de propô-los, também nessa atividade ele deve se preparar adequadamente, sobretudo pesquisando sobre o artista, e sua obra, que abordará em aula[3],

---

2. A obra de arte se refere às varias maneiras de se fazer arte: pintura, desenho, gravura, escultura, instalações, *performances*, vídeos etc.

3. Sem dúvida, ler e pesquisar a vida do artista traz muitos elementos importantes, e às vezes curiosos, para a compreensão de sua obra. Mas o professor pode fazer uma seleção daquilo que pesquisou, destacando os dados que precisamente contribuem

localizando os contextos histórico, social, político e artístico com os quais ele se relaciona, para ter subsídios para uma discussão proveitosa. Com esses elementos, o docente estará apto a incentivar um debate mais complexo a esse respeito. Todavia, não deve despejar todos esses conhecimentos sem que eles se tornem realmente significativos para os seus alunos. E como torná-los significativos? Primeiro, é necessário garantir que os alunos tenham liberdade para sentir e perceber a obra de arte sem ser induzidos, previamente, por essa ou aquela visão. O conhecimento vem por meio da observação, que, por sua vez, deve surgir das suposições que os alunos fazem diante do objeto observado. Aproveitar esses elementos de observação que brotam espontaneamente dos alunos (tanto dos pequenos como dos maiores), e acrescentar a eles perguntas pertinentes ou instigações com base nos elementos da linguagem visual, é um bom caminho para uma apreciação mais perspicaz, que não permitirá que a relação dos alunos com a obra seja passiva.

Por ter o conhecimento, o professor tem condições de nortear os questionamentos para a compreensão da técnica utilizada pelo artista, do tema abordado, da natureza abstrata ou figurativa da obra, do seu contexto histórico; no caso específico da pintura, podem ser levantadas questões sobre o emprego das cores, a relação fundo e figura, luz e sombra, textura, volume; em suma, é fundamental promover uma vasta discussão sobre os elementos da linguagem das artes visuais, que ajudará o aluno a ampliar sua visão da construção de uma obra.

O mesmo procedimento pode ser aplicado na análise da produção dos alunos. Ao final de cada atividade é bastante proveitoso sugerir uma pequena exposição dos trabalhos feitos em sala, para que eles percebam como se chega a resultados tão diferentes e pessoais mesmo partindo de uma mesma proposta. E a leitura desses trabalhos jamais deve ser feita aplicando juízos alheios aos aspectos formais da produção artística, como os que a julgam "certa ou errada", "bonita ou feia".

---

para o entendimento da obra. Como exemplo do absurdo da falta de significação a que se pode chegar, a mãe de um aluno, para quem ela fazia uma pesquisa escolar, perguntou à autora do livro quantos irmãos Picasso tinha, pois ela não encontrava essa informação nas fontes em que pesquisou. A autora virou-se para a criança, que se encontrava ao lado dela, e disse: "Meu amiguinho, pergunta para sua professora para que ela quer saber quantos irmãos o Picasso teve? Isso ajudaria na compreensão de sua obra?".

Introdução

Organização do livro

Os capítulos do livro foram divididos de acordo com as técnicas empregadas, ainda que as atividades muitas vezes se interpenetrem, dificultando sua classificação neste ou naquele capítulo. Assim, por exemplo, um brinquedo feito de madeira será encontrado na seção "Jogos e brinquedos com sucatas e outros materiais", apesar de haver atividades com madeira em uma outra, chamada "Esculturas e construções com materiais variados"; ou ainda uma pintura feita na pedra, na seção "Pintura", e uma construção com pedras na de "Bonecos, máscaras, modelagens e fantoches". Para minimizar esse problema, encontra-se no fim do livro um índice de nomes, por meio do qual é possível localizar os exercícios pelos materiais neles empregados.

É importante que o leitor não tome a ordem dos capítulos como uma sequência lógica de graus de dificuldade nem tampouco como insinuação de um ponto de partida preferencial. O livro deve ser usado livremente, segundo o planejamento do professor.

Não acreditamos que um exercício seja pressuposto para a realização de outro, a não ser em poucos casos, nos quais o conhecimento de uma técnica é condição para que o exercício se realize. Nesses casos, damos a referência do exercício em que a técnica requerida é ensinada, por exemplo, o exercício 205, "Afresco de gesso", que implica a feitura do gesso ensinada no exercício 197, "Alto e baixo-relevo em argila e gesso".

Há também algumas referências nos casos em que existem afinidades entre um exercício e outro no que se refere ao tema, ou quando é possível haver continuidade entre eles. Desejamos com isso destacar as afinidades possíveis e existentes mais do que, ressaltamos mais uma vez, direcionar intencionalmente as aulas de um curso.

Existe uma mentalidade, um tanto ultrapassada, quanto ao ensino da arte, que defende uma hierarquia no aprendizado das técnicas artísticas. Segundo essa visão, o ensino deve começar pelo desenho e só depois passar para a pintura. Esta, por seu turno, deve ser explorada primeiro com o guache, depois com a tinta acrílica para finalmente chegar à tinta a óleo. Para nós, ao contrário dos que defendem essa posição, cada técnica das artes visuais carrega consigo um sem-número de possibilidades de exploração, além de suas especificidades e de seus desafios próprios. Um aluno deve poder usufruir os mais variados recursos que caracterizam as artes visuais, seja na pintura (com vários materiais), no desenho, na modelagem, na escultura, na gravura etc. Por isso propomos neste livro esta vasta gama de possibilidades técnicas. Todos os alunos estão aptos para experimentar todas as nossas propostas, a não ser, como já dissemos, quanto ao uso dos materiais cortantes e tóxicos, para cujo manuseio o professor deve estar atento.

Imagine uma criança ou mesmo um jovem tendo que explorar todo o potencial que o desenho traz para só depois explorar a tinta! Mesmo em relação ao universo das tintas há inúmeras diferenças, como entre trabalhar com a tinta a óleo ou com a tinta guache, ou com a aquarela, ou com a têmpera, cada uma produzindo diferentes respostas dos alunos. E qual desses meios ou técnicas vem em primeiro lugar? Portanto, ao oferecer um leque de opções aos seus alunos, para que vivenciem novos procedimentos, o professor estará aumentando seu repertório, para que mais tarde eles possam aprofundar-se em uma dessas técnicas, de acordo com suas afinidades.

Ao oferecer tantas opções, não estamos negando, em momento algum, a possibilidade de se criar um curso voltado para a exploração de uma única técnica. Sem dúvida, se o professor propuser o desenho como abordagem exclusiva em suas aulas, certamente seus alunos irão se aprimorar bastante nessa linguagem.

A relação entre professor e aluno

É comum o professor programar seu curso para todo o semestre ou ano, selecionando conteúdos e distribuindo exercícios conforme o número de aulas, mas é importante estar atento e aberto para as mudanças que inevitavelmente vão se dar. As aulas surpreendem, pois a relação entre professor e aluno é viva. A arte mexe com a expressão, cuja natureza é fugidia e as manifestações que provoca, intensas. Por isso, o docente precisa estar sintonizado com a transformação, com aqueles estímulos que brotam inesperadamente no decurso do trabalho.

Assim como salientamos a necessidade de haver realmente espaço para que os alunos expressem suas suposições nas apreciações das obras de arte, enfatizamos novamente a importância de o professor sempre estar atento para ouvir o que os alunos têm a dizer nas aulas. Como, na grande maioria das vezes, eles gostam de participar ativamente manifestando suas ideias, é preciso fazer com que elas ressoem. Muitas de suas opiniões devem ser respondidas numa relação normal de diálogo, mas, por vezes, elas são veículos de uma nova proposta, que o professor deve considerar seriamente e tentar perceber se pode ou não servir ao grupo e, até mesmo,

Introdução

complementar a atividade. Dar o devido crédito ao que o aluno expressa é, sem dúvida, valorizá-lo. Nesse sentido, portanto, todo curso deve estar aberto para os possíveis desvios construtivos. É o que podemos chamar de aprendizado vivo, do qual o professor é um mediador de ideias, um captador de recursos da classe, alguém que reconhece as habilidades e ansiedades de seus alunos e procura tirar o melhor proveito delas. Isso não quer dizer que ele tenha de mudar o curso de suas aulas, nem tampouco seu objetivo, que deve estar claro ao propor suas atividades, mas simplesmente ser flexível à participação dos alunos.

Outra questão que se apresenta nas aulas de artes é o tempo de duração adequado para executar uma atividade. Quantas vezes uma delas é previamente preparada, prevista, por exemplo, para duas aulas, mas, ao desenvolver-se em sala, reduz-se a alguns minutos. Ou, ao contrário, uma proposta despretensiosa desperta uma empatia geral e requer que seja retomada repetidas vezes. O professor deve se adaptar e ser flexível para não desperdiçar com ideias preconcebidas aquilo que é mais relevante: o interesse sempre mutável do grupo de alunos. Um planejamento diário, ou que abarque uma pequena sequência de aulas, pode dar a falsa impressão de ausência de objetivos, mas proporcionará, na verdade, um curso dinâmico, que irá se organizar naturalmente. Se a escola exigir um amplo detalhamento de intenções, não há mal nisso, desde que se configure bastante maleável — como o sonho do artista, que serve como ponto de partida mas quase nunca como porto de chegada.

Os exercícios são possibilidades de experimentações que devem ser conduzidos de forma leve e alegre. Assim como no caso do planejamento de um curso como um todo, também aqui a proposta é apenas um ponto de partida, uma forma de começar a aula. Apesar de esta partir de um mesmo ponto para todos — a proposta do dia —, nunca se deve perder de vista que sempre há liberdade para que cada um resolva, à sua maneira, o que lhe foi sugerido. Em todos os 300 exercícios propostos no livro há amplo espaço para a criação livre, para que eles sejam o meio pelo qual cada aluno possa expor seu modo de ser e de se expressar.

Em cada proposta há um objetivo e um desafio que dão a própria razão de sua realização. Porém, em alguns casos, o aluno foge à proposta apresentada: às vezes porque não entendeu o exercício; às vezes, o próprio processo de criação faz com ele tome outro rumo; e, às vezes, de antemão, ele não aceita levar adiante a proposta. Cada caso é diferente do outro, por esse motivo só o professor, conhecendo bem seus alunos, pode tomar uma atitude adequada em relação a cada um. A arte serve fundamentalmente para a expressão livre do indivíduo. Todavia, o professor deve prestar atenção nos casos em que o aluno abandona a proposta de aula, para seguir outros caminhos. Se, para determinado aluno, agir dessa forma é satisfatório para ele ou para o produto de seu trabalho, deve haver flexibilidade por parte do professor; mas, para determinados alunos é preciso que se exija o cumprimento do desafio proposto, a fim de que não desistam e o realizem de acordo com suas possibilidades. Importante também é não se deixar levar pela insegurança e reforçar a importância da atividade escolhida diante daqueles que de antemão rejeitam, e até se recusam, a realizar aquilo que nem sabem o que é. Para isso é necessário acreditar naquilo que se pretende ensinar — saber que, com tal proposta, é possível avançar. No caso de crianças por volta dos 3, 4 ou 5 anos, que costumam embarcar em outro universo, na pura fantasia, e deixar-se levar por seus devaneios, é preciso cuidar para que não se interrompa essa experiência, sempre tão importante e cheia de significados para elas.

Há casos em que o aluno já realizou a atividade em outro momento, o que pode gerar certo mal-estar por causa da ideia de ter de fazer algo que já foi feito. Nessa hora é vital mostrar-lhe que partir *de novo* da mesma proposta não significa chegar ao mesmo resultado; pelo contrário, cada vez que se realiza a mesma atividade, maior é a possibilidade de conhecer mais profundamente o tema ou técnica de que ela trata. Como se vê, há muitas sutilezas no percurso em que se desenvolvem as propostas, cabendo ao professor conduzi-las dessa ou daquela maneira.

Além disso, não há dúvida de que qualquer proposta é melhor encaminhada quando o grupo encontra-se concentrado, em condições de ouvir e entender. Esse é um momento propício não só para a colocação da proposta, mas também para contextualizá-la, dando significado a ela. Pode-se, por exemplo, sensibilizar os alunos para a atividade, fazendo a apreciação de uma obra de alguma forma relacionada com a proposta, abrindo uma discussão, assistindo a um vídeo etc. No caso de crianças menores, um certo clima de magia e humor, uma história, por exemplo, ajuda a conquistar confiança e interesse para a tarefa. Mas, seja qual for a idade, o respeito do grupo por esse momento é fundamental para a seriedade da aula.

Existem atividades que requerem várias etapas para sua construção, o que exige a explicação teórica de todo o processo, dificultando a sua com-

Introdução

preensão pelos pequenos. Nesses casos seria interessante que o professor mostrasse o produto final, ao qual se quer chegar, para que eles entendessem melhor o caminho que vão percorrer. Tal produto final, se feito pelo professor, não deve ser apresentado com um acabamento que possa servir de modelo aos alunos. Se, por exemplo, a proposta for construir um boneco de papel com articulação, pode-se mostrar o boneco pronto, mas de preferência não caracterizado. Às vezes é mais interessante apresentar um produto final feito por uma outra criança com idade próxima à dos alunos.

Interação entre alunos

Quando as atividades se iniciam, os alunos devem poder circular livremente pela sala, conversar e interagir com seus colegas, para que nunca se perca o caráter lúdico dessa aprendizagem. No entanto, de saída é importante a distinção entre a liberdade de movimento e a mera baderna, com correrias, gritarias e outros excessos, que só podem prejudicar a concentração e a expressão do grupo.

Ao circularem pelo espaço da sala, as trocas visuais vão acontecendo naturalmente e, dessa forma, os trabalhos vão interferindo um no outro, o que também não deixa de ser um modo de aprendizagem. A eventual cópia não significa falta de ideia ou criatividade, mas uma reinterpretação das soluções do outro, por meio da qual o aluno pode estar se desenvolvendo (a preocupação surge apenas quando um aluno depende sistematicamente da criação do colega). Até os grandes mestres, é bom lembrar, tomaram o trabalho de outros mestres como ponto de partida ou objeto de estudo.

É importante, ainda, cuidar para que um aluno não interfira direta e negativamente no trabalho do outro, exceto no caso em que o aluno convide o colega para participar do seu trabalho ou no de uma proposta de construção conjunta. E, evidentemente, o professor nunca deve retocar a criação do aluno (o que este ganharia com isso?), mas procurar orientar, aí sim, na resolução dos problemas técnicos que apareçam.

Sem dúvida o professor é muito solicitado a ajudar os alunos em suas construções, e é muito bom que o faça, pois muitas vezes o adulto, por sua prática, pode mostrar o caminho mais adequado, indicando os melhores materiais para cada atividade. Este é um tipo de auxílio que faz parte da aula, sem jamais se adiantar naquilo que é competência do aluno. É fundamental não esquecer que, para a criança, o que ela está fazendo tem significado, mesmo que o adulto não consiga decifrá-lo; portanto, resolver pelo aluno seria interferir nessa significação e transformá-la de acordo com a visão do adulto. Um exemplo claro desse desrespeito é o que muitas vezes acontece em "escolinhas de arte" nas quais o aluno traz para casa suas "maravilhosas" telas, pintadas praticamente pelo professor. Que valor isso pode ter, e para quem?

O olhar para o trabalho

No decorrer da aula, quando o aluno termina seu trabalho — ou pensa tê-lo encerrado —, o adulto precisa oferecer algumas palavras quanto ao resultado, mostrando a ele se poderia ir além ou se realmente a atividade acabou. Esse momento é muito importante se efetivamente existir e for valorizado. Muitas vezes o professor mal olha (ou olha mal) para a produção do aluno, ou já vai logo dizendo "nossa, ficou lindo!", ou ainda "o que você quis dizer com isso?" (Quando estamos trabalhando com arte, além da cognição, estamos tocando diretamente nos sentimentos e emoções. Qualquer criação fala por si, não sendo necessário esse tipo de pergunta.) Há também os professores que se adiantam e vão logo nomeando o desenho da criança com aquilo que acharam parecido: "Que lindo seu barco!", e a criança fica olhando com aquela carinha de decepção! "Não é um barco?" E a criança responde (quando responde!): "Não, era um dinossauro lutando contra um tiranossauro para salvar seu reino!". Quantas vezes isso acontece! Não há necessidade de o professor se adiantar, pois mesmo que para ele pareça clara a imagem do desenho, muitas vezes ocorre o engano, e o aluno fica aborrecido com a não compreensão de sua mensagem. É muito comum isso acontecer com os pequenos, que ainda não estão firmes na figuração e adoram criar longas histórias com simples traços.

Quando o aluno mostra seu trabalho, cria-se um espaço propício para uma leitura do professor com o autor. Juntos eles farão uma análise do trabalho, que ajudará no entendimento e desenvolvimento da linguagem plástica. É claro que o professor não vai se demorar nessa leitura, é simplesmente um momento sutil mas bastante vivo. Trata-se de olhar para o trabalho com senso crítico em vez de emitir um comentário banal.

A crítica deve basear-se em critérios plásticos — ocupação de espaço, uso das cores, desenho, acabamento etc. —, mas necessariamente aplicados à capacidade de criação específica de cada um. Determinada conquista de

Introdução

uma criança, como uma primeira figuração, um recorte bem executado, um colorido surpreendente, pode ter mais valor em seu histórico do que um desenho tecnicamente bem feito — mas mecânico demais — de um garoto dito "talentoso". Talvez essa seja a questão mais delicada e profunda na prática do ensino da arte: a análise da produção, a discussão com o aluno, evitando a visão simplista que diz "gostei ou não gostei". É claro que quanto mais o professor estiver familiarizado com a observação da obra de arte, sensibilizado com a linguagem visual, melhores serão suas condições para entender o trabalho de um aluno. Portanto, podemos dizer que uma discussão verdadeira em torno do que se produz em sala de aula exigirá do professor a observação de três planos de conteúdos: conhecer cada aluno, com especial atenção à situação, tanto no plano da cognição como no da sensibilidade, na qual ele se encontra (se possível percebendo aspectos emocionais relativos ao dia da aula); a sua própria experiência com o fazer artístico, que adquiriu vivenciando as propostas antes de apresentá-las aos alunos; e o refinamento do olhar mais sensível à obra de arte.

Aquele que experimenta a criação multiplica suas habilidades de educador, não só quanto à orientação técnica, mas também na observação crítica do trabalho a ser desenvolvido por seus alunos. Apenas o conhecimento teórico é insuficiente para a natureza eminentemente prática desse ensino.

O aluno, por sua vez, expressa-se livremente e transmite em seu trabalho aquilo que está sentindo, suas aflições, seus temores, suas alegrias... A apreciação de tal matéria viva não pode coexistir com ideias preconcebidas, de como uma criação deve ser ou aonde ela tem de chegar. O professor precisa usar sua intuição e seu conhecimento para oferecer, em respeito ao esforço do aprendiz, a crítica específica daquele trabalho, no contexto de desenvolvimento do seu autor, do seu momento no curso, até mesmo para respeitá-lo caso ele argumente contra as observações e não queira voltar a desenvolver o que estiver fazendo.

Uma boa dinâmica para que essa atividade seja mais bem desenvolvida é sempre, ao término de uma atividade, expor os trabalhos de tal modo que todos possam observar o que foi produzido. Deve-se incentivar o exercício da crítica pelos colegas, contanto que o professor vá pontuando e encaminhando para uma discussão construtiva. Nunca eleger melhores ou piores trabalhos: que critérios estariam sendo usados nesse tipo de julgamento?. Quando trabalhamos com propostas na área das artes visuais, estamos considerando a livre expressão de cada um, e isso deve ser absolutamente respeitado.

O trabalho do professor não se restringe somente a uma interpretação da linguagem de sua área, ele também deve considerar a formação integral da criança ou do adolescente. Qualquer observação plástica precisa ser acompanhada de observações do comportamento do aluno. E não é nada fácil apreender a essência de um indivíduo, sempre cheia de paradoxos e especificidades — precisamos contar com nossos enganos. Alunos muito tímidos, por exemplo, podem reiterar essa timidez na criação ou, surpreendentemente, nela se soltar de forma admirável.

O fato de se soltarem na linguagem visual nada tem a ver com o desembaraço ou não no uso da linguagem verbal. As artes visuais, pela sua natureza, podem acolher aqueles que não querem se expor ao grupo. Como é uma atividade eminentemente solitária, ela permite, muitas vezes, que esses alunos mais tímidos se soltem ao produzir seus trabalhos. Nesses casos, o professor deve ter o cuidado de não exigir a participação verbal do aluno, diante do grupo, nas apreciações dos trabalhos, o que pode ser bastante embaraçoso para ele. Se este vai, ao longo do ano, sentindo mais confiança em si, no professor e no grupo, é bem provável que também vá se soltando na linguagem verbal. Em vista disso, é importante criar um ambiente de muito acolhimento e valorização de sua produção para que o aluno, aos poucos, vá se sentindo mais à vontade para se expor no momento de criar. Para um aluno que tem os traços do desenho muito contidos, que demora para engajar-se na atividade, cujo desenho, acabrunhado, fica no cantinho do papel, talvez fosse o caso de oferecer papel de dimensões menores, para que experimente e consiga realizar essa atividade[4]. Como estamos lidando com sentimentos, não há regras para nenhum caso, é preciso contar com a intuição do adulto e com a noção de respeito à forma de ser de cada um.

Outras crianças, de natureza agressiva e pouco sociáveis, podem, mesmo que de forma intempestiva, demonstrar grande capacidade criativa; ou, inversamente, transferir para seus trabalhos, como seria de esperar, os traços agressivos que manifestam. Todo cuidado é pouco com visões muito apressadas e estereotipadas da produção ou do jeito de trabalhar dos alunos. O melhor aqui é prestar atenção aos problemas de comportamento

---

4. Podemos fazer uma analogia com a mãe que sempre coloca muita comida no prato de seu filho, que acaba não conseguindo comer tudo. Por que não oferecer uma quantia mais apropriada à fome da criança, de modo que ela possa ter o prazer de conseguir cumprir a "meta" proposta?

Introdução

reiterativos, e por isso mesmo evidentes, que só podem ser analisados ao longo do curso: há alunos que aceitam bem a proposta, mas acabam por destruir seus trabalhos; outros resistem logo no início, como se não fossem capazes de realizá-los; há aqueles que são tomados pela inércia da preguiça e os que terminam qualquer atividade em dez minutos ou, ao contrário, nunca são capazes de terminá-la no tempo estipulado; sem esquecer os que usam seu trabalho como objeto de competição. Problemas de falta de concentração, dificuldade motora, pouca imaginação fazem parte do modo de ser do aluno, e essas barreiras precisam ser, na medida do possível, superadas ou amenizadas pelo professor. Os educadores que estiverem mais presentes e atuantes em seus grupos acabarão por encontrar soluções. Seus alunos sentirão mais confiança e capacidade de se expressar, sejam quais forem seus recursos, e, por meio de sua expressão, irão se compor com o grupo. Mesmo atento a tudo, haverá sempre algo que escapará ao professor: a natureza misteriosa, intrínseca à expressão artística, que é a essência vital do trabalho com arte. Mas, não esqueçamos, há muito trabalho a ser feito com a realidade visível e palpável.

Os alunos terminam seus trabalhos em momentos diferentes (seria mesmo impossível o contrário) e algumas vezes os que acabam primeiro passam a perturbar os que ainda estão concentrados na proposta. Esta é a hora de o adulto interferir e ser criativo, diluindo a dispersão, oferecendo novas atividades de pouca duração — como pedir ajuda para limpar ou guardar materiais, desenhar na lousa ou mesmo conversar e contar pequenos casos — qualquer coisa que não chame a atenção dos demais e não atrapalhe a atividade principal.

Alguns momentos de aparente descontrole da classe podem ser bem recebidos, principalmente quando se lida com a primeira infância. As crianças sentem muita necessidade de experimentações táteis, de mexer naqueles materiais que produzem a chamada "meleca", como pintar as mãos com tinta guache e carimbá-las no papel, na mesa, e até no próprio corpo, ou, também, podem se esquecer do trabalho e se distrair misturando as cores num recipiente qualquer. Nessa hora, muitas vezes a criança está descobrindo o espectro infindável das cores, e essa é uma experiência de aprendizado, além de ser, para elas, mágica. Por outro lado, há algumas crianças que, por não estarem acostumadas a mexer com os materiais plásticos, sentem nojo ao colocar suas mãos na argila ou ao se sujar de tinta. Essas crianças devem ser incentivadas a fazer experimentações táteis. Quando o professor põe a mão no barro (não ao fazer uma atividade, mas ao distribuir a argila ou dando um exemplo de como uma parte se fixa na outra) ou também se deixa sujar com a tinta ao manusear o material, isso se torna uma referência positiva para os alunos que estão com receio desse contato. Perceber que o professor não tem nojo, pelo contrário, que tem prazer na relação tátil com os materiais pode ser muito importante para eles. Uma pequena explicação — que depois de lavadas as mãos voltam a ficar limpas — pode servir para encorajá-los. Também às vezes é importante dizer-lhes o que é a argila, de onde é retirada, que é limpa, tem cheiro agradável etc.

Há alguns tipos de atividades que requerem variados materiais para que os alunos possam fazer suas escolhas. No caso de construções com sucata, por exemplo, são oferecidos vários tipos desse material, além de papéis coloridos, tinta, cola, fita crepe, barbante, lãs etc. Aos poucos, com a manipulação dos materiais e a movimentação natural dos alunos, a sala vai se tornando um caos, mas é uma desordem apenas para quem a vê de fora, para quem não está participando desde o início do exercício. Quem está envolvido no trabalho sabe que é uma confusão necessária, que serve ao processo de criação de cada um.

O espaço das artes visuais precisa dar vazão a tais conteúdos, incluindo a desordem, desde que, ao fim dessas experiências, se reconstrua a ordem, que se dá quando os alunos colocam os materiais em seus lugares, lavam o que se sujou, recolhem as sucatas etc. Sujar e limpar fazem parte do mesmo jogo e essa dualidade ensina as crianças a respeitar os materiais à sua volta. A qualidade da limpeza e a reconstrução da ordem devem se adequar à idade dos alunos. Quanto maiores forem, mais se pode exigir. Não se deve cobrar, principalmente das crianças pequenas, o que ainda não está ao alcance delas.

Nunca é demais relembrar que a prática da arte não combina com roupa limpa ou nova; os alunos devem ser orientados a usar aventais ou roupas velhas, para que se sintam bem à vontade no manuseio dos materiais.

Ateliê livre

Ateliê livre é o nome da atividade na qual o aluno é livre para escolher aquilo com que deseja trabalhar. O ateliê livre deve ser mesclado, ao longo do curso, com as propostas de exercícios. Como nesse tipo de aula os alunos fazem a escolha, é essencial que tenham acesso aos mais variados materiais para que efetivamente a proposta de cada um seja realizada. Cada escola vai trabalhar de acordo com a variedade dos materiais que possuir, mas é interessante que estejam visíveis e cuidadosamente dispostos sobre mesas ou prateleiras, para que o aluno se sinta motivado a buscá-los e realizar sua criação.

Alguns alunos, nesse tipo de aula, sentem grande facilidade na escolha, sabendo rapidamente o que querem fazer. Outros, por sua vez, se sentem inibidos e inseguros e, nesses casos, uma boa exposição dos materiais (incluindo as sucatas) pode servir como um estímulo à imaginação deles.

O professor deve estar tão atento e presente no ateliê livre quanto nas aulas dirigidas. Quando solicitado, deve orientar os alunos nas resoluções técnicas. Ver com atenção o que cada um está produzindo, discutir procedimentos, cobrar resultados são atitudes fundamentais. É importante que fique claro para os alunos que o ateliê livre é um momento de criação e que isso deve gerar um produto.

Organização e adequação dos materiais

Ao iniciar a aula (tanto nos ateliês livres como nas aulas dirigidas), o material já deve ter sido separado segundo as necessidades do dia. O aluno gosta de trabalhar em um ambiente organizado. Além de separados e distribuídos, algumas vezes os materiais precisam ser preparados, principalmente no caso das crianças pequenas, para que não se perca muito tempo em aula com procedimentos mecânicos e desnecessários. Por exemplo, se o professor escolher a atividade "Rói-rói" (exercício 284) para crianças de 5 anos, seria interessante já vir com o canudo de papel alumínio cortado nas medidas necessárias. Para um aluno de 5 anos é difícil marcar e cortar um canudo nas dimensões que o exercício pede, mas nada o impede de realizar a proposta em suas outras etapas. Se o material é preparado antes, a aula torna-se mais dinâmica e isso em nada interferirá na compreensão da proposta. Quanto maior a faixa etária do aluno, mais capacidade ele tem de participar de todas as etapas do exercício.

Os materiais devem estar bem distribuídos, na mesa ou no chão; a má disposição deles gera trabalhos incompletos e uma desnecessária movimentação e requisição dos alunos, que são obrigados a sair de seus lugares para buscar, digamos, uma tesoura no outro extremo da sala. Os potes de água, para lavar os pincéis, devem ser oferecidos sempre em quantidade suficiente, para que o aluno não caminhe pela sala com o pincel pingando tinta por cima dos outros alunos ou dos trabalhos. Com a tinta é a mesma coisa, as cores devem ser distribuídas de modo que todas as mesas possuam todas as cores (e aqui vale alertar os professores para que não se restrinjam ao pobre uso da gama de cores prontas dos potes e tubos de tinta; sempre incentivar os alunos a fabricarem novas cores a partir da mistura entre elas). Os gizes de cera, lápis de cor, canetas hidrográficas etc. também devem ser oferecidos em mais de um exemplar. Não há necessidade de estarem minuciosamente organizados dentro de suas embalagens; é mais prático e eficiente que estejam em potes nos quais o aluno possa visualizá-los e usufruí-los com facilidade. A cola deve ser colocada em pequenos potes e assim por diante.

As crianças entre 3 e 4 anos geralmente utilizam apenas a tinta que está ao seu alcance; portanto, é interessante oferecer variedades para que comecem a explorar o uso de outras cores. (É claro que nessa idade a criança ainda não usa a cor como significado, tanto faz a árvore ser verde ou rosa, mas nem por isso deve-se deixar de oferecer cores variadas.) Os materiais devem sempre estar em boas condições de uso, lápis apontados, canetas funcionando, tesouras cortando etc.

O uso inadequado do material disponível é um problema elementar que ocorre com muita frequência. Um pincel muito largo, por exemplo, não realiza detalhes numa pintura, e um fino não cobre uma vasta área do papel. O papel de pintura não é igual ao de desenho, mesmo que eventualmente possam ser trocados. O durex nem sempre substitui a fita crepe. Há tamanhos diferentes de pregos para cada espessura de madeira e nem tudo pode ser colado com cola branca. É papel fundamental do professor auxiliar seus alunos quanto ao melhor uso dos materiais. Para isso ele deve sempre estar observando seus alunos enquanto eles produzem e, quando achar necessário, interferir, aconselhando o uso deste ou daquele material ou ferramenta.

Outra questão com a qual nos deparamos é a economia exagerada dos materiais. Os alunos costumam saber, por exemplo, o quanto de argila será necessário para sua criação e a tendência é que naturalmente alcancem essa medida. Tanto a economia exagerada como o desperdício devem ser evitados. Há casos em que os alunos são tomados de extrema ansiedade quando o professor coloca os materiais sobre a mesa e acabam avançando sobre eles para garantir sua posse. Apesar de essa atitude ser muito comum, deve-se deixar claro para os alunos que existe material para todos e que não há razão para o "ataque".

Introdução

O espaço da oficina

Uma oficina ideal requer uma sala ampla, clara, ventilada, que se restrinja ao ensino das artes. Deve haver mesas e bancos adequados ao tamanho e à quantidade de alunos. Se as mesas forem de cavaletes, podem ser desmontadas para uma atividade no chão — o que multiplica o espaço da sala. O piso deve ser de um tipo que se possa limpar facilmente. As prateleiras têm de ser feitas de tal modo que nelas seja possível guardar construções tridimensionais em andamento, e deve haver armários para o material em geral, incluindo o Sucatário (veja adiante). Se possível a oficina deve possuir mapoteca para armazenar os diferentes tipos de papéis; murais nos quais os alunos possam pendurar seus desenhos ou pinturas; uma bancada de madeira para os exercícios de marcenaria (caso a escola não conte com uma independente). Além disso, é bom haver uma pia que facilite o acesso dos alunos à água, para que lavem seus pincéis, recipientes e mãos; e alguns cavaletes próprios para pintura, para aqueles que desejarem trabalhar no sentido vertical. Tudo isso em tamanho e quantidade proporcionais ao número de alunos.

Se não existirem essas condições (e sabemos que muitas vezes não existirão), são muitas as formas de adaptação. Caso não se possa sujar a sala, forram-se o chão e as mesas com jornais ou lonas plásticas. Caso não exista pia por perto, resolve-se com um balde de água. Caso não haja disponibilidade de armazenar trabalhos em andamento, as atividades precisam ser elaboradas de modo que se encerrem em uma aula e os alunos possam levar o material para casa. Se não houver mural, penduram-se os trabalhos nas paredes. O que se quer, enfim, é mostrar como a aula de artes visuais não deve, ao esbarrar na falta de condições ou incentivos de muitas escolas, ser inibida. Sempre haverá um conjunto ou uma sequência de exercícios que se adaptam ao espaço, ao tempo, ao número de alunos e ao material disponível na escola. Temos certeza de que um bom curso depende acima de tudo de boa vontade.

O Sucatário

A sucata precisa ser muito bem cuidada para que não fique com má aparência. A organização e a limpeza desse material são imprescindíveis para a realização do trabalho. O fato de ela ser doada para a escola não quer dizer que não deva ser respeitada e valorizada como os outros materiais.

O Sucatário tem de ser organizado de acordo com o espaço e o equipamento disponíveis; por exemplo, em prateleiras, estantes, sobre uma bancada etc. O importante é que as sucatas estejam visíveis e ao alcance dos alunos. As sucatas devem estar classificadas segundo suas semelhanças. A melhor maneira de agrupá-las seria por meio de caixas ou engradados de vários tamanhos para cada tipo delas. Servem de suportes e podem ser pintadas (no caso das caixas de papelão) com tinta guache para que fiquem com uma boa aparência. No caso dos engradados, podem ser forrados com cartolinas para também ser decorados. Além da pintura, que é uma atividade interessante de se fazer com os alunos, é necessário escrever de forma bem legível o que cada uma das caixas contém para que se possa reconhecer com facilidade o seu conteúdo. A clareza na organização fará com que os alunos, faxineiros e outros professores, que eventualmente usarem a sucata, possam guardá-la sem o auxílio do professor de artes.

Os suportes maiores podem ser reservados para as sucatas de grande volume ou que aparecem em grande quantidade, como latas, pequenos potes de plástico, garrafas plásticas, rolos de papel higiênico, rolos de papel laminado e papel toalha, caixas de embalagens, pedaços de madeira, isopor, bandejas de isopor, retalhos de tecido, lã, barbante e linha etc.; e os suportes menores, para aquelas sucatas miúdas, como palitos de dente e de churrasco, botões, lantejoulas, tampinhas variadas, caixinhas de fósforos, papel de bala, fôrmas de brigadeiro, retalhos de papéis coloridos, miçangas, sementes, conchas, pedras etc.

Quando a escola solicita aos alunos que tragam sucatas, é preciso orientá-los para que as tragam limpas, sem resíduos de qualquer espécie. E também seria bem interessante que eles mesmos tivessem acesso ao Sucatário, para que, à medida que as fossem trazendo, já as colocassem em seus devidos lugares. O único momento no qual o Sucatário estará desordenado será aquele em que os alunos estarão trabalhando, mas, ao término de cada atividade, terá de ser organizado de novo. Quando há bastante clareza na organização, fica muito fácil detectar algo que esteja fora do lugar. Se a sucata não é valorizada, volta a ter um aspecto de lixo e dessa forma não desperta nenhum interesse para a criação.

As construções com sucatas podem ser bem interessantes e criativas, porém é importante o professor chamar a atenção de seus alunos para o acabamento desses trabalhos. É preciso oferecer materiais que complementem a atividade, como tintas e papéis variados, tecidos, canetas hidrográficas,

Introdução

giz de cera, além dos materiais que auxiliam nas construções dos objetos, como cola branca, fita crepe, durex, grampeador, prego e martelo, serrote, lixas e cola quente, muito útil para colar materiais diferentes, o que muitas vezes a cola branca não faz. Portanto, usar apenas sucata nos trabalhos pode fazer com que eles resultem incompletos. É importante o professor alertar seus alunos quanto à aparência dos rótulos das embalagens usadas no trabalho. Quando cobertas, seja com o uso de tinta, tecido ou papel, seu acabamento fica mais bem arrematado. Quando o aluno achar importante esteticamente a presença do rótulo, deve-se deixá-lo aparente.

As artes visuais e as outras áreas

A arte sempre influenciou diretamente a formação dos povos. Em qualquer época, sociedade ou civilização, sempre foi uma fonte de conhecimento, de transcendência espiritual. A sociedade, de um modo geral, e a escola, em particular, distanciaram-se demasiadamente dessa simbiose, mas hoje parece estar havendo uma paulatina reaproximação dessa área com outros saberes. As possibilidades de interação com áreas aparentemente distintas são extensas e abrangentes; iremos nos limitar, contudo, a pequenos exemplos, apenas como forma de ilustração.

Se um professor de português estuda a literatura do barroco brasileiro, enquanto o de história, o século XVIII, pode-se traçar um paralelo com a produção artística da época, em especial com a obra de Aleijadinho, conhecendo sua vida, as características estéticas de seu trabalho artístico e o tempo e o espaço históricos que o delimitam. Podem-se propor atividades com esse tema, como esculpir em pedra-sabão, fazer desenhos de observação de suas esculturas, reinterpretá-las em argila etc. Um trabalho que seja feito com esse espírito marcará inegavelmente a formação humanística dos alunos. O mesmo pode ser feito em relação ao estudo da pré-história com as pinturas rupestres; da história antiga com a arte egípcia, grega, romana; dos primórdios do capitalismo e da Renascença; do nosso século e Picasso, além de muitos outros exemplos possíveis de interação. Como já dissemos anteriormente, para uma boa apreciação de uma obra de arte se faz necessária sua contextualização no tempo e espaço, e isso, na medida do possível, deve ser feito pelo professor de artes, mas se houver a possibilidade de uma integração com as outras matérias pode-se conseguir um maior aprofundamento no assunto.

Quanto às outras linguagens artísticas, dança, teatro, música (que são as linguagens normalmente abordadas na escola), são muitas as possibilidades de interação. Quando se constroem fantoches, bonecos, máscaras, por exemplo, seria bem interessante desenvolver uma atividade com o teatro. Muitas vezes isso é feito pelo próprio professor de artes, mas se houver a oportunidade de um professor específico de teatro colaborar no projeto pode-se alcançar outros resultados. A integração com a música dar-se-á, por exemplo, na confecção de instrumentos sonoros ou por intermédio de um tema em comum.

O que deve ser evitado — e é o que mais ocorre dentro das escolas — é pôr as artes visuais a serviço de outras áreas, por exemplo nas festas ou comemorações de todo gênero; muitas vezes se exagera na solicitação, para a matéria de artes, de cartazes, decoração, adereços para festa da primavera, junina, dia das mães, do índio, páscoa e por aí afora. Evidentemente, não é necessário ficar completamente alheio a essas datas, mas evitar que se interrompam projetos mais significativos para os alunos em nome dessas comemorações, mesmo porque são muitas e o ensino de artes ficaria extremamente prejudicado se se envolvesse em todas elas. Se as artes visuais forem se dedicar a algumas dessas comemorações, que se faça de forma mais profunda e envolvente, procurando escapar dos estereótipos que tanto nos preocupam e que nada têm a ver com a verdadeira produção de arte.

Pintura

1. Corpo humano em tamanho natural

Sobre o papel kraft, um aluno se deita e outro desenha seu contorno (não precisa necessariamente usar o kraft, basta que o papel tenha tamanho suficiente para que o aluno caiba inteiro nele).

Cada aluno pinta dentro de seu contorno, compondo sua própria imagem, ou criando outras. O aluno escolhe como realizar sua criação, dentro e fora da figura. Há a opção de recortar o contorno, neste caso não é necessário trabalhar com o fundo. Incentivar os alunos, ao se deitarem sobre o papel, a fazer posições diferentes com o corpo.

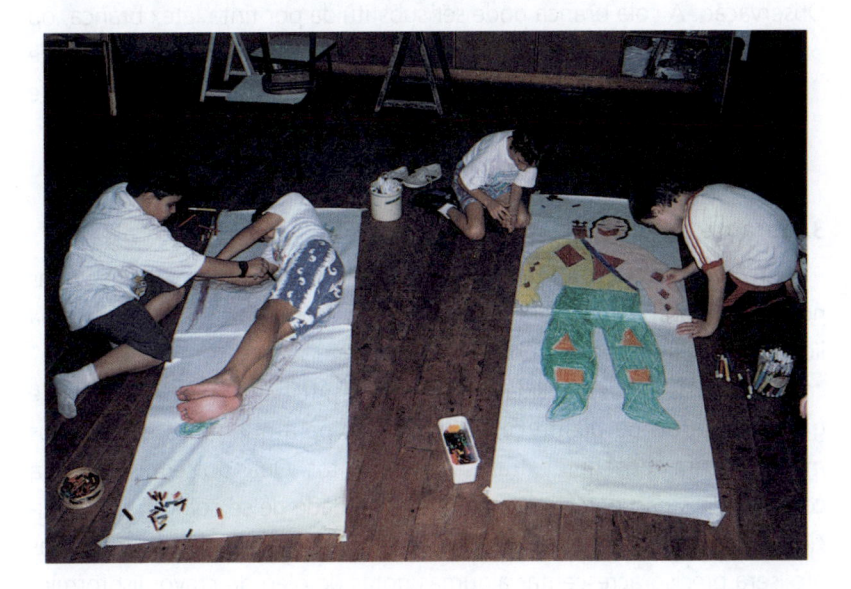

O material para esse trabalho é bem variado: guache, pastel oleoso ou giz de cera, colagem com papéis coloridos ou tecidos, e outros que quiserem.

Outra possibilidade é se deitar em duplas, trios, ou em grupos maiores. Desenhar o contorno desse conjunto e depois trabalhar a imagem.

2. Pintura com cola e corante

Misturar na cola branca corante líquido (pode ser suvinil corante, xadrez líquido, ou outros). Para conseguir várias tonalidades da mesma cor, pingam-se diferentes quantidades do mesmo corante em diversos potinhos com cola. Se o aluno quiser uma tinta mais transparente, usará essa mistura diluída na água.

Pintura

Outra possibilidade é a mistura da cola branca com o pó xadrez ou qualquer outro pigmento em pó. Se a mistura ficar muito espessa, diluí-la com água.

Os corantes são bem concentrados, portanto é interessante ir pingando (ou acrescentando, no caso do pó) aos poucos, pois logo se conseguem cores fortes. Incentivar a mistura dos pigmentos para fabricação de novas cores.

Depois de feitas algumas cores, propor aos alunos que as experimentem criando suas pinturas em papel (cartolina, canson, kraft etc.) ou tela, tecido, madeira etc.

Observação: A cola branca pode ser substituída por tinta látex branca, ou goma arábica. Cada material trará uma consistência própria, interessante de ser experimentada. Pode-se propor aos alunos uma discussão sobre os diferentes resultados obtidos de cada mistura.

3. Corante natural

Aproveitando a grande curiosidade das crianças em descobrir coisas novas, essa proposta é para que fabriquem a própria tinta. Usando cola líquida (branca ou goma arábica) como base, misturar "corantes naturais" como terras de várias tonalidades, areia, flores, folhas, ou mesmo raspa de giz de lousa ou de giz de cera. Orientá-los para que amassem bem os materiais para conseguir extrair seus pigmentos. Quando se misturam na cola materiais não perecíveis, não há necessidade de se colocar um fungicida, mas se a mistura contiver pó de café, chá, beterraba, cenoura, frutas etc. será preciso acrescentar algumas gotas de óleo de cravo, lisofórmio, vinagre ou amoníaco para conservar o material.

Depois de toda essa alquimia, é só experimentá-la fazendo uma pintura sobre o papel.

É muito interessante deixar os alunos experimentarem vários materiais que suponham ser eficientes, mesmo que não consigam "fabricar exatamente uma tinta". A troca dessa experiência entre eles pode ser bastante rica para o aprendizado.

4. Pintura com esponja

Cortar uma espuma ou esponja macia em quadradinhos. Colocar diferentes cores de tinta guache em bandejinhas de isopor descartáveis. Segurar a esponja fazendo uma trouxinha e molhá-la no guache (deixar um espaço na bandejinha sem tinta para depositar o excesso do guache).

Bater de leve a esponja sobre o papel. Usar uma esponja para cada cor. Conforme o aluno for experimentando essa técnica, ele perceberá como conseguir tons claros e escuros em seu trabalho. É interessante usar várias cores, sobrepondo-as (mesmo que as cores das espuminhas se mesclem).

Utilizar papel bem variado: sulfite, canson, cartolina, kraft etc. Pode-se propor trabalhos só com o uso desta técnica ou complementá-los com outros materiais, o que dependerá da necessidade que cada aluno terá para finalizar sua criação.

Observação: Nos exercícios 6a e 6b, "Pintura com rolinho de espuma", há sugestões para o uso do rolinho de espuma que pode ser substituído pelos "quadradinhos" de espuma. É interessante experimentá-los para ampliar os recursos desta técnica.

5. Pintura com esponja e colagem

Fazer um desenho no papel com o uso da fita crepe (de várias espessuras), durex e barbante (o barbante será preso com as fitas adesivas, estas não deverão ser pressionadas sobre o papel pois serão retiradas ao final do trabalho). Molhar a esponja no guache, nas cores que se quiser, depositando o excesso como no exercício anterior, e bater contra o papel por cima de tudo até cobri-lo totalmente. Várias tonalidades podem ser obtidas conforme o acúmulo ou não das batidas ou a pressão exercida pela mão. Depois, com cuidado para não rasgar o papel, retirar as fitas durex, crepe e os barbantes do desenho para assim conseguir várias espessuras de linhas e massas brancas.

6. Pintura com rolinho de espuma

Para cada cor de tinta guache é preciso um rolinho que se pode encontrar em qualquer loja de tinta ou de materiais de construção, em vários tamanhos, e o interessante é trabalhar com essa variedade. Para entintar o rolinho de uma forma homogênea, colocar a tinta guache em uma bandejinha de isopor, reservando uma parte dela para espalhar a tinta. O importante é que o rolinho fique todo entintado, sem falhas nem excessos.

Pintura

Num primeiro momento, experimentar no papel as possibilidades desse material, percebendo sua textura, sobrepondo camadas de cores, entintando o rolinho com mais de uma cor etc. Depois de experimentá-lo livremente, propor que façam um trabalho com essa técnica.

6a Outro trabalho com esse mesmo material é o jogo do cheio e do vazio. Recortar a forma que desejar em uma cartolina sem perder ou destruir a folha de onde foi retirada a forma, quer dizer, o aluno terá a forma e o seu vazio. Sobre outro papel, onde será feita a impressão, colocar a forma, segurá-la com o dedo para que não saia do lugar, entintar o rolinho na cor que quiser e passá-lo por cima do contorno.

Com esse procedimento o aluno vai criando uma variedade de formas e compondo seu trabalho, brincando, por exemplo, com a repetição da mesma forma como se fosse um carimbo, criando texturas, claros e escuros, ritmos e tensões. Ele também pode utilizar a cartolina de onde foi retirada a forma, segurando-a e entintando o vazio para novamente se obter a forma. É interessante eles perceberem isso.

Pode-se substituir o rolinho por outros materiais como: pincel com guache, giz de cera raspado, ou pigmento em pó do lápis de cor quando apontado.

6b Outra possibilidade, usando a mesma técnica, é o aluno substituir as formas recortadas na cartolina por materiais como moedas, folhas de árvores, gravetos, casca de árvores etc. Sempre trabalhando a forma e o vazio, quer dizer, segurar, por exemplo, a folhinha e, sem deixar sair do lugar, passar o rolinho por cima e, depois, ao contrário, passar a tinta na folhinha e carimbá-la no papel, pressionando bem para que imprima perfeitamente sua textura no papel.

7. Tinta de papel de seda e papel crepom

Fabricar tintas a partir de retalhos de papel de seda e/ou papel crepom de cores fortes. Colocar os retalhos de molho por um dia, pelo menos, em uma xícara de chá de água com uma colher de álcool e tampá-lo; para dar brilho à tinta acrescentar um pouco de cola. Depois de pronta a tinta, usá-la com pincel sobre papel.

7a Outra atividade é fazer bolinhas de papel crepom, utilizando as cores fortes, embrulhar na ponta de um palito de churrasco e mergulhar na água ou no álcool e pintar.

8. Pintura com água sanitária

Colocar um papel de seda colorido (selecionar as cores fortes) sobre uma cartolina para lhe dar maior firmeza. Mergulhar um pincel na água sanitária e pintar sobre o papel de seda. Orientar os alunos para que não ponham a água sanitária na boca e que tenham cuidado com a roupa, pois é um alvejante. O resultado é bem interessante pois a água sanitária descolore o papel. Depois de pronto pode-se colar as beiradas do papel de seda sobre a cartolina. A mesma experiência pode ser feita substituindo o papel de seda por papel crepom.

8a Outra possibilidade: pintar com anilina, utilizando diversas cores, um papel tipo cartolina, esperar secar um pouco e passar um cotonete com a água sanitária sobre essa pintura, fazendo um desenho.

9. Pintura espelhada

Formam-se duplas em que cada aluno se posiciona na frente de seu par. Cada um tem um papel e um pincel; a tinta poderá ser a mesma para os dois. Primeiro um dos dois comanda o exercício, depois faz-se uma troca. O que comanda começa sua pintura (de preferência figurativa), e o segundo, quase que simultaneamente, vai copiando a pintura como se fosse seu espelho. Depois de terminado o trabalho, faz-se a troca do comando. É uma proposta que serve tanto para a pintura como para o desenho. Depois dos pares terem vivenciado a proposta, propor uma apreciação dos trabalhos, para que se perceba o que aconteceu com as pinturas quando postas lado a lado. Em nenhum momento essa proposta tem como objetivo resultados "parecidos"; pelo contrário, o enfoque está na diversidade dos resultados, mesmo que a atenção esteja no espelhamento da pintura do colega.

9a Outra possibilidade é a dupla usar um mesmo papel grande (uma cartolina, por exemplo). Os dois alunos sentam-se do mesmo lado do papel. O primeiro a comandar começa seu desenho do meio do papel e vai caminhando para uma lateral, enquanto o outro também começa do meio e caminha para a outra lateral (no sentido oposto) como se o espelho estivesse colocado entre os dois alunos.

10. Pintura com mãos e pés

As crianças, em geral, gostam da sensação de pintar as mãos e fazem isso com muita naturalidade. Aproveitando esse desejo, propor aos alunos

Pintura

que pintem suas mãos e também seus pés com tinta guache, usando como instrumento o pincel, o rolinho de espuma ou os próprios dedos. Entregar papéis (uma cartolina, por exemplo) para que carimbem seus pés e mãos coloridas e vivenciem livremente essa experiência.

Uma outra ideia, que deve ser bastante explorada, é usar mais de uma cor na mão ou no pé ou mesmo criar rápidos desenhos (para que a tinta não seque) e carimbá-los.

Também pode-se explorar as várias formas de carimbar usando só algumas partes da mão e do pé, como, por exemplo, os dedos, o calcanhar, a palma, as partes laterais etc. O aluno pode usar outras partes de seu corpo para pintar e carimbar em um papel. (Só não deve permanecer por muito tempo com o guache no corpo, pois pode irritar a pele.)

Depois de bem exploradas as possibilidades de impressão, propor alguns trabalhos com o uso desses recursos. Lembrar da possibilidade do uso de justaposição e sobreposição das imagens, misturas de cores, atenção na ocupação do espaço, exploração de tonalidades etc. Pode-se também oferecer outros materiais, como o pincel, para complementar o trabalho.

Seria interessante mostrar aos alunos o trabalho *Antropometrias*, do artista francês Yves Klein[1] (1928-1962), impressão direta de corpos pintados sobre papel ou tecido. Klein trabalhou também a impressão "negativa", pulverizando a tinta em volta dos modelos e deixando as formas dos corpos em branco. Algumas vezes combinou estas duas técnicas. É considerado precursor das manifestações artísticas inovadoras na Europa dos anos 1960.

11. Caminho dos pés

Nesta atividade é interessante a participação de vários alunos, talvez mais de uma classe. O objetivo é criar um longo percurso, só com o uso de recortes de pés, que leve as pessoas de um lugar a outro (como se fossem pegadas).

Para isso os alunos podem inventar várias maneiras de fazer os pés: carimbá-los, como no exercício anterior, e depois recortar seu contorno; fazer desenhos de observação dos próprios pés (ou dos pés dos amigos); desenhar o contorno do pé e pintar por dentro, criando desenhos.

---

1. WEITEMEIER, Hannah. *Yves Klein*. Alemanha, Taschen, 2000.

Depois de produzidos e recortados, esses pés são colados (com fita crepe) no chão, formando caminhos que podem ser percorridos pelas crianças. Tais percursos, às vezes, podem conduzir a locais determinados como, por exemplo, a uma exposição.

Quanto mais crianças participarem da atividade, mais pés surgirão, e, consequentemente, o caminho será mais longo.

12. Histórias com mãos e pés

Os alunos desenham o contorno dos pés e das mãos em cartolinas ou papel cartão e pintam por dentro, transformando-os em personagens. Pode-se usar vários tipos de materiais, como canetas hidrográficas, gizes de cera, lápis de cor, tintas etc., além de lãs, barbantes, retalhos de tecidos, sucatas miúdas e outros. Os alunos recortam os contornos dos pés e das mãos e colam, por trás, um palito de churrasco ou de sorvete para transformá-los em bonecos. Se o trabalho for feito com tinta, esperar secar para colar o palito. Utilizar a fita crepe para fixar o palito.

É interessante vincular a criação das personagens a alguma história, seja inventada depois da criação delas, seja, ao contrário, partindo da história para a criação dos bonecos. A história pode ser conhecida dos alunos ou uma criação coletiva.

Eles podem construir um teatrinho, recortando o fundo de uma caixa de papelão. Pintar a caixa, fazer cortinas para criar um clima de teatro de bonecos, ensaiar a história e apresentar, um grupo para os outros.

12a Outra atividade é pintar ou desenhar personagens na palma da mão e/ou na sola do pé e criar histórias. Pode ser usado o guache (não por muitas horas), tinta própria de maquiagem ou mesmo a canetinha hidrográfica. Também é possível enfeitar os personagens com fitas, retalhos de tecidos, lãs etc. Os alunos podem sentar por trás de uma cortina (ou de um tecido esticado) deixando somente as solas dos pés aparecendo, e assim vão contando uma história; ou podem deitar por trás da cortina deixando as palmas das mãos para a frente dela.

13. O grande pé e a grande mão

Juntar pelo menos quatro folhas de cartolina (colando-as por trás com fita crepe) ou quatro folhas de papel duplex, formando um grande suporte.

Pintura

Desenhar uma grande mão que ocupe a maior parte dessa área; em um outro papel, desenhar um grande pé. Recortar essas figuras e pendurar em algum lugar bem visível na escola.

Convidar os alunos de várias classes (de diferentes idades) a desenhar suas mãos e seus pés, em tamanho natural, utilizando papéis variados, recortar e colar (com percevejo, cola ou durex) na "grande mão" e no "grande pé" (respectivamente). Seria bastante enriquecedor que cada classe trabalhasse com alguma técnica diferente na confecção das figuras, como, por exemplo, colagens, tintas diversas, giz de cera, nanquim etc. O trabalho estará pronto depois que a grande mão e o grande pé estiverem totalmente preenchidos.

14. Painel

Esticar na parede ou no chão papel kraft em rolo, papelão, tecido ou outro tipo de suporte grande, e propor um painel coletivo. Pode-se usar guache, tinta acrílica ou materiais secos como giz de cera, giz pastel, caneta hidrocor, colagem etc.

Sendo um trabalho coletivo, o importante é saber por onde começar: uma possibilidade, por exemplo, é fazer previamente um projeto para ser transposto para o painel. Neste caso os alunos fazem um ou mais desenhos (ou pinturas) em papéis menores, proporcionais ao painel. Pode-se discutir e escolher o projeto que a maioria achou mais adequado para o painel e, a partir daí, todos trabalharem na sua confecção.

A pintura em suporte grande permite a experimentação de gestos mais amplos. É interessante usar a tinta mais espessa para não escorrer, caso o painel esteja na vertical.

14a Outra possibilidade de encaminhar o painel é conversar e levantar algum tema junto aos alunos. Depois de definido, cada um participa de sua confecção acrescentando algum elemento pertinente ao tema. Se for possível, pelo número de alunos e o tamanho do painel, todos podem pintar ao mesmo tempo dentro do tema proposto. Seria interessante que de vez em quando o professor orientasse a classe a parar o trabalho e olhar o que está sendo criado, para em seguida dar continuidade a partir da apreciação e observação do painel em andamento.

14b Assim como no exemplo anterior, os alunos partem de um tema comum. Neste caso, o painel pode ser o próprio mural da classe (se ela possuir um); ou delimita-se um espaço na parede ou estica-se um papel ou tecido e fixa-se na parede; enfim, o importante é um suporte grande, na vertical, onde os alunos possam observar as etapas de sua criação.

Nesse caso o painel será feito com recortes e colagens. A partir do tema estabelecido, os alunos criam suas imagens em um papel, recortam e colam sobre o painel. As imagens podem ser feitas com tinta ou materiais secos, sobre papéis variados.

Ao terminar seus trabalhos, os alunos escolhem um lugar no painel para fixá-los, e a partir daí vão criando outras imagens. É importante perceber, já que é um trabalho coletivo, onde colocar o recorte no painel e que tipo de imagem deve ser criada para complementar o trabalho. Perceber também o desenho do colega e que relações se podem estabelecer com isso.

O professor deve orientá-los a observar esses dados, mas deve deixar que estabeleçam sozinhos essas relações. Ao término do painel, fazer uma apreciação com toda a classe.

14b Outra ideia para iniciar um painel é fazê-lo sem um tema ou projeto prévio. Um aluno inicia pintando ou desenhando alguma figura no painel, em seguida, outro acrescenta algum elemento que tenha relação com o primeiro, e assim sucessivamente os alunos vão participando do trabalho, sempre com a preocupação de uma complementação. O interessante é se afastar do painel, olhar de longe, perceber o que está sendo formado, o que está precisando ser feito e então voltar para a pintura.

Pintura

Observação 1: Um painel também pode servir como cenário para uma peça de teatro.

Observação 2: Se a escola dispuser de um muro, o painel pode ser pintado nele; neste caso o ideal é usar tinta látex branca com corante líquido ou pó xadrez para preparar as cores. Pode-se usar pincéis ou rolinhos de espuma. A tinta látex é solúvel em água, porém não sai da roupa.

Observação 3: Apreciar os trabalhos dos artistas mexicanos Siqueiros, Orozco e Rivera[2], os murais de Candido Portinari[3] e os painéis de recortes coloridos de Matisse[4] seria um grande estímulo para essa atividade.

15. Painel com módulos

Este trabalho é um grande painel temático composto de pequenos módulos, com formatos regulares e iguais, como quadrados, retângulos ou círculos etc. O formato dos módulos depende, em parte, do tema do painel. Estes podem ser de cartolina (ou de outros tipos de papel) devendo ser todos iguais e pequenos, como, por exemplo, quadrados de 10 cm por 10 cm, retângulos de 15 cm por 10 cm, círculos com 7 cm de diâmetro e assim por diante (essas medidas são aleatórias, e devem ser escolhidas conforme o tamanho do painel, o número de crianças, o tema etc.). O painel pode ser a parede da classe, o mural da escola ou outros suportes grandes. No caso do uso da parede, pode-se fixar os módulos com fita dupla face; no caso do mural, com percevejos.

A primeira etapa do trabalho é definir um tema que desperte grande interesse, ou grandes possibilidades de criação. O tema deve ser bastante objetivo e o modo de realizá-lo, padronizado. É como se os alunos estivessem todos criando uma grande estamparia com seus módulos repetitivos. Combina-se previamente o tema, como, por exemplo, flores; isso significa que os alunos pintarão flores bem variadas, mas exclusivamente flores, sem jardim, sem árvore, sem grama etc. Deve-se orientá-los a pintar também o fundo. Outro tema: painel com caras, os alunos desenharão caras, sem pescoço, sem corpo etc. A técnica pode ser a mesma para todos ou pode-se optar por um painel com técnicas variadas; os dois modos

---

2. KETTENMANN, Andrea. *Rivera*. Taschen, 2001.
3. MATUCK, Rubens e MOULIN, Nilson. *Portinari — Coleção Vou pintar aquela gente*. São Paulo, Callis, 1997.
4. NÉRET, Gilles. *Henri Matisse — "Recortes"*. Portugal, Taschen, 2002.

trazem resultados bem interessantes. Como o trabalho é sobre papel, pode-se trabalhar com guache, colagem, lápis de cor etc.

A quantidade de módulos por alunos dependerá do número de alunos que participarão do projeto. Se apenas uma classe participar, cada aluno poderá contribuir com vários módulos; se mais de uma classe, serão menos módulos por aluno.

À medida que os trabalhos ficam prontos, são colocados no painel, um ao lado do outro, e também para cima e para baixo, fazendo o painel crescer em todas as direções. É importante não deixar espaços entre os módulos, a não ser os inevitáveis se forem usados círculos.

O painel estará pronto quando atingir a dimensão e a forma desejadas pelos participantes.

É interessante o professor trazer referências de estamparias (sejam elas em tecidos, azulejos, paredes etc.) para que os alunos percebam o que é possível fazer com módulos.

16. Como fazer tinta guache

Os alunos podem experimentar fabricar suas próprias tintas e depois usá-las em seus trabalhos. Misturar duas colheres de sopa de corante (líquido ou em pó) com duas colheres de sopa de goma arábica. Acrescentar

Pintura

duas colheres de sopa de água ou mais se necessário. Mexer e acrescentar uma colher de sobremesa de álcool e duas gotas de glicerina. Usando o corante líquido, a tinta ficará com mais fluidez e mais brilhante. Esta tinta guache tem uma certa transparência.

Criar novas cores misturando as tintas confeccionadas. Utilizar como suporte para pinturas papéis variados: cartolina, canson etc.

16a Outra maneira de se fazer a tinta (desta vez ela ficará mais opaca que a anterior) é misturar uma colher de sopa de gesso, duas colheres de sopa de goma arábica, duas colheres de sopa de corante em pó ou líquido, uma colher de sopa de lisofórmio ou uma colher de café de óleo de cravo (estes dois últimos ingredientes servem para conservar a tinta; também podem ser substituídos por vinagre).

Se se quiser usar a tinta mais diluída, acrescentar água, o quanto se achar necessário. Quando usado o corante em pó, a tinta ficará mais encorpada. É interessante fabricar algumas cores, pelo menos as básicas (amarelo, azul e vermelho), para que os alunos as misturem e criem outras cores para suas pinturas. O suporte para pintura é o mesmo citado acima.

17. Pintura com tinta creme

Misturar em uma panela 500 ml de água, 1 xícara de farinha de trigo, 1/4 de xícara de açúcar, 1 colher de sopa de sal. Deixar ferver de 5 a 10 minutos mexendo sempre para não encaroçar. Enquanto a massa esfria, diluir o pigmento (pó xadrez, guache ou corante líquido) em um pouco de água e adicionar uma gota de detergente, o que ajudará a dissolver o pigmento. Depois de diluída a tinta, juntar com a massa para que se misturem. Essa receita é suficiente para seis crianças (papel formato A-4). Distribuir a tinta ainda morna para as crianças trabalharem com as mãos, o que proporciona uma sensação muito agradável. Pode-se fazer tintas de várias cores para que as crianças experimentem fazer misturas com elas. Como a tinta é cremosa, é possível criar texturas usando materiais como trincha, escova de dentes e de roupa, palitos, pente etc. Não guardar a tinta que não for usada.

Fazer o trabalho sobre um suporte resistente como papelão, papel cartão ou cartolina.

18. Têmpera

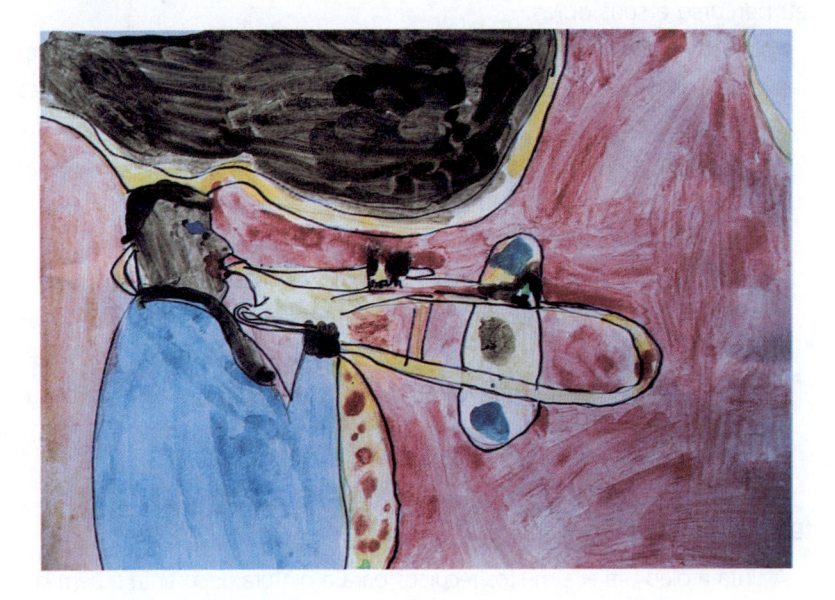

A têmpera é feita com gema de ovo e pigmento. Peneirar a gema (peneira de leite) para separar a sua pele (se o ovo estiver gelado, será mais fácil retirar a pele da gema). Para cada gema, misturar uma colher de café de pigmento (pó xadrez, por exemplo). Essa medida é relativa, depende de como se queira a intensidade da cor, mais ou menos forte. Pode-se acrescentar um pouquinho de água para controlar a densidade. É interessante que os alunos façam as têmperas e as misturem para criar outras cores. Para conservar a têmpera, é preciso pingar algumas gotas de algum fungicida, por exemplo, o óleo de cravo, lisofórmio ou outros.

As crianças podem experimentar também fazer a têmpera a partir de pigmentos naturais como a terra. Amassá-la bem para deixar o pigmento mais delicado.

Pode ser aplicada em vários suportes diferentes como o papel, tecido esticado, tela e madeira. Esses suportes podem receber um tratamento antes do uso da têmpera, por exemplo, passar uma camada de tinta látex branca no caso do tecido ou uma camada de massa corrida no caso da madeira (nesta última, depois de seca, passar uma lixa fina).

Deixar que os alunos experimentem suas têmperas livremente para se familiarizarem com o material, justapondo e sobrepondo cores, percebendo sua transparência, consistência etc.

Pintura

Falar do grande mestre brasileiro da têmpera, Alfredo Volpi[5], e mostrar seu percurso e suas obras.

Volpi (1896-1988) nasceu em Lucca, Itália, porém veio para o Brasil com menos de dois anos e aqui se estabeleceu tornando-se um dos maiores nomes da pintura brasileira. Volpi teve uma origem humilde, por muitos anos foi decorador de paredes, depois passou a fazer pinturas de paisagem e aos poucos foi traçando um caminho absolutamente original em direção à pintura abstrata geométrica. Ao longo de sua carreira pode-se agrupar algumas séries por temas, como, por exemplo, as "Marinhas", os "Santos", as "Fachadas", fundamentais para o entendimento de sua série mais conhecida: as "Bandeirinhas", na qual deu continuidade à exploração infindável do jogo óptico através da rigorosa relação das cores e da estrutura da forma. Volpi utilizou como técnica nas suas pinturas a têmpera.

19. Tinta a óleo

A tinta a óleo oferece muitos recursos para a pintura. Essa tinta é bem conhecida e se encontra com facilidade no mercado, variando muito quanto ao preço e à qualidade. Porém, para o uso escolar, as marcas mais baratas são boas e proporcionam bons resultados. O pincel mais adequado é o de pelo chato. O suporte clássico é a tela, que também se compra pronta em vários formatos; porém, tanto a tinta a óleo como a tela podem ser fabricadas pelos alunos.

Para se fazer a tinta a óleo mistura-se pigmento no óleo de linhaça, usando uma espátula para amassar bem o pó. Esse pigmento pode ser o pó xadrez, ou algum especial, que se encontra em lojas de materiais específicos de artes. O ponto bom da tinta é o mesmo da consistência de uma pasta de dente, ou seja, não deve sobrar óleo nem haver pó demais. Para lavar o pincel ou diluir a tinta para pintar usa-se aguarrás ou terebintina (aguarrás vegetal).

A tinta a óleo tem a capacidade de cobrir outras camadas, desde que estejam secas, possibilitando a transformação da pintura ao longo de seu processo. Quando diluída, consegue-se a transparência da cor ao passar por uma outra camada já seca. As cores podem ser misturadas na paleta e também na própria tela. Estes são recursos que os alunos devem experimentar, por isso aconselha-se que construam suas pinturas ao longo de

---
5. MAMMI, Lorenzo. *Volpi*. São Paulo, Cosac & Naify, 1999.

algumas sessões. O "erro" pode ser transformado, a pintura pode ir tomando novos rumos com seus recursos.

19a Outra possibilidade é usar, como ferramenta, a espátula no lugar do pincel, ou mesclar as duas técnicas. As espátulas são encontradas em vários tamanhos.

Observação 1: O suporte pode ser bastante variado e explorado. Uma alternativa é esticar um tecido na parede e passar alguma base, como tinta látex branca. A madeira, também preparada, é um ótimo suporte (tinta látex branca mais 1/3 de cola branca).

Observação 2: A tinta a óleo deve ser oferecida para várias faixas etárias, desde que os alunos tenham condições de manipular materiais tóxicos como a aguarrás.

Observação 3: Dificilmente a tinta a óleo sai da roupa.

É vastíssima a produção artística utilizando a tinta à óleo. Há mais de quinhentos anos essa técnica é explorada e portanto mescla-se com a História da Pintura. Discussões como a escolha das cores, a presença ou não das pinceladas, texturas, sobreposições, a cor e o gesto, o ritmo, luz e sombra, a cor como representação da realidade ou como cor constitutiva da pintura e assim por diante são todas pertinentes à compreensão do percurso dessa técnica. Assim é aconselhável a apreciação, através de reproduções, ou melhor ainda, ao vivo, de um grande número de pinturas que representem os vários momentos da História, para a compreensão de como esse veículo foi sendo transformado.

20. Fazer tela

A tela é um tecido bem esticado em um chassi (quadro rígido destinado a fixar tecido, papel etc.). Esse tecido pode ser bem variado: lona, algodão, morim, saco de farinha e outros que se quiser experimentar.

O chassi é feito de madeira, por exemplo, um sarrafo de pinho. Pode-se fazer chassis para telas quadradas ou retangulares, de dimensões variadas. As extremidades dos quatro sarrafos deverão ser cortadas em 45 graus (não paralelos) para que se encaixem uns nos outros. Passe cola branca nesses cortes e encaixe bem os sarrafos, mantendo-os no esquadro (trabalhar sobre uma mesa ou no chão). Passe um elástico por fora do quadro pressionando bem os sarrafos para que se fixem. Esse elástico pode ser feito de câmara de pneu. Só depois de 24 horas poderá ser retirado o elástico.

Pintura

O tecido é cortado de um tamanho maior que o chassi, pelo menos 10 cm de cada lado. Estique o tecido em uma superfície plana e centralize o chassi sobre ele. Com tachinhas e martelo, ou com um grampeador de pressão (que facilita), estique e pregue da seguinte forma: primeiro fixe um ponto no meio de cada um dos lados, depois, partindo do meio para as pontas, fixe uns cinco pontos para a direita, outros cinco para a esquerda de um dos lados, e faça a mesma coisa do lado oposto. Sempre estique bem antes de pregar a tachinha (ou de fixar o grampo), porém sem deformar o tecido. Fazer o mesmo com os outros dois lados e assim sucessivamente até chegar aos cantos. Os cantos requerem uma pequena dobra no tecido para um melhor acabamento. O tecido ficará mais firme e preparado para receber a tinta depois de aplicado um fundo sobre ele.

Fundo: um procedimento comum e simples é passar uma camada de tinta látex branca com um pincel largo exercendo certa pressão sobre a tela de forma que fique homogênea, sem poças de tinta (a tinta látex branca pode ser misturada com 1/3 de cola branca). Depois de seca, se quiser, passar uma lixa fina para ficar mais lisa. Outra possibilidade é passar uma camada de gesso acrílico para tela (da Acrilex).

Observação: A tela pode ser esticada diretamente na parede; sendo assim, é só fixá-la com preguinhos ou tachinhas. Sempre é bom preparar o tecido antes de começar a pintura.

21. Pintura em tecido estampado

Cada aluno traz um tecido qualquer que contenha uma estampa. Colar esse tecido, com cola branca, sobre um suporte de madeira lisa. Passar a cola por toda a superfície da madeira, esticar o tecido e passar a mão por cima para que este adira bem à madeira. A pintura partirá dessa estampa. O aluno estará diante de um novo estímulo (a estampa) e a partir daí começará sua criação. Ele poderá interferir em algumas partes ou em toda a estampa, porém não deverá ignorá-la. O desafio é interagir, criar algum "diálogo" entre a estampa e sua pintura.

O material a ser utilizado pode ser tinta guache, acrílica, plástica, para tecido ou a óleo.

Conhecer o trabalho da artista plástica brasileira Leda Catunda[6] (1961) poderá ser interessante para os alunos observarem interferências em suportes do cotidiano como pintura sobre barraca de praia, couro de

---
6. CHIARELLI, Tadeu. *Leda Catunda*. São Paulo, Cosac & Naify, 1998.

poltrona, toalha de banho e outros. Leda muitas vezes aproveita imagens preexistentes nesses suportes. Participou da chamada geração 80.

22. Pintura com tinta borrifada

Molhar uma escova de dente na tinta guache e passar uma faca ou régua pelas cerdas para espirrar a tinta no papel. Experimentar a técnica livremente usando várias cores, justapondo-as e sobrepondo-as. O trabalho pode ser complementado com outras técnicas, se necessário.

22a O aluno poderá desenhar numa cartolina e depois recortar os elementos deste desenho. Sobre uma outra cartolina ele coloca o recorte e borrifa a tinta em seu contorno. Retira o recorte e perceberá a forma que nele ficou. Chamamos a esse procedimento de "máscara". É interessante que ele crie muitas formas para compor seu trabalho.

A mesma figura, ao ser deslocada e borrifada na cartolina, cria a sensação de movimento.

Conforme a aproximação ou distanciamento da escova sobre o papel, conseguem-se tons mais ou menos fortes. Variar as cores.

Observação: Os alunos mais velhos poderão "recortar" suas formas utilizando o estilete para preservar o "negativo" da forma, ou seja, a forma vazia. Com isso ele também poderá borrifar neste "vazio" para novamente obter a forma cheia.

23. Anilina sobre giz pastel ou de cera

Pintura

Fazer um desenho sobre cartolina com giz de cera ou pastel oleoso colorido. Pintar com anilina líquida de várias cores por cima do trabalho, o que resultará em uma transformação das cores.

Com um cotonete molhado em água sanitária, desenhar por cima da última camada. O efeito é desbotar a tinta.

23a A anilina também pode ser usada em pó. Depois que o desenho com o giz de cera estiver pronto, o aluno escolhe algumas áreas e despeja um pouquinho da anilina em pó. Feito isso, com um pincel molhado na água, passa por cima da anilina e descobre as cores que vão surgindo.

24. Anilina sobre tinta guache

O aluno faz uma pintura com tinta guache sobre uma cartolina; depois de seca, joga anilina em pó de várias cores e espalha com um pincel umedecido em água cada cor onde achar melhor, sem exagerar na quantidade de anilina, pois ela é muito forte. Perceber a diferença que há na cor da anilina em pó e quando diluída na água. É possível que a anilina também se misture um pouco com o guache, já que o pincel estará molhado.

O interessante da experiência, além de trazer a surpresa das cores, é a sobreposição de camadas de tintas, o que resulta, na maioria das vezes, em um trabalho mais acabado.

25. Sabão e anilina

Passar sabonete ou sabão em pedra numa folha tipo cartolina, canson etc., cobrindo-a por inteiro. O sabão ou o sabonete deve estar úmido. Pintar com anilina de várias cores toda a superfície do papel. Nesse momento da pintura não é necessário criar algo figurativo, somente preencher o papel. Ainda com a tinta molhada, desenhar com uma ponta seca (tesoura, estilete, prego, palito de churrasco etc.) ou mesmo com um lápis comum. Onde o traço é feito a tinta sai com facilidade. É interessante trabalhar não só a linha mas também a textura.

Se em algumas partes do trabalho a tinta secar antes de o aluno conseguir fazer o desenho, é preciso recolocar a tinta. É possível, enquanto a tinta estiver molhada, carimbar alguns elementos no trabalho, por exemplo, folhas de árvore, a cabeça do prego, carimbos em geral e qualquer outra coisa que se queira experimentar.

É importante que a camada de sabão seja grossa, para que a tinta saia com facilidade.

26. Aquarelar a canetinha

Fazer um desenho com a canetinha hidrográfica sobre papel canson ou cartolina; não pintar só o contorno, mas também as outras áreas do desenho. Com o pincel passar água sobre o desenho. A tinta da canetinha se espalhará, dando um aspecto aquarelado ao trabalho.

27. Pintura com pente

Com um pincel largo, passar cola branca sobre cartolina para que fique uma superfície mais lisa. Esperar secar e pingar anilina líquida com a ajuda de um conta-gotas. Com pente normal ou pente fino, garfo, escova de dentes ou qualquer outro material semelhante, espalhar as gotas de tinta, criando texturas coloridas no papel.

É interessante avaliar, depois de explorar uma técnica, se o trabalho está completo ou se há necessidade do uso de outros materiais e técnicas para completá-lo.

28. Pintura lavada

Em uma cartolina branca desenhar com o lápis formas abstratas ou figurativas fechadas, deixando sempre um espaço em branco de 1 cm, mais ou menos, entre elas. Se, por exemplo, o aluno desenhar uma pessoa, deve separar a cabeça do tronco, dos membros e assim por diante.

Pintar essas formas com giz de cera colorido, não usar giz preto. Com um pincel cobrir toda a superfície com guache preto. Esperar secar bem. Lavar debaixo de uma torneira passando a mão de leve até que saia toda a tinta preta. As cores, antes vivas, ficarão mais sombrias, enquanto o espaço deixado em branco ficará cinza.

Técnica muito interessante para propostas como mosaicos ou desenhos que lembrem a forma de um quebra-cabeça.

28a Pintar uma cartolina livremente com pincéis chatos e de diferentes espessuras com tinta guache colorida (sem o uso do preto). Deixar secar completamente. Com uma trincha ou um pincel largo, cobrir toda a superfície do papel com nanquim preto. Depois de bem seco, lavar o trabalho numa torneira deixando que a água escorra suavemente sobre o trabalho até que o nanquim escorra. Onde antes era branco, o papel ficará preto, e sobre as cores o nanquim faz ressaltar a marca da pincelada, percebendo-se assim sua textura.

29. Pintura escorrida

Usar uma tinta bem diluída tipo nanquim (preto ou colorido) ou anilina líquida: o aluno pinga a tinta em um papel e a deixa escorrer, mexendo o papel em várias direções, ou pode soprar a tinta com um canudinho para registrar seu percurso. É interessante a sobreposição de cores. Pode-se também experimentar essa técnica em um papel umedecido.

Observação: Às vezes o uso de uma técnica pode trazer um bom resultado plástico ao trabalho, mas pode também torná-lo pobre; para evitar isso, é aconselhável não se prender a uma única técnica em nome da "fidelidade" ao exercício — procurar mesclar com outras, sempre visando a qualidade plástica do produto.

Apreciar com os alunos as pinturas do artista norte-americano Jackson Pollock[7] (1912-1956), que em busca de uma total liberdade de ação, pingava, derramava e arremessava tinta em grandes telas colocadas no chão, criando um emaranhado de linhas sobrepostas, entrelaçadas. Pollock foi pioneiro do Expressionismo abstrato nos EUA.

---

7. SPRING, Justin. *Jackson Pollock*. Nova York, Abrams, 1998.

30. Pintura transportável

Para este trabalho usaremos a "Tinta Relevo Dimensional da Acrilex", apresentada em dois tipos: *brilliant* e *glitter* em várias cores. É uma tinta que pode ser aplicada em vários suportes, como tecido, couro, cortiça, madeira e outros. Para esse exercício usaremos como suporte alguma superfície lisa como fórmica, vidro ou azulejo. Com o próprio tubo da tinta, fazer pequenos desenhos e preenchê-los totalmente com as cores. É importante fazer a pintura em uma superfície plana, para que a tinta não escorra, já que deve ser usada em excesso. Esperar secar completamente. Depois de seco, o trabalho pode ser retirado do suporte onde foi feito e transportado para outro lugar que dê aderência, por exemplo, a janela, a geladeira, potes de vidro. Não é necessário o uso de cola.

É interessante propor um trabalho coletivo, por exemplo, um vitral na classe.

31. Pintura na pedra

Pintar sobre pedras é a proposta deste exercício, portanto não devem ser pequenas. Se não houver a possibilidade de encontrar esse material na escola, os alunos deverão trazer de casa ou da rua. As pedras devem ser lavadas e depois de secas poderão ser pintadas. Seria interessante que eles percebessem a forma da pedra e a partir daí escolhessem o que pintar, tentando assim integrar forma e pintura, em vez de simplesmente usá-la como suporte.

Pintar diretamente com tinta guache, tinta plástica, tinta acrílica ou dar um tratamento, antes da pintura, com uma camada de tinta látex branca. Depois de pronta e seca a pintura, se desejar, passar uma camada de cola branca ou verniz para dar brilho no trabalho (ver exercício 195, "Construção com pedras").

32. Espírito de um estilo

O professor apresenta aos alunos um estilo de pintura (renascentista, impressionista, surrealista, expressionista etc.) utilizando reproduções em livros[8, 9, 10], *slides*, transparências, ou ao vivo, indo a um museu ou a alguma exposição. Faz uma apreciação dos trabalhos quanto a técnica utilizada, material, pensamento dos artistas da época, contextualizando o movimento

---
8. GOMBRICH, E. H. *A história da Arte*. Guanabara Koogan, 1993.
9. ARGAN, Giulio Carlo. *Arte Moderna*. São Paulo, Companhia das Letras, 1988.
10. BECKETT, Wendy. *História da Pintura*. São Paulo, Ática, 1997.

Pintura

no tempo e no espaço. Depois de um debate sobre o assunto e da compreensão do enfoque dos pintores da época, o professor sugere aos alunos uma pintura, com tema livre, que traga o espírito do período apreciado.

O material a ser utilizado será o que mais se aproxime ao que o artista usou.

Observação: O professor pode falar de um movimento e dos vários artistas que o compõem ou se voltar para um só artista, aprofundando o conhecimento de sua obra. Selecionar várias pinturas significativas do percurso do artista e observá-las, junto aos alunos, explicitando elementos plásticos, temáticos, estéticos, técnicos etc. Propor uma pintura com o "espírito" desse artista; não necessariamente repetir seus temas, mas seu jeito de pintar.
Os livros (notas 8, 9 e 10) citados neste exercício trazem ótima contribuição teórica para o ensinamento da História da Arte, porém suas reproduções são pequenas para serem apreciadas em sala de aula. Para isso seria mais interessante imagens maiores, *slides*, vídeos ou retroprojetor.

33. Pintura pontilhista

Fazer uma pintura com pontos de tinta, bem próximos uns dos outros, usando várias cores (com o uso do pincel). É interessante observar que, quando as cores estão justapostas, quer dizer, lado a lado, cria-se uma "mistura óptica" que quando vista de longe não deixa perceber os pontos. O aluno pode partir de um desenho prévio ou pintar diretamente sobre o papel. Se o aluno for pintar um céu, por exemplo, é interessante que ele prepare vários tons de azul, ou outras cores que quiser acrescentar, para criar um jogo de cores.

É melhor, conforme a idade do aluno, propor que faça a pintura em uma folha não muito grande, pois é trabalhoso preencher todo o espaço só com o uso de pontos de tinta. Também se pode variar o tamanho do pincel (pincéis mais largos para áreas maiores).

O material pode ser bem variado: tinta guache, acrílica, a óleo, plástica etc., e o suporte pode ser qualquer tipo de papel resistente para receber a tinta, como canson, cartolina, papelão ou a própria tela.

Fazer um estudo sobre a obra do pintor Georges Seurat[11].

Georges-Pierre Seurat (1859-1891), pintor francês pós-impressionista, aproximou a ciência da arte ao desenvolver um estilo pictórico baseado na óptica das cores, também conhecido como pontilhismo. Essa técnica consiste em aplicar à tela minúsculas pinceladas de tinta colorida colocadas lado a lado, que quando vistas à distância fundem-se aos olhos do espectador recompondo a unidade do tom.

---
11. DÜCHTING, Hajo. *Georges Seurat*. Taschen, 2000.

Outra referência interessante é observar um *outdoor*. De preferência ter em mãos uma folha de um *outdoor* para que os alunos possam ver de perto como são formadas as cores que enxergamos de longe.

34. Autorretrato

Propor aos alunos que se posicionem diante de um espelho para fazer uma pintura de observação do próprio rosto, um autorretrato. O exercício pode ser iniciado com vários desenhos de observação, utilizando o lápis grafite ou o carvão, ou tinta diretamente sobre o papel. São encaminhamentos diferentes, mas não necessariamente ordenados. O professor também pode sugerir para o autorretrato a técnica do desenho cego, da mão esquerda e do traço contínuo (exercícios 51, 52 e 56 respectivamente). Se a escola não dispuser de um grande espelho, pedir às crianças que tragam de casa, mesmo que sejam espelhos pequenos.

Os alunos podem buscar recursos técnicos para trabalhar a textura da pintura, por exemplo, o uso de espátula, palitos, o próprio dedo, pincéis de várias espessuras etc.

Propor aos alunos que escolham as cores de seus autorretratos de acordo com o estado de espírito em que se encontram naquele dia, e não necessariamente que busquem a cor "real".

O material pode ser bem variado: tinta guache, tinta a óleo, tinta acrílica, e o suporte cartolina, tela, papelão, papel canson etc.

Observação: O aluno pode explorar mais esse tema fazendo caretas, expressões as mais variadas possíveis, diante do espelho e registrando-as no papel. Ver exercício 60, "Caretas".

35. Autorretrato no espelho

Desenhar e pintar seu autorretrato no próprio espelho. Podem ser usados espelhos baratos que vêm com moldura, encontrados em feiras livres. Pendurar ou apoiar o espelho e desenhar o próprio rosto com caneta de retroprojetor. Fechando-se um dos olhos, fica mais fácil fazer o contorno do rosto. Desenhar também olhos, nariz, boca etc.; explorando diferentes expressões, sorrindo, piscando, com a boca aberta etc. Para pintar pode-se utilizar caneta de retroprojetor, cola colorida, tinta acrílica, tinta esmalte vitral ou verniz vitral. Para usar a cola colorida é melhor tirar o espelho da vertical e colocá-lo numa mesa, para a cola não escorrer sobre a superfície lisa do espelho. As canetas de retroprojetor dão transparência ao trabalho, permitindo ao observador se ver no espelho. Já a cola colorida e a tinta acrílica encobrem totalmente o reflexo. O esmalte vitral também encobre o reflexo do espelho; já o verniz vitral é transparente — ambos têm boa aderência e não escorrem (tinta tóxica) desde que não usados em excesso.

A moldura também pode ser pintada (tinta plástica ou acrílica).

Observação: Se houver necessidade de apagar alguma coisa, a caneta de retroprojetor pode ser apagada com um pouco de álcool; a cola colorida e a tinta acrílica dissolvem em água ou, depois de secas, podem ser retiradas raspando-as com a unha. A tinta e o verniz vitral são removidos com solvente próprio. Não utilizar objetos pontiagudos (tesoura, faca) porque riscam o espelho.

35b Outra possibilidade é fazer o autorretrato através da observação de fotos que os alunos tragam de casa. De preferência fotos que mostrem bem o rosto deles. Mas esse exercício não substitui o olhar direto no espelho.

Muitos pintores, em vários momentos da História da Arte, desenharam e/ou pintaram seus autorretratos. Alguns deles fizeram-no em vários momentos de suas vidas, caso de Rembrandt[12], Van Gogh[13] e Picasso[14], por exemplo. Pode-se fazer uma seleção de autorretratos[15] que percorra a História da Arte ou escolher um único artista e fazer uma apreciação dessa produção ao longo de sua vida.

---

12. BOCKMÜHL, Michael. *Rembrandt*. Taschen, 2000.
13. WALTER, Ingo F. *Vincent Van Gogh*. Taschen, 2000.
14. ID. *Pablo Picasso*. Taschen, 2000.
15. CANTON, Katia. *Espelho de Artista*. São Paulo, Cosac & Naify, 2001.

36. Pintura a distância

Fixar na parede um suporte para cada aluno, que pode ser um papel (resistente e de formato grande, por exemplo, cartolina, kraft, canson etc.) ou um tecido esticado, em que se passou uma demão de tinta látex branca. É possível usar uma tela sobre um cavalete, desde que esta esteja bem firme no cavalete. Em um cabo de mais ou menos 60 cm, amarrar um pincel chato. Esse cabo não deve ser pesado, aconselha-se usar um bambu, um galho de árvore ou uma vara. O pincel deve estar bem fixo no cabo, para isso pode-se usar fita crepe, arame ou barbante. Pode-se trabalhar com um único pincel, lavando-o ao trocar de cor, ou ter à disposição vários pincéis, cada qual preso em um cabo, procurando variar o tamanho das cerdas.

O aluno se colocará em pé na frente de seu trabalho com o braço esticado (não rígido), segurando a ponta do cabo com o pincel. Esta será a distância que ele ficará para executar a sua pintura. Utilizar, de preferência, uma tinta que não escorra, como tinta a óleo, acrílica ou tinta guache espessa. Antes de pintar, se o aluno quiser traçar seu desenho no suporte, é importante que ele amarre um lápis macio (tipo 6B), gizão de cera ou carvão em um cabo para fazê-lo também à distância.

Ao final do exercício, é interessante conversar sobre a experiência para que os alunos relatem as diferenças em desenhar de perto e a distância. Com certeza há muita diferença!

Henri Matisse[16] trabalhou várias vezes dessa forma, podemos ver fotos suas, nesta postura, em plena atividade.

37. Xerox de uma obra de arte

O professor seleciona um detalhe de uma obra de arte, de preferência figurativa e não conhecida dos alunos, e faz várias cópias em xerox (uma para cada aluno). Pede para que cada aluno cole em um papel maior e mais resistente, como o canson, por exemplo. Os alunos completam o trabalho com o que imaginam ser a continuação dessa obra, logicamente sem que a vejam. Pintam todo o papel, inclusive a parte que foi xerocada, para que esta se integre à pintura. Depois que todos tiverem terminado o trabalho, o professor mostrará a reprodução.

---
16. NÉRET, Gilhes. *Matisse Recortes*. Taschen, 2002, 52 e 88.

Pintura

Seria interessante poder comentar sobre como cada um resolveu sua imagem, e aproveitar para fazer uma apreciação da obra em questão, trazendo dados sobre o artista, técnicas utilizadas, temática, localização etc.

37a Diferente do trabalho anterior, no qual o professor xeroca um detalhe de uma obra desconhecida, agora ele escolhe um detalhe de uma pintura bem familiar aos alunos, por exemplo, um detalhe da *Mona Lisa* de Leonardo da Vinci[17]. Eles novamente a colam em um papel e a completam com uma pintura. A reprodução deve estar exposta para que possam observá-la. Se o aluno quiser, pode desenhar e depois pintá-la, sempre com a preocupação de integrar o xerox à pintura.

Assim como no exemplo anterior, aproveitar este momento para fazer uma apreciação dos trabalhos dos alunos e da obra em questão.

Leonardo da Vinci (1452-1519) nasceu próximo à cidade de Vinci (Itália) de onde veio seu sobrenome. Leonardo foi um gênio completo do período do

17. ZÖLLNER, Frank. *Leonardo*. Taschen, 2000, p. 73.

Renascimento, não só como pintor mas como inventor, cientista, arquiteto, pesquisador de anatomia, da botânica etc. É de sua autoria a pintura mais famosa de todos os tempos, a *Mona Lisa* (por volta de 1503). A modelo para essa pintura foi Madonna Lisa Gherhadini, casada com Francesco del Giocondo, por isso, o quadro também é conhecido como "Gioconda". Seu sorriso enigmático se tornou um grande mito na História da Arte.

38. Reprodução com papel-carbono

O papel-carbono, apesar de ser um material em desuso, que talvez as crianças de hoje nem conheçam, é muito rico, pois possibilita, além de produzir cópias, fazer desenhos sobre ele conseguindo uma linha de um preto bem forte (no caso do carbono preto). O professor faz uma cópia xerocada de alguma reprodução de uma obra de arte para cada aluno. A imagem pode ser a mesma para todos, ou pode haver a possibilidade de cada aluno escolher com que imagem quer trabalhar. O aluno recebe a cópia, uma folha de papel-carbono e uma cartolina branca (não precisa ser inteira). Sobre a cartolina é colocado o papel-carbono e sobre este a cópia. O aluno contorna, com o lápis, o desenho da cópia para que passe, através do carbono, para a cartolina. As crianças pintam seu desenho da forma que desejarem, tentando reproduzir o quadro ou mudando totalmente as cores e o estilo.

A diferença entre usar a cópia e usar o papel-carbono é a característica do preto da linha que se consegue e sua natural imperfeição, já que é feita pelas mãos dos alunos, o que traz uma riqueza muito grande de traço. Além disso, nem sempre será necessário que o aluno escolha todos os elementos da obra para transpor.

Observação: Mais possibilidades do uso do papel-carbono no exercício 89, "Desenho com papel-carbono".

39. Observação com papel-carbono

O professor apresenta uma obra de arte figurativa aos alunos. A partir dela os alunos fazem um desenho de observação só com o uso do grafite (um lápis 6B, por exemplo), tentando explorar ao máximo os recursos do lápis, traduzindo o que é pintura em desenho, isto é, usando texturas diferentes, claros e escuros, luz e sombra etc. A primeira parte do trabalho está encerrada. Agora o aluno coloca seu desenho sobre um papel-carbono e este sobre um outro papel (tipo cartolina), e contorna com o lápis o

Pintura

seu desenho, selecionando o que considera mais importante ou significativo, para compor um novo desenho que será pintado com guache ou qualquer outra tinta. Portanto, o aluno terá dois trabalhos com a mesma origem: o primeiro, que é seu desenho original, trabalhado todo com grafite; e o outro, que é uma pintura sobre o desenho feito com papel-carbono.

40. Pintura de observação de uma obra de arte

O professor e/ou os alunos escolhem um pintor para ser trabalhado. Procuram ver o máximo de reproduções, saber sobre sua vida, conversar sobre as pinturas, como o artista resolveu seus trabalhos, de onde partiu e onde chegou, seus temas, se as pinturas eram feitas dentro ou fora do ateliê, se eram de imaginação ou observação e outras questões que os próprios alunos vão levantando no decorrer da apreciação da obra. Depois dessa sensibilização, os alunos escolhem um único trabalho para que todos façam uma pintura de observação, desta vez tentando chegar bem próximo do que o artista fez — seu desenho, suas cores, sua maneira de pintar etc. Há muitas possibilidades e riquezas na escolha de um artista; o requisito básico é despertar o interesse dos alunos. Depois de terminados os trabalhos, é sempre aconselhável uma apreciação com base na riqueza das diferenças de soluções que certamente aparecerão.

41. Pintura de memória de uma obra de arte

Escolher uma pintura figurativa na qual haja vários elementos, mas em que se possa identificar a "figura principal". Colocar um papel transparente, tipo seda ou vegetal, sobre essa figura e copiá-la com o lápis. Riscar atrás do papel transparente para transpor o desenho para um outro papel, passando novamente o lápis sobre o desenho. Essa figura deve estar situada na mesma posição que está no quadro. As outras figuras do quadro serão desenhadas de memória. Esconde-se a reprodução para que agora os alunos completem o desenho e pintem baseando-se na memória que têm do quadro.

Já que se trata de um exercício de memória, é importante que se lembrem de todos os elementos do quadro; a localização dos elementos, proporções, cores, planos etc. Só depois que todos tiverem terminado o trabalho, é que se mostra de novo o quadro, e nesse momento cada um vai verificar o que lembrou ou não de colocar na pintura. A escolha da imagem é bem importante, pois não deve ter um excesso de informações nem tampouco só um ou dois elementos.

41a Pode-se propor esse exercício sem a transposição da figura principal. Mostra-se o quadro para os alunos por determinado tempo para que o observem bem e depois se o retira para que o façam de memória.

Ao término do exercício, propor uma observação dos resultados nunca tendo o enfoque em quem se lembrou mais dos elementos do quadro, e sim na expressividade de cada trabalho. O exercício é só um estímulo.

42. Reorganização de uma obra de arte

O professor oferece aos alunos várias reproduções de obras de arte de diversas épocas. Cada aluno escolhe uma imagem com a qual quer trabalhar. O professor tira uma cópia xerocada para cada um. Não importa se um aluno quer trabalhar com a mesma imagem do colega. Cada um recorta sua imagem, selecionando elementos e colando-os numa cartolina maior do que o tamanho da xerox. Reorganizar todos os elementos de forma a compor uma nova imagem. Pintam-se os recortes da cópia e a cartolina (com o material que desejar) procurando integrar todas as partes, isto é, sem que se perceba o cinza da cópia xerocada.

42a O aluno escolhe duas obras de arte, o professor tira xerox e ele recorta alguns elementos das duas reproduções, recompondo-os em um só trabalho, integrando os elementos das duas imagens. De preferência oferecer imagens figurativas onde seja possível um recorte definido.

Observação: O professor deve aproveitar para falar um pouco sobre as obras selecionadas, trazendo informações dos artistas, das técnicas utilizadas, do contexto em que foram criadas e também ouvir as observações que seus alunos têm a colocar.

43. Releitura de uma obra de arte com recortes

Para este trabalho seria melhor o professor oferecer aos alunos obras de arte que não tenham muitos detalhes: uma paisagem, uma pintura com uma figura grande principal ou até mesmo uma obra abstrata, desde que contenha elementos bem definidos. Tirar xerox da obra e entregar uma cópia para cada aluno. Pode ser a mesma imagem para todos ou serem variadas. O importante é que eles possam observar de perto a reprodução colorida do livro, pois é a partir dela que se realizará o trabalho.

Pintura

Conforme o aluno observa a obra de arte (em cores), ele recorta de revistas os tons que mais se aproximam do original. Se, por exemplo, na pintura existe um mar azul, na revista ele seleciona vários tons de azul e recorta-os em pedacinhos, e assim faz com as outras cores, até que todas as cores da pintura estejam representadas por esses recortes. Sobre sua cópia (que poderá estar colada em um papel mais resistente, como uma cartolina), ele vai colando os pequenos pedaços de papéis coloridos por cima das formas existentes, como se estivesse pintando aquela obra. A riqueza do trabalho está nessa sobreposição de tons dos recortes. A cópia em xerox serve para orientar a localização e tamanho dos elementos.

Pode-se, por exemplo, num outro trabalho, dispensar a cópia e trabalhar diretamente a colagem sobre um papel a partir da observação da obra de arte, usando o mesmo recurso da revista.

43a A mesma proposta pode ser feita substituindo a revista por papéis coloridos como espelho, laminado, celofane, *creative paper*, sulfite colorido, seda e outros.

43b Ainda com a mesma proposta, sobre o xerox ou sobre um papel branco ou preto, o aluno faz a releitura da obra de arte substituindo os recortes coloridos pela colagem de recortes somente nos tons de cinza. Essa variedade de cinzas pode ser encontrada em jornais, revistas, papéis variados, tecidos etc. A própria cópia xerocada já dá uma noção dos tons de cinza que o aluno deverá buscar.

44. Modelo vivo de uma obra de arte

Escolher uma pintura que tenha figuras humanas. Observar bem a pintura e dividir a classe em dois grupos. Um dos grupos será dos pintores e o outro será dos modelos. O grupo que irá pintar coloca os modelos em posições iguais aos personagens do quadro, percebendo as relações de espaço, entre fundo e figura, entre as próprias figuras, os gestos e as expressões dos personagens etc. Os modelos ficam imóveis enquanto os pintores registram com lápis ou carvão a cena em seus papéis.

Os pintores devem ser orientados para que façam seus registros sem se deter nos detalhes e sim no todo (principalmente posição e relação das figuras), já que os modelos não conseguirão posar por muito tempo. Depois que os pintores terminam seus trabalhos, trocam de posição com os modelos, podendo também mudar a imagem.

Depois de desenhar os modelos vivos, os alunos completam seus trabalhos pintando, colocando os outros elementos do quadro, fundo etc. Nesse momento podem se basear na reprodução ou criarem outro contexto para as figuras, inventando novos elementos, um novo fundo. Pode-se trabalhar com a tinta guache, acrílica, a óleo etc.

Se houver muito envolvimento nessa vivência, propor que remontem um quadro vivo, tridimensionalmente, trazendo de casa vestimentas e adereços que apareçam no quadro. Podem pintar em grupo um painel igual ao fundo da obra que servirá de cenário e, ainda, misturar uma cena de teatro, aproveitando o painel e os personagens vivos.

Na teatralização da imagem os alunos podem imaginar o que ocorreu antes e depois daquele instante.

45. Releitura com contraste

Escolher uma obra do artista Alfredo Volpi[18] de sua fase "bandeirinha" e mostrá-la de maneira que todos os alunos possam observar. (A indicação dessa fase de Volpi é apenas uma sugestão; podendo-se trabalhar com outras obras de outros artistas, desde que possibilitem a realização desse trabalho de uma forma clara e objetiva.)

Em uma cartolina ou papel canson, reproduzir a obra de arte em preto, branco e tons de cinza, como numa foto em preto e branco. Para isso cada aluno deverá ter em sua "paleta" o preto em uma extremidade e o branco em outra, para explorar, com pequenas misturas, os tons intermediários. Orientá-los para que percebam que os tons de cinza não são aleatórios, portanto devem estabelecer uma relação com as cores da pintura observada, mesmo que de forma totalmente intuitiva. O importante aqui é a tentativa. A tinta pode ser guache, acrílica ou tinta a óleo.

45a Traduzir a mesma obra de arte usando somente as cores primárias, (vermelho, amarelo e azul), ou somente as cores secundárias (laranja, verde e roxo), ou ainda usando as primárias e as secundárias no mesmo trabalho. A classe pode ser dividida em três grupos, cada um escolhe uma dessas três propostas citadas. Depois discutem o que aconteceu com o uso desses contrastes. Sempre é importante que observem os trabalhos dos colegas e percebam como a aplicação das cores pode ressignificar a pintura[19].

---
18. MAMMI, Lorenzo. Op. cit.
19. PEDROSA, Israel. *Da cor à cor inexistente*. Rio de Janeiro, Leo Christiano, 2002.

Pintura

45b Traduzir a mesma obra de arte com o uso das cores quentes (tons de amarelo, vermelho, laranja), ou das cores frias (tons de verde, azul, roxo), ou quentes e frias no mesmo trabalho. Aqui também a classe pode ser dividida em três grupos para que cada um realize um dos contrastes. A apreciação dos trabalhos é sempre muito importante para que percebam como as cores modificam a mesma imagem[20].

45c Dividir a classe em três grupos e cada um escolhe um contraste complementar para trabalhar; por exemplo, um pinta só com o vermelho e o verde, outro com o azul e laranja e outro com o amarelo e o roxo.

45d Fazer uma pintura monocromática, também baseada na mesma imagem. Cada aluno escolhe uma única cor que predominará totalmente em seu trabalho. Para diferenciar as formas pela cor, pode misturar em pouquíssima quantidade o preto, o branco ou outras cores, desde que a cor escolhida predomine em seu trabalho e não se transforme em outra. Por exemplo, se o aluno escolhe o azul, ele pode ser ligeiramente esverdeado, arroxeado, mais claro ou escuro, amarronzado etc., mas sempre se deve poder percebê-lo como um tipo de azul.

46. Fachadas

Olhar através de reproduções ou, quando possível, observar ao vivo fachadas de casas de uma certa região do Brasil, ou de uma determinada época, ou fazer a apreciação de obras de arte que evoquem esse tema. Observar é uma atividade que possibilita a sensibilização dos alunos para o tema e, consequentemente, maior envolvimento na realização do projeto.

O trabalho que a fotógrafa Anna Mariani[21] realizou no sertão do Nordeste com fachadas de casas coloridas é muito rico plasticamente, pois, além das cores de portas, janelas e paredes combinando entre si, há também os "desenhos" dos frisos que "recortam" a fachada dando-lhe um movimento, caracterizando uma manifestação artística totalmente brasileira. Ana Mariani fotografou inúmeras fachadas de casas populares de oitenta localidades do sertão de sete estados brasileiros: Ceará, Rio Grande do Norte, Paraíba, Pernambuco, Alagoas, Sergipe e Bahia.

---

20. OSTROWER, Fayga. "Cor". In: *Universos da Arte*. Rio de Janeiro, Campus, 1983, p. 234-254.
21. MARIANI, Anna. *Pinturas e Platibandas*. São Paulo, Mundo Cultural.

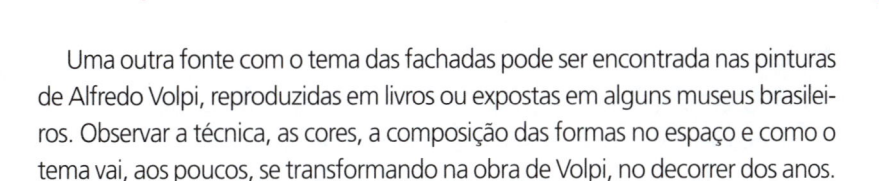

Uma outra fonte com o tema das fachadas pode ser encontrada nas pinturas de Alfredo Volpi, reproduzidas em livros ou expostas em alguns museus brasileiros. Observar a técnica, as cores, a composição das formas no espaço e como o tema vai, aos poucos, se transformando na obra de Volpi, no decorrer dos anos.

Muitas outras imagens podem contribuir para essa pesquisa, por exemplo, as fachadas das casas da época colonial de Ouro Preto e muitas outras cidades mineiras e baianas; enfim, o assunto é infindável, cabe ao professor fazer uma seleção de imagens para o trabalho. É interessante envolver o aluno nessa pesquisa. Depois de sensibilizados pelas imagens observadas, pode-se propor o trabalho propriamente dito. As possibilidades são muitas também.

Construir fachadas com caixas de papelão, caixas de madeira (de frutas, por exemplo), ou usando somente o papelão de várias espessuras, aproveitando tanto o lado liso quanto o rugoso. No caso da construção com caixas, o trabalho será tridimensional, já com o uso do papelão, bidimensional, porém contendo pequenos relevos. Muitos materiais podem ser oferecidos para ajudar a compor o trabalho como: papéis coloridos, caixinhas, ripas de madeira, tinta para dar o acabamento, sucatas em geral, retalhos de tecidos etc. Alguns materiais aderem com a cola branca, porém sucatas ou ripas de madeira necessitam o uso da cola quente, que é mais resistente. Depois de prontos, os trabalhos podem ser usados em uma exposição.

46a Outra técnica para a realização desse tema é a pintura na pedra (exercício 31). Pode-se usar durepóxi sobre a pedra para se fazer os detalhes que tanto enriquecem as fachadas.

46b Outra possibilidade é usar a técnica da têmpera (exercício 18), como fez Volpi[22], e pintar fachadas sobre papel, tela, tecidos esticados ou madeira.

46c Trabalhar com argila e gesso enriquece ainda mais o projeto. Fazer uma fachada em uma placa de argila e depois tirar o molde em gesso, como na primeira parte do exercício 197, "Alto e baixo-relevo em argila e gesso".

Ou ainda, esculpir uma placa de gesso como no exercício 201, "Escultura em gesso".

Pode-se reunir várias classes trabalhando com o mesmo tema, e com técnicas diferentes, e organizar uma grande exposição.

Observação: O tema fachada é apenas uma sugestão. Com as técnicas levantadas, vários temas podem ser trabalhados, o importante é que desperte o envolvimento dos alunos e que possa ser feita uma pesquisa de imagens.

---

22. MAMMI, Lorenzo. Volpi. Op. cit.

Pintura

47. Organização cronológica de obras de arte

O professor seleciona algumas reproduções de pinturas de artistas de várias épocas e de estilos diferentes, sem que os alunos saibam a data em que foram feitas. Não importa que algumas imagens sejam conhecidas. Muitas vezes as pinturas são familiares, mas eles não sabem quem as pintou tampouco a época em que foram feitas. O exercício é para que os alunos organizem cronologicamente essas imagens sem que o professor interfira oferecendo dados. Nesse momento o professor é um observador, com sua atenção voltada para os critérios levantados pelos alunos para a organização das pinturas. Depois, o professor discute e oferece informações sobre o estilo e a época das pinturas para que os alunos as reorganizem a partir dos novos conhecimentos. O professor pode oferecer imagens de um longo período da História da Arte, como, por exemplo, da Idade Média até os dias de hoje, ou restringir o período e enfocar algum tema como retratos, paisagens, naturezas mortas etc. Essas imagens podem ser encontradas nas coleções voltadas para o público infantojuvenil[23].

48. Escurecer e clarear a cor

Esta proposta é um exercício preparatório para ser aplicado depois a uma pintura. Em um papel, tipo cartolina, o aluno pinta uma faixa (não grossa) no centro, de cima a baixo, usando uma única cor. Deixar o papel na posição horizontal. O aluno acrescenta, aos poucos, um pouco de preto a essa cor escolhida usando para isso um potinho. Com esse novo tom o aluno pinta uma nova faixa do lado direito da central, sem deixar espaço em branco para que não haja nenhuma interferência no *degradé*. A faixa seguinte, ainda do lado direito, receberá um pouco mais de preto, e assim sucessivamente, até chegar à borda do papel. Proceder da mesma maneira com o lado esquerdo da faixa central, só que deste outro lado usando a tinta branca na mistura.

Com isso o aluno perceberá quais cores são possíveis de clarear e escurecer sem que mudem sua natureza e quais se diferenciam totalmente da cor

---

23. Coleção Artistas Famosos, Coleção Crianças famosas, Coleção Vou pintar aquela gente. São Paulo, Callis.
– Coleção Mestres das Artes e Coleção Mestres das Artes no Brasil. São Paulo, Moderna.
– Coleção Por dentro da Arte. São Paulo, Companhia das Letrinhas.
– MUHLBERGER, Richard. *O que faz de um Da Vinci um Da Vinci*. São Paulo, Cosac & Naify, 2001 (procurar outros artistas dessa coleção).

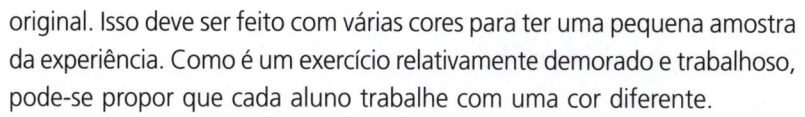

original. Isso deve ser feito com várias cores para ter uma pequena amostra da experiência. Como é um exercício relativamente demorado e trabalhoso, pode-se propor que cada aluno trabalhe com uma cor diferente.

Uma vez obtida essa gama de tons, o aluno poderá aplicá-la em uma pintura livre, enriquecendo seu trabalho, já que dificilmente procuraria tantos tons para pintar.

Paul Klee[24] (1879-1940), pintor suíço, trabalhou muito a questão da cor, tinha ideias bem definidas sobre a sua utilização e esforçava-se por materializar essas ideias nas suas obras. Observar, por exemplo, as aquarelas "O lugar em questão" e "Separação à noite", composições abstratas nas quais utilizou faixas horizontais coloridas em escalas tonais, criando um movimento visual descendente/ascendente. Acrescentou às composições setas, o que durante muito tempo foi uma característica sua.

49. Pintura sobre o branco e o preto

Dividir uma folha de papel (canson, por exemplo) ao meio, com um traço. O papel pode ser trabalhado tanto na horizontal quanto na vertical. Pintar com tinta guache metade da folha de preto e metade da folha de branco. Mesmo que o papel seja branco, é necessário pintá-lo de branco. Esperar uns quinze minutos para que a tinta seque (não há necessidade de estar completamente seca para realizar o trabalho). Cada aluno deverá ter uma "paleta" contendo várias cores, menos preto e branco. Fazer a mesma pintura sobre o fundo preto e sobre o fundo branco. Primeiro uma e depois a outra. Propor aos alunos que pintem com pequenas pinceladas ou pontinhos para que haja a interferência da cor do fundo nas cores que vão sendo aplicadas.

Observação: Fazer uma leitura com os alunos dos resultados de suas pinturas e o que, de fato, aconteceu sobre cada fundo.

Para este trabalho seria muito interessante que observassem as pinturas dos impressionistas e pontilhistas e fizessem seu trabalho a partir de alguma obra desse período.

Claude Monet[25] (1840-1926), pintor francês genuinamente impressionista, desenvolveu várias séries temáticas em suas pinturas, como, por exemplo, a fachada da catedral de Rouen, onde buscava expressar sua sensação

---
24. PARTSCH, Susanna. *Paul Klee*. Taschen, 2000, p. 46 e 57.
25. HEINRICH, Christoph. *Claude Monet*. Taschen, 2000.

Pintura

visual imediata diante da incidência da luz sobre o "objeto observado". Para isso pintava sempre ao ar livre, em diferentes momentos do dia e em diversas condições climáticas. Adotou a técnica de pinceladas rápidas, visíveis, evitando o uso do preto e do branco em sua paleta.

Georges-Pierre Seurat[26] (1859-1891), pintor francês pós-impressionista, aproximou a ciência da arte ao desenvolver um estilo pictórico baseado na óptica das cores, também conhecido como pontilhismo. Essa técnica consiste em aplicar à tela minúsculas pinceladas de tinta colorida colocadas lado a lado, que quando vistas à distância fundem-se aos olhos do espectador recompondo a unidade do tom.

Van Gogh[27] (1853-1890) nasceu na Holanda onde deu início à sua carreira de pintor tendo como enfoque a questão social, a miséria e os camponeses. Suas pinturas, nesse primeiro momento, são sombrias, escuras, quase monocromáticas. Muda-se para Paris e conhece os impressionistas, sua técnica e cromatismo se transformam, porém Van gogh aos poucos se distancia daquele grupo, indo em busca de seu próprio estilo. A arte japonesa influencia muito seu trabalho. A relação da cor no interior do quadro exercendo tensão, contraste, vibração é o que mobiliza e ao mesmo tempo a angustia. Suas pinceladas são fortes, carregadas e ritmadas, as figuras se distorcem e tudo parece carregado de muita energia.

50. Pintura corporal

Tendo como referência a pintura corporal dos índios brasileiros realizada com tintas naturais (como o urucum, por exemplo), em que utilizam padrões geométricos algumas vezes inspirados em elementos da natureza e na pele dos animais, propor aos alunos que pintem o próprio corpo se inspirando nos padrões indígenas ou criando seus próprios padrões relacionados com o seu cotidiano.

A tinta a ser usada deve ser de preferência fabricada por eles, a partir de corantes naturais (ver exercício 3, "Corante natural") como terra, carvão etc. ou o próprio urucum, se houver acesso a essa planta. Outro recurso é a maquiagem de palhaço, um produto próprio para a pele.

Os padrões e tramas indígenas são riquíssimos em suas composições, texturas e significados, portanto é muito interessante observar diferentes

---

26. DÜCHTING, Hajo. *Georges Seurat*. Taschen, 2000.
27. WALTHER, Ingo F. *Vincent Van Gogh*. Taschen, 2000.

tribos[28], fazer comparações, suposições e tentar reproduzir seus desenhos para melhor entendê-los. A reprodução pode ser feita no corpo, como foi sugerido, ou em um grande papel onde cada aluno contribui para a formação de um painel, todo trabalhado com padrões.

Podem aplicar esses desenhos dentro do contorno do corpo humano (ver exercício 1, "Corpo humano em tamanho natural").

Observação: Os padrões feitos pelos índios da tribo Kadiwéu são variadíssimos e muito ricos graficamente[29].

50a Com a maquiagem de palhaço, disponível em muitas cores, e outras como batom, lápis de olho, pasta-dágua, "lápis para pintura facial" (Faber Castel), pan-cake etc., pode-se criar muitos desenhos no rosto ou no corpo. Inventar máscaras, personagens e criar histórias. Pode-se observar máscaras africanas[30], venezianas e outras.

---

28. VIDAL, Lux. *Grafismo Indígena*. Studio Nobel, FAPESP, EDUSP, 2000.
29. RIBEIRO, Darcy. *Kadiwéu*. Rio de Janeiro, Vozes, 1980.
30. MONTI, Franco. *As máscaras Africanas*. São Paulo, Martins Fontes, 1992.

Desenho

51. Desenho cego

Este exercício requer que o aluno desenhe sem olhar para o papel. O desenho cego de observação consiste em o aluno ficar de olhos abertos para observar o objeto desenhado sem olhar em nenhum instante para o papel.

Há muitas possibilidades de encaminhar o exercício, como, por exemplo, a observação de objetos, da classe, da natureza ou dos próprios alunos. Nesse caso eles sentam-se um em frente ao outro, cada um com uma folha de papel sulfite e um lápis. Desenham, ao mesmo tempo, o rosto de seu colega que está a sua frente sem olhar para o papel. Depois de terminado, olha-se, comenta-se e se faz um rodízio para que variem os modelos. A cada desenho um novo papel. Mesmo sem olhar para o papel, orientá-los para que ocupem bem o espaço, evitando desenhos muito pequenos. Também chamar a atenção dos alunos para que observem cada modelo e assim percebam as diferenças no formato de rosto, boca, nariz, cabelo etc.

Este é um exercício muito rico, pois o aluno não pode controlar o que vai sendo feito e ao mesmo tempo pode se dedicar mais à observação. O resultado, que pode parecer num primeiro momento algo sem sentido, quando bem analisado mostra um desenho muito mais solto e descomprometido. O desenho estereotipado dá lugar a um novo repertório de traços — resultado que seria difícil conseguir com o aluno olhando para o papel.

É importante que o professor oriente seus alunos para que realizem seus trabalhos sem pressa, já que a curiosidade de ver o resultado é grande. No princípio eles não aguentam a ideia de não olhar para o papel, mas aos poucos vão perdendo a ansiedade e passam a realizar o exercício como é proposto.

52. Mão esquerda

O desenho com a mão esquerda é importante e muito interessante, pois traz resultados inusitados, libera o traço de registros viciados e estereotipados, não acompanha o que a cabeça manda e, portanto, origina desenhos interessantes, que jamais seriam feitos com o controle da mão direita. Os alunos normalmente não gostam do resultado, é claro, pois é totalmente sem controle. Cabe nesse momento uma discussão voltada para a expressão que surgiu desses desenhos. Nem tudo que se tenta fazer perfeito é expressivo.

Desenho

O desenho de observação feito com a mão esquerda é um desafio, quase como um desenho cego.

Pode-se fazer um trabalho como o proposto no exercício anterior (exercício 51), no qual os alunos sentam-se um em frente do outro e fazem um desenho de observação do rosto do colega com a mão esquerda e depois vão trocando de lugar para desenhar outros rostos.

É interessante propor uma sequência de exercícios de observação do rosto: primeiro o desenho cego, depois com a mão esquerda, depois o desenho cronometrado (exercício 54) e por último o desenho com a mão direita. Fazer uma leitura dos trabalhos representados nas várias fases do exercício. Cada aluno escolhe pelo menos um desenho de cada etapa para expor e falar sobre ele.

53. Desenho com a mão direita e a esquerda simultaneamente

Fixar o papel com fita crepe na mesa para que não saia do lugar enquanto o aluno desenha. A primeira proposta é explorar livremente o uso das duas mãos simultaneamente sobre o papel, procurando não repetir o movimento das mãos. Enquanto uma mão faz um gesto, a outra tenta fazer outro diferente. Pode-se usar lápis, giz de cera, caneta hidrográfica etc.

53a Fazer um desenho de observação do próprio rosto ou do rosto do colega, que se senta na frente, com as duas mãos ao mesmo tempo.

53b Fazer uma pintura com um pincel em cada mão, usando cores diferentes. Perceber o que acontece com o encontro das duas cores. Trabalhar sobre uma cartolina fixa na mesa.

53c Fazer um desenho espelhado, quer dizer, como se houvesse um espelho entre as duas mãos, no meio da folha. Todo gesto que se fizer com uma mão será feito com a outra, ao mesmo tempo. O desenho (ou a pintura, se se desejar) do lado direito da folha será o mesmo que o do lado esquerdo, só que invertido.

54. Desenho cronometrado

É um trabalho de observação. Pode ser do rosto dos alunos, aos pares, ou se escolhe uma ou duas pessoas para posar (os que posaram revezam depois com os que estão desenhando). O professor cronometra o tempo que os alunos terão para fazer um desenho de observação daquilo que foi escolhido. Por isso, não complicar muito na escolha do que vai ser desenhado. Os alunos que estarão posando também precisam escolher posições confortáveis para que consigam ficar imóveis durante o tempo estipulado.

O professor pode começar por um tempo bem curto e depois aumentar esse tempo, ou vice-versa. Independentemente do tempo que o aluno terá, procurará colocar em seu desenho todos os elementos da cena montada. Começa-se, por exemplo, com 10 segundos, ao término do tempo todos param. Com a mesma cena, passa-se para 20 segundos, depois 30 segundos, 1 minuto, 3 minutos e 5 minutos. Para cada tempo um desenho em uma nova folha. Depois disso muda-se o grupo e a cena. Os alunos, aos poucos, vão percebendo que dez segundos não são suficientes para se fixarem em detalhes, já que o objetivo é colocar no papel tudo aquilo que eles estão observando. Terão que descobrir um jeito de registrar cada cena nos tempos determinados. Conforme forem ganhando mais tempo, irão percebendo que tipo de detalhes podem ser acrescentados ao trabalho.

Depois de terminados os exercícios, fazer uma leitura com os alunos dos resultados dos trabalhos: como eles perceberam os tempos, como resolveram essa questão nos desenhos, que tipo de traços apareceram, com que características, e se há semelhanças nas estratégias de cada um em resolver o desafio.

O material pode ser sulfite (A4 ou A3) e lápis grafite (tipo 6B).

55. Desenho a partir do rabisco

A criança risca aleatoriamente com o lápis preto o papel, sem muito exagero de traços. O lápis não deve ser tirado do papel. O exercício pode ser feito com os olhos abertos ou fechados, ao som de uma música clássica, por exemplo. Ela olha o rabisco, vira o papel para todos os lados e procura reconhecer uma ou mais figuras nesse emaranhado de linhas. Para destacá-las do traçado, pinta essas figuras usando uma cor ou mais cores para cada espaço. Pode-se utilizar lápis de cor, caneta hidrográfica, giz de cera, pastel seco ou oleoso etc.

55a Segundo essa mesma proposta, o aluno pode pintar com tinta guache, usando, por exemplo, as cores quentes para as figuras (matizes de amarelo, laranja, vermelho) e as cores frias para o fundo (matizes de azul, verde, roxo). Cada espaçozinho deve ter uma cor, formando assim uma espécie de mosaico. Pode-se inverter e usar as cores frias para a figura

Desenho

e as quentes para o fundo, ou ainda usar tonalidades de cinza para trabalhar o fundo.

Para esta proposta é aconselhável utilizar um papel mais resistente, como o canson ou a cartolina.

56. Traço contínuo

Desenhar sem tirar o lápis do papel nem um só instante. O aluno escolhe no espaço do papel onde começará seu desenho e a partir daí só retira o lápis quando o trabalho estiver terminado. O desenho pode ser tanto de imaginação como de observação. No caso de observação de uma área com vários objetos (a sala de aula, por exemplo), o aluno terá que encontrar caminhos que liguem esses objetos, sem tirar o lápis do papel, portanto fará percursos com o lápis como se estivesse caminhando pela sala. Esse exercício propicia a fluidez do movimento do traço.

56a Com linhas ininterruptas, criar um desenho só com o uso de ângulos retos. Pode-se, trabalhar depois com cores nos espaços fechados que foram criados.

É interessante conhecer os desenhos de traço contínuo de Pablo Picasso[1] (1881-1973). Através do movimento ágil, da firmeza da linha e da capacidade de captar a essência de um personagem com um único traço, conseguimos acompanhar o processo de pensamento desse artista genial.

Picasso utilizava caneta, nanquim, lápis, creiom, pincel e aquarela chegando inclusive a desenhar com ponto de luz.

57. Modelo vivo

Propor a alguns alunos, meninos e meninas, que posem de sunga e maiô, para que os outros façam um desenho de observação. É interessante que os modelos fiquem no meio de um círculo para que os colegas os desenhem de vários ângulos. Combina-se um tempo para cada pose e então se reveza. O desenho pode ser feito com lápis preto ou carvão. Se ninguém quiser posar nesses trajes, posa-se com roupa, mas perde-se a percepção dos contornos dos corpos. Os alunos podem escolher desenhar os dois

---

1. GALASSI, Susan Grace. *Picasso em uma só linha*. Rio de Janeiro, Ediouro, 1998.

modelos ou voltar a atenção para um deles, ou mesmo escolher detalhes para trabalhar. Pode-se esboçar os modelos e aprimorar a observação em uma única parte, por exemplo.

O professor pode trazer outras propostas para o desenho do modelo vivo utilizando os exercícios 51, 52, 54, 56 (desenho cego, mão esquerda, cronometrado, traço contínuo).

O tema do modelo vivo (seja de nus ou vestidos) é muito recorrente ao longo da História da Arte, portanto enriqueceria muito a atividade se o professor trouxesse reproduções que abarcassem vários períodos. Conversar sobre o nu artístico seria uma boa oportunidade.

58. Retrato de perfil

Fazer um desenho de observação do perfil de um colega. Pode-se fazer um arranjo de posições na classe no qual um aluno desenha o outro ao mesmo tempo; só o último da fila não terá quem olhar, a não ser que se consiga fazer um percurso circular. Fazer um rodízio para variar o modelo. Pode-se colorir com tinta guache, lápis de cor, giz de cera etc.

58a Outra maneira de trabalhar com o perfil é colocar a cartolina na parede e pedir que um aluno fique de perfil em frente ao papel. Iluminar o rosto com uma lanterna para projetar a sombra no papel. Com uma caneta hidrocor ou giz de cera, fazer o contorno da sombra.

58b Um aluno pode deitar a cabeça sobre um papel enquanto o outro desenha seu perfil com lápis ou giz de cera.

58c Os egípcios, acreditando numa vida após a morte, procuravam retratar nas paredes das tumbas toda a história de vida da pessoa na terra — quem era, como vivia, suas atividades etc. —, para ajudá-la em sua jornada para o outro mundo (inicialmente só para os faraós e nobres, e mais tarde para pessoas comuns). Os retratos de perfil seguiam regras estabelecidas na representação da forma humana, parecendo-nos muitas vezes estranhamente contorcidos (a cabeça de perfil e o olho de frente; ombros e tronco de frente; braços, quadril e pernas de perfil)[2].

Para compor um trabalho fazendo uma referência à arte egípcia, propor aos alunos que desenhem, pintem ou façam uma colagem das coisas

---

2. LISE, Giorgio. *Como reconhecer a Arte Egípcia*. Lisboa, Edições 70, 1995.

Desenho

favoritas suas em volta do retrato, por exemplo: brinquedos, bicho de estimação, comidas, roupas, livros, costumes etc. Procurar integrar o retrato, os objetos e o fundo do papel.

59. Retrato falado

Uma criança pensa em alguém da classe ou em alguém conhecido de todos (o diretor, um jogador de futebol, uma atriz etc.) e o descreve, como num retrato falado, para que os outros desenhem. O importante é que quem dite descreva o máximo de detalhes para que seja possível adivinhar quem é. Combinar com as crianças que não podem ficar "chutando" aleatoriamente antes de terminarem totalmente o desenho.

Depois de terminado, a pessoa que ditou é substituída por outra.

Expor os retratos para que os alunos observem como cada um desenhou o mesmo "personagem" usando os mesmos elementos, mas de maneiras diferentes.

60. Caretas

Entregar para os alunos uma folha de papel sulfite dividida em seis partes iguais; uma linha traçada no sentido horizontal dividindo o papel em dois e duas no sentido vertical. Propor que façam desenhos de expressões faciais, uma em cada espaço, explorando as diversas fisionomias que um rosto pode ter. Fazer cara triste, alegre, raivosa, assustada etc. Fazer esse exercício diante do espelho, para que possam realmente observar os traços que acompanham cada expressão. Mostrar os trabalhos de todos os alunos para que percebam a diversidade que esse trabalho pode proporcionar. Pode-se usar só grafite ou colorir depois com lápis de cor, mas de forma que não se perca a expressividade das "caras" que fizeram.

Observação: Se não for possível o uso do espelho na escola, pode-se pedir que façam em casa esse trabalho. Na classe, um colega pode fazer careta para o outro desenhar.

61. Desenho de um objeto

Pedir aos alunos que tragam de casa algum objeto de seu cotidiano que tenha algum significado para eles. Esse objeto servirá de modelo para o trabalho de cada um. Fazer um desenho de observação do objeto em uma folha de papel sulfite. Chamar a atenção para que percebam volume, textura, peso, forma etc. Pode-se propor que desenhem de vários ângulos. Depois de desenhar, recortar a figura e colar em um outro papel mais resistente e maior. Criar uma ambientação para esse objeto, usando a pintura com tinta guache, lápis de cor etc.

Num outro momento, propor aos alunos que montem uma composição com os objetos (uma ou mais, dependendo do número de alunos) e façam desenhos de observação do conjunto. Pode-se usar um lápis macio, como o 6B, ou o carvão.

61a Reunir os alunos em grupos e pedir que montem, no chão ou em uma mesa, uma figura utilizando somente os objetos; por exemplo, um rosto, uma árvore, um castelo etc. Não dar nenhuma sugestão aos alunos, deixá-los totalmente livres para, a partir dos objetos em mãos, discutir, escolher o que desejam montar.

62. Xerox de fotos da família

Cada aluno traz uma ou mais fotos de sua família reunida de forma que estejam todos de frente (ou pelo menos a maioria). O aluno e o professor escolhem a melhor foto para ser trabalhada e tiram pelo menos quatro cópias xerocadas dessa foto, uma para cada proposta que se segue.

Em uma das cópias, recortar a silhueta das pessoas que estão na foto. Colar em um papel e criar um novo ambiente para elas (contextualizá-las). Pintar o xerox e o fundo do papel procurando integrá-los.

62a Recortar cada pessoa da cópia xerox e colar em um papel, deixando um espaço entre elas para ser feito um desenho de observação de cada uma. Com isso a família vai ser duplicada. Cada aluno organiza da forma que quiser a colagem e o desenho, com todos os elementos no mesmo papel.

62b Misturar as pessoas, recortando a cabeça de um e colando sobre o corpo de outro e assim por diante. Colorir o trabalho com lápis de cor, por exemplo.

62c Usar o xerox sem recortar. Colar em um outro papel um pouco maior que a foto (um pedaço de cartolina ou papel cartão.) Imaginar que aquelas pessoas são de um outro lugar, por exemplo, África, Japão, que são índios ou ainda que pertencem a um tempo passado, ou a um tempo futuro, enfim, cada um escolhe como quer que sua família seja representada. O aluno interfere no xerox da foto para que sua família se transforme naquilo que ele escolheu. Por exemplo, se for uma família de índios, caracterizá-los com cocares, pintura no rosto e no corpo; se forem japoneses, pintar quimonos, puxar os olhos e assim por diante.

Usar materiais que cubram o xerox para que a interferência apareça bem, mas que, ao mesmo tempo, não o faça desaparecer. Usar, por exemplo, canetas hidrográficas ou mesmo guache ou tinta acrílica utilizando um pincel fino para que se consiga trabalhar detalhes. Se necessário, trabalhar com o xerox ampliado. Pode ser inventada uma moldura ou um porta-retrato que "combine" com a nova família.

63. Desenho de observação fora da sala de aula

Cada uma das propostas deste exercício é para ser feita em uma folha de papel.

Levar papel e lápis (pode ser o sulfite e um lápis macio tipo 6B) para fora da sala de aula. Cada aluno escolhe uma única área e faz um ou mais desenhos de observação sempre do mesmo ponto de vista.

63a Dentro da área escolhida, eleger uma parte para trabalhar com mais detalhes: textura, luz, sombra, volume etc. Os outros elementos do desenho serão apenas sugeridos através de traços rápidos.

63b Aproximar-se da pequena área escolhida (que foi trabalhada com mais detalhes) como se fosse o *zoom* de uma máquina fotográfica e escolher um único elemento; tirar a textura desse "elemento" colocando um papel (de preferência o sulfite) sobre ele e passando o giz de cera com uma certa pressão sobre o papel (ver exercício 75, "*Frottage*"). Observar a textura retirada e tentar copiá-la fazendo dela um desenho de observação.

64. Sombras

Existem muitas maneiras de se trabalhar com a sombra. A sombra pode vir do sol ou de um foco de luz artificial. Aproveitando um dia ensolarado, sair em busca das sombras das árvores, dos objetos, das pessoas etc. Levar papéis grandes como sulfite A1 ou rolo de kraft. Cada aluno escolhe com que elementos quer trabalhar. Coloca seu papel no chão de forma que a sombra de alguma coisa se projete nele para que possa "copiá-la" como está vendo. Quanto mais forte estiver o sol, mais nítida estará a sombra. O aluno registra rapidamente seu contorno com um gizão de cera. Podem ser registrados vários contornos em cada papel. As sombras das árvores, plantas etc. não ficam totalmente paradas, basta uma pequena brisa para que elas se mexam. Por isso é importante um rápido registro, tentando, é claro, fidelidade ao que se está vendo.

Depois de feito o registro fora da classe, os alunos voltam e pintam com tinta nanquim preta (ou guache) dentro de seus contornos para realçar as sombras. Além de tentarem identificar a que corresponde cada sombra, os alunos devem perceber também o contraste entre preto e branco e as formas cheias e vazadas criadas no papel.

64a Trabalhar também a sombra sobre superfícies que não sejam planas, por exemplo, a sombra projetada na escada ou objetos como caixote, cadeira, mesa etc. Observar como a sombra projetada acompanha a superfície irregular do objeto. Pode se propor aos alunos, quando for possível, que pintem a sombra projetada nesses objetos.

64b Os alunos podem trabalhar com a sombra de seus corpos projetados no chão ou em um papel grande. Procurar inventar posições diferentes. Enquanto um aluno posa, o outro registra seu contorno. Se os alunos trabalharem no papel, podem depois completar o desenho com outros materiais como no exercício 1, "Corpo humano em tamanho natural". Se for diretamente no chão, podem criar um trabalho com elementos encontrados na escola, preenchendo as figuras com pedrinhas, areia, folhas de árvores, terra etc.

64c Em um ambiente escuro, esticar um papel branco grande na parede. Jogar algum foco de luz usando, por exemplo, uma lanterna do projetor de *slides*, do retroprojetor etc. sobre o papel. Colocar na frente do foco de luz algum objeto ou pessoa para fazer sombra. Com uma caneta hidrográfica preta, o aluno registra no papel o desenho da sombra. Pode-se usar grafite, gizão de cera ou o que se achar mais adequado para esse registro. Seria interessante depois pintar a sombra com nanquim ou guache preto.

64d Outro jeito de trabalhar a sombra é com movimento: um aluno posa enquanto sua sombra é registrada no papel por outro aluno (o papel está esticado na parede). Movimentar o foco de luz um pouco para um dos lados e fazer um novo registro da posição da pessoa (o aluno se mantém imóvel); movimentar o foco mais um pouco e fazer novo registro, e assim sucessivamente, dando ideia de que a pessoa está se movimentando. O desenho de uma sombra não é "perfeito" (rígido), há um movimento natural, daí a sua beleza.

64d O contrário também é interessante de ser experimentado: deixa-se o foco de luz parado e o aluno vai se movimentando lentamente, parando um pouco em cada posição, enquanto sua sombra vai sendo desenhada. Ele pode, por exemplo, começar sentado e aos poucos ir se levantando até ficar totalmente em pé. Deve-se pintar por dentro do contorno.

O trabalho da artista multimídia brasileira Regina Silveira[3] (1939) poderá ser um grande estímulo para esta atividade.
Regina projeta sombras distorcidas de objetos do cotidiano, monumentos e pessoas, no plano (desenhos, gravuras, tapeçarias e recortes em vinil) e no espaço (objetos e instalações).

65. Desenho de observação e de memória de animais

Este é um outro tema com muitas possibilidades de trabalho. É importante que o professor tenha imagens de animais (fotos, revistas, livros) para que os alunos possam observá-las com atenção. Essa proposta tem como enfoque o registro de memória e o de observação de algum animal.

Entregar para cada aluno algumas folhas de papel sulfite (tantas quantos forem os animais desenhados) que deverão estar com um traço a lápis dividindo o papel em dois (na vertical). Do lado esquerdo a criança escreve, em letras pequenas, a palavra "memória" e do lado direito, a palavra "observação". O professor cita um animal bem conhecido dos alunos. Os alunos fecham os olhos por alguns instantes para se concentrar e tentar lembrar ao máximo como é aquele bicho (seria bom que os alunos estivessem sentados longe uns dos outros para não "colar" dos colegas). Fazem o desenho de memória e então o professor entrega outra folha de sulfite e cita mais um animal, que também será desenhado de memória, e assim sucessivamente (não exagerar na quantidade de desenhos pois essa é só a primeira etapa do trabalho, portanto seria ideal trabalhar com umas quatro imagens).

---

3. MORAES, Angélica (org.). *Regina Silveira — Cartografia da Sombra*. São Paulo, Edusp, 1995.

A segunda etapa é o desenho de observação dos mesmos animais que foram citados. A classe estará dividida em quatro grupos, cada qual na frente de uma imagem. As imagens devem ficar ao alcance do olhos dos alunos para facilitar a observação. O desenho de observação e o de memória de um mesmo animal deverão estar lado a lado para facilitar a comparação. Quando o aluno terminar de desenhar aquele animal, muda-se para outro grupo para fazer o desenho do outro. É importante que fiquem bem próximos à imagem para observarem o máximo possível de detalhes.

Não existe o certo e o errado, e sim a tentativa de puxar pela memória algo bem conhecido e o esforço de tentar registrar aquilo que está sendo observado. A comparação entre os resultados de memória e os de observação é pertinente justamente para que o aluno perceba como se enriquece o repertório do desenho com a observação das imagens. Esse é um trabalho para um dia, mas se o professor quiser dar continuidade ao exercício é interessante que na aula seguinte cada criança escolha um dos animais trabalhados para reproduzi-lo em um outro papel (cartolina ou canson), ampliando-o e colorindo-o, a partir da observação. Pode-se também desenhar e pintar um ambiente para o animal.

65a Esse mesmo exercício pode ser feito com outros objetos; por exemplo, citar "coisas" que sejam bem conhecidas deles, como helicóptero, cadeira, bule, chinelo, tesoura etc.

O professor deverá disponibilizar para os alunos as imagens ou, quando possível, os próprios objetos, para que eles realizem os desenhos de observação.

66. Contar uma história

O professor conta uma história para os alunos, criada ou tirada de um livro. Cada aluno deve ter um papel (meia cartolina, por exemplo) e um lápis preto. À medida que o professor conta a história, os alunos desenham as coisas que vão surgindo. Fazer uma pequena pausa entre cada elemento para que tenham tempo de registrá-lo. De preferência, os alunos sentam longe uns dos outros para não haver "cópia". Depois de terminada a narrativa, todos observam os trabalhos para identificar as diferentes maneiras de registros a partir de um mesmo estímulo. Por exemplo: era uma vez um monstro que vivia voando em um céu muito claro (pausa), e de lá de cima se via uma igreja, três casinhas e um rio com uma ponte (pausa);

numa dessas casinhas morava uma menina risonha de cabelos muito longos que adorava passear pela rua (pausa)...

A história não deve ser muito longa.

Orientá-los para que desenhem toda a história numa folha só, sem dividi-la em quadrinhos.

67. Descrição de uma obra de arte

O professor escolhe uma obra de qualquer artista com que queira trabalhar, contanto que seja figurativa e não contenha um número excessivo de elementos. Uma possibilidade interessante é o *O quarto do artista em Arles*, que é o quarto de Van Gogh. Os alunos não devem ver o quadro. O professor descreve, parte por parte, a obra para que eles desenhem do jeito que a imaginam. Terminada a atividade, o quadro é mostrado para que todos o observem. Expor os desenhos para que os alunos vejam como cada um resolveu o exercício, de um jeito particular, apesar de todos terem partido do mesmo estímulo.

Sempre que se trabalha com uma obra de algum artista, é interessante o professor aproveitar e comentar sobre sua vida e obra, mostrando também reproduções de outros trabalhos.

Van Gogh[4] (1853-1890) nasceu na Holanda onde deu início à sua carreira de pintor tendo como enfoque a questão social, a miséria e os camponeses. Suas pinturas, nesse primeiro momento, são sombrias, escuras, quase monocromáticas. Muda-se para Paris e conhece os impressionistas, sua técnica e cromatismo se transformam, porém Van Gogh aos poucos se distancia daquele grupo, indo em busca de seu próprio estilo. A arte japonesa influencia muito seu trabalho. A relação da cor no interior do quadro exercendo tensão, contraste, vibração é o que o mobiliza e ao mesmo tempo o angustia. Suas pinceladas são fortes, carregadas e ritmadas, as figuras se distorcem e tudo parece carregado de muita energia.

67a A outra etapa do trabalho é fazer um desenho de observação do quadro de Van Gogh, a partir de uma reprodução, e depois pintar com tinta guache, acrílica etc.

67b Outra proposta com o tema "quarto" é os alunos desenharem seu próprio quarto, de memória, colocando tudo que há nele. Para comple-

---
4. WALTHER, Ingo F. *Vincent Van Gogh*. Taschen, 2000.

tar o trabalho, pedir que tragam de casa um desenho de observação do quarto deles para compará-los com os de memória. Os alunos escolhem de que ângulo querem desenhar seus quartos ou podem fazer vários desenhos para mostrá-lo inteiro.

68. Desenho e mímica

Cada aluno deve estar com uma folha de papel grande e um lápis preto. Um aluno se posiciona em pé na frente da classe de tal maneira que possa ser observado por todos. Ele então desenha com o dedo no ar uma única forma, bem devagar, enquanto os outros vão registrando seus gestos no papel. Esse "maestro" vai sendo trocado, mas o desenho sempre é feito na mesma folha para se compor um trabalho. Antes do jogo o professor deve orientar os alunos que forem fazer a mímica a dar continuidade ao desenho apresentado pelo primeiro aluno, mesmo que a mímica possa possibilitar várias interpretações. Depois de terminado, olhar os trabalhos para ver como cada um entendeu e registrou os gestos. Não há certo ou errado, há várias possibilidades de interpretação. Pode-se sugerir a pintura dos trabalhos.

Para cada desenho, cinco "maestros" são suficientes, para que não se acumulem muitas informações.

69. O som e o desenho

Gravar ou trazer pequenos trechos de vários estilos de música que tragam "climas" diferentes, por exemplo, um ritmo mais calmo, outro nervoso, uma melodia mais alegre ou mais triste, ou sons que lembram o movimento de água, sopro do vento, ambiente de floresta, parque, cidade etc. Música clássica ou instrumental, de preferência sem letra para que não influencie no desenho.

O aluno recebe uma folha de papel, como meia cartolina, por exemplo, canetas hidrográficas coloridas, giz de cera, lápis de cor ou preto (tipo 6B). Conforme a música começa, ele registra suas impressões no papel sem se preocupar com um resultado figurativo. Enquanto ouve a música, vai registrando aquilo que estiver sentindo, explorando a linha, sua intensidade, leveza, ritmo, a textura, a ocupação do espaço do papel etc. Quando a música parar, ele para também. Esses registros dos sons podem ser feitos todos em uma mesma cartolina (ou em uma folha de sulfite). Seria importante variar a cor conforme os diferentes sons para depois poder identificar as linhas.

É interessante, ao final do trabalho, que os alunos olhem os traçados dos colegas e façam comparações, para perceber semelhanças e diferenças entre os trabalhos e a relação dos tipos de linhas que surgiram com o tipo de música que os estimulou.

Aproveitando essa sensibilização feita por meio da música, propor um desenho livre, no qual se utilize a riqueza gráfica que surgiu no exercício. Pode-se colocar de novo o som para realizar o trabalho.

69a Dessa vez o aluno trabalha livremente enquanto ouve uma música com letra. Procurar uma música sugestiva, que possibilite a ele criar muitas imagens. A música deve ser ouvida quantas vezes os alunos acharem necessário. Ao final todos observam as diferentes soluções encontradas vindas de um mesmo estímulo temático.

70. Nanquim

O nanquim, apesar de ser um material comum, muitas vezes é desconhecido das crianças. É encontrado em preto e em cores. Pode ser usado de várias maneiras: com pincel, bico-de-pena, pena de aves, palito de churrasco, dedo etc. Vejamos algumas maneiras de trabalhar com nanquim.

A primeira sugestão é que os alunos experimentem livremente o material com os instrumentos citados acima para que se familiarizem com eles sem procurar resultados "acabados".

70a Com bico-de-pena, explorar a criação de texturas, o mais variadas possível. Aplicar essas texturas em um desenho. Procurar conseguir luz e sombra com essa pesquisa de texturas (tramas mais abertas e mais fechadas).

70b Com bico-de-pena, criar novas grafias inventadas ou copiadas de outras culturas como a japonesa, judaica, arábica, hieróglifos egípcios etc. Experimentar também com um pincel fino e redondo.

70c Diluir o nanquim em água para conseguir várias tonalidades. Em pequenos copinhos (do tipo de café) colocar diferentes quantidades de água para diluir o nanquim. Experimentar usá-lo com o pincel. Aplicar essa experimentação em um trabalho de observação da natureza, por exemplo.

70d Unir em um só trabalho bico-de-pena e pincel, trabalhando sempre variações de tonalidades e texturas.

70e Trabalhar com as diversas cores do nanquim, tanto com pena quanto com pincel, criando novas cores.

70f Molhar antes o papel e desenhar com o bico-de-pena e com o pincel.

70g Molhar as pontas dos dedos no nanquim e carimbá-las no papel. Completar o desenho com o bico-de-pena.

70h Molhar o papel com água e pingar com um conta-gotas o nanquim. Mexer o papel para que o nanquim escorra. Pode-se completar o trabalho com bico-de-pena.

70i Mergulhar no nanquim a ponta de um palito de churrasco, de dente, ou o cabo de um pincel, e desenhar.

Observação: O papel para uso do nanquim pode e deve ser bem variado, para que os alunos sintam a diferença do bico-de-pena ou do pincel sobre papéis lisos, texturizados, finos ou mais resistentes.

71. Modelo vivo e nanquim

Um ou mais alunos posam para que os outros façam desenhos de observação, só com o uso do bico-de-pena.

71a O mesmo exercício anterior, só que desta vez com o uso do pincel. Trabalhar as várias tonalidades do nanquim obtidas quando misturadas em água.

71b Um ou dois alunos posam para os outros. Num primeiro momento, os alunos observam o(s) modelo(s) e fazem com o pincel molhado no nanquim bem diluído em água um registro rápido dele, sem se ater a detalhes. Procurar fazer manchas claras (aguadas) que "traduzam" o movimento do modelo. Sobre esse primeiro registro, o aluno desenha o modelo com o bico-de-pena ou com o palito de churrasco molhado no nanquim puro.

72. Nanquim e giz de cera

Neste trabalho o aluno preenche todo o papel (1/4 de cartolina, por exemplo) com o giz de cera, criando pequenas áreas de cores bem fortes, de tal forma que não sobre nada do papel sem que esteja colorido. Não usar o giz de cera preto. Pode também ser usado o giz pastel oleoso.

Desenho

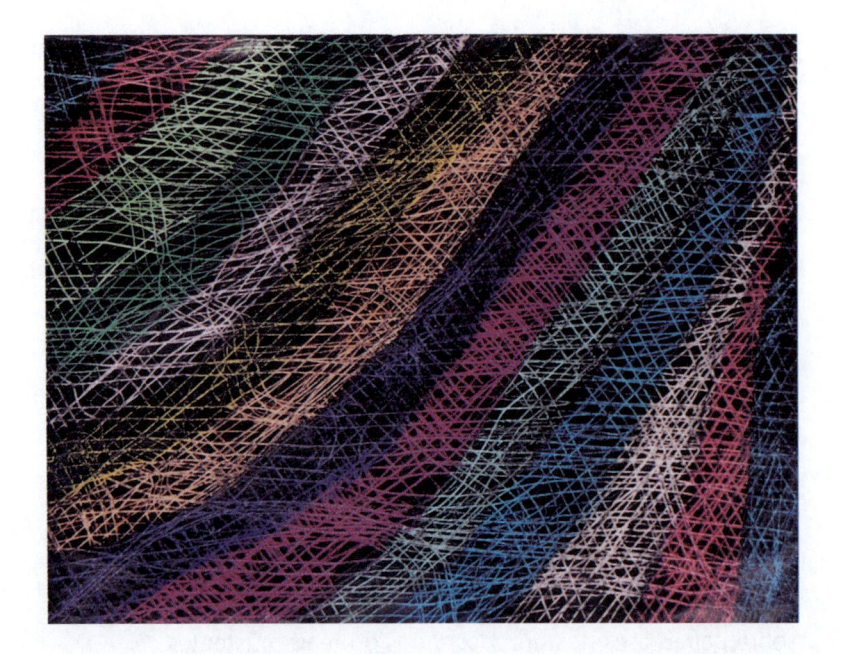

Terminada essa etapa, o aluno cobre todo o colorido do papel com nanquim, usando o pincel, deixando toda a folha preta. No lugar do nanquim pode-se usar a tinta guache preta.

Esperar secar bem e desenhar raspando com uma ponta-seca, como um prego, a ponta de uma tesoura, uma agulha grossa etc. Conforme o aluno vai raspando e compondo seu desenho, vão aparecendo as cores que estavam por baixo da tinta preta. Explorar não somente as linhas do desenho, mas também criar texturas para que as cores apareçam.

73. Desenho sobre papel rasgado

Rasgar aleatoriamente uma folha de papel (sulfite, cartolina, espelho, *creative paper* etc.) e entregar para os alunos. De preferência um pedaço grande. Ao recebê-la, o aluno é orientado a observá-la em várias posições até identificar alguma forma. Para reforçar essa figura, o aluno desenha o que imaginou usando materiais como lápis de cor, giz de cera, caneta hidrográfica, colagem etc., sem fazer nenhum recorte na forma original. Também há a possibilidade de o aluno rasgar o papel, desde que o faça sem pensar previamente em uma forma.

73a Outra possibilidade é colar numa cartolina o trabalho pronto do exercício anterior e completá-lo, isto é, pensar em um fundo para a imagem e pintá-lo de tal forma que se integre à figura.

Observação: No exercício 146, "Colagem de recortes e papel rasgado", também se trabalha com papel rasgado.

74. Desenho a partir de formas geométricas

Recortar formas geométricas (círculo, triângulo, quadrado, retângulo) de tamanhos bem variados utilizando papéis como sulfite, cartolina, papel espelho, *creative paper* etc. A partir dessas formas pode-se criar várias propostas:

Trabalhar dentro das formas geométricas com lápis de cor, caneta hidrográfica, giz de cera, colagem, guache etc.

74a Trabalhar as formas geométricas internamente e ultrapassando seus limites. Oferecer materiais para complementar o trabalho, por exemplo, palito de sorvete, lã, barbante, bombril, outros tipos de papéis etc.

74b Sobre um papel cartão colorido ou uma cartolina, fazer uma colagem com as formas geométricas variadas ou eleger uma única forma geométrica variando seus tamanhos.

74c A partir do exercício anterior, oferecer materiais para complementar o trabalho, como tinta guache, lápis de cor, giz de cera etc.

74d Escolher uma única forma geométrica e entregar a cada aluno (a mesma para todos). Pedir que colem no lugar que desejarem, sobre uma cartolina, e complementem o trabalho com outros materiais: tinta guache, lápis de cor, colagem etc. Observar como cada aluno resignificou a forma dada.

75. *Frottage*

A técnica de *frottage* consiste em decalcar a textura de qualquer objeto (ou elementos da natureza, por exemplo, folhas, troncos etc.). Colocar um papel, tipo sulfite, sobre o objeto e passar o giz de cera exercendo pressão sobre o papel. Isso fará com que a textura do objeto apareça no papel.

É muito interessante, pois se pode tirar a textura de tudo, ou quase tudo: chão, parede, porta, fechadura, ralo, sola de sapato, moeda, troncos, folhas e uma infinidade de coisas que tenham um mínimo de relevo. Com isso, pode-se criar muitos trabalhos.

Desenho

O primeiro pode ser a própria experimentação livre da técnica, recolhendo as texturas de objetos dentro da classe, e depois pela escola. Experimentar com várias cores de giz de cera. A segunda etapa é voltar para a classe para que cada aluno mostre para os outros o que recolheu. Esse momento de troca é muito importante para que percebam o quanto é infinito buscar essas texturas. Pode-se propor que os alunos adivinhem de onde foram retiradas.

75a Com várias texturas recolhidas, fazer um trabalho livre de recorte e colagem desse material sobre um papel-cartão preto.

75b Misturar um trabalho de recorte e colagem das texturas com outros materiais como tinta guache, lápis de cor, caneta hidrográfica, giz de cera etc.

75c Colar as texturas decalcadas em uma superfície mais resistente, como papelão, isopor, cortiça ou outros materiais. Recortar a textura na forma do objeto. Fazer algum uso criativo desse material: móbile, painel, adereços para uma peça de teatro; recolher sugestões dos alunos.

75d Fazer um desenho que contenha só o contorno das formas, ocupando grandes áreas do papel sulfite; evitar pequenos detalhes. Preencher as formas procurando texturas que sejam adequadas para aquele desenho. Por exemplo, o aluno faz o desenho de uma nave (só o contorno) e depois coloca seu desenho sobre algum lugar de onde se quer a textura.

75e Este é um trabalho de colagem, porém é necessário que o aluno pense antes nos elementos que comporão seu trabalho. Buscar texturas que tenham a ver com o que querem representar; por exemplo, se a colagem tiver uma árvore, decalcar a textura de um tronco, recortar na forma de tronco e colar; para a copa da árvore procede-se do mesmo jeito, decalcando-se a textura das folhas e assim por diante. Se o aluno inventar alguma forma da qual seja impossível conseguir a textura, como um avião, que procure a textura de algum objeto que se aproxime do que seria a de um avião e assim vá compondo sua colagem.

75f Colocar uma folha de papel, tipo sulfite, sobre lixa, e desenhar sobre o papel com giz de cera ou giz pastel oleoso, exercendo uma certa pressão para que se perceba a textura da lixa. Ver exercício 84 "Desenho na lixa".

75g Recortar algumas formas em cartolina e colocar sobre a lixa, deixando alguns espaços entre as formas. (Não é necessário colar totalmente a cartolina, basta usar um pedaço de durex para que não saia do lugar e depois possa ser removida.) Colocar um papel sulfite sobre a lixa e passar o giz de cera ou giz pastel oleoso para que apareçam as formas. Experimentar fazer o contrário, recortar várias formas na lixa e colar em uma cartolina, utilizando o mesmo processo. Ver exercício 126, "Cologravura"

76. Desenho com borracha

Cobrir uma folha de sulfite com pó de grafite (pó produzido quando apontamos o lápis) espalhando com o dedo. Onde se quiser áreas mais escuras, acrescentar mais grafite. As áreas claras e o desenho propriamente dito serão feitos com a borracha (de preferência o lápis-borracha). Não existe a linha do lápis. O pó de grafite pode ser feito com qualquer tipo de lápis preto, mas para facilitar é interessante usar o grafite integral, que tem um diâmetro bem mais grosso e com isso, ao ser apontado, produz muito mais "pó".

77. Desenho com cola e outros materiais

Distribuir materiais como areia, terra, pigmentos (pode ser pó xadrez, tóxico), purpurina, brocal, *glitter*, pó de giz de lousa, serragem e similares. Com a cola branca e um pincel o aluno vai fazendo o seu desenho e jogando por cima esses materiais. De vez em quando o aluno põe seu trabalho na vertical para verificar o que realmente está colado. E assim ele vai compondo o seu trabalho, fazendo-o por etapas para que a cola não seque. O professor deve orientar o aluno para que cubra toda a área do papel.

É aconselhável trabalhar sobre um suporte resistente como o papel cartão, por exemplo.

77a Outra possibilidade é fazer o trabalho colando o barbante, como se fosse a linha do desenho, e preencher os espaços com os materiais citados.

78. Desenho com cola colorida

A cola colorida, de vários tipos e marcas, já existe no mercado pronta para ser usada. Com o próprio frasco a criança vai apertando e criando seu desenho. Também é interessante fabricar a própria cola colorida, misturando algumas gotas de corante líquido à cola branca. Pode-se misturar cores para conseguir cores novas ou buscar matizes mais fortes e fracos, conforme a quantidade de corante misturado.

Desenho

Depois de preparada a cola colorida, ela pode ser colocada em frascos plásticos que tenham bico, como, por exemplo, os de mostarda, *ketchup* ou mesmo os próprios frascos pequenos de cola vazios.

Usando frascos com bicos de tamanhos variados, é possível desenhar linhas de diferentes espessuras.

79. Desenho negativo

Desenhar com giz de cera branco ou uma vela sobre um papel branco. Pintar o trabalho com anilina colorida. No lugar onde foi feito o traço a tinta é repelida. O trabalho também pode ser feito com a vela acesa — é só deixar que a parafina vá pingando no papel, compondo o desenho que se desejar. Depois é só pintar.

79a Desenhar com a vela (apagada) sobre um papel e depois preencher a superfície do papel com giz de cera colorido. O giz não "pegará" nos traços feitos com a vela.

79b Desenhar com a cola branca diretamente do tubo (tipo Tenaz) sobre o papel, ou molhar a cola num palito de churrasco e ir desenhando. Depois de bem seca a cola, pintar com anilina colorida, nanquim preto ou colorido, passando por cima de tudo.

80. Desenho com vela e giz de cera

Acender uma vela e esquentar a ponta do giz de cera até que comece a derreter. Desenhar com o giz derretido sobre um papel e ir trocando e sobrepondo as cores (sempre aquecendo a ponta). Aproveitar também os pingos coloridos que vão caindo. Para esse trabalho pode-se usar os pingos das velas coloridas. É interessante misturar as duas técnicas, o giz de cera e a vela.

81. Desenho com pó de lápis colorido

Aproveitar o "pozinho" colorido que sai do lápis de cor quando apontado e usá-lo tanto esfregando com o dedo sobre o papel, o que traz uma coloração suave, como jogando-o por cima da cola branca sobre o papel. Também pode-se aproveitar a "casca" do lápis que vai saindo quando apontado e colar no trabalho. Se for usado o lápis de cor aquarelado, pode-se passar um pincel com água sobre o "pozinho" ou o próprio dedo molhado. Outro material interessante para esse trabalho é o giz de cera apontado ou raspado com uma tesoura, que também pode ser espalhado com o dedo ou jogado por sobre a cola.

82. Desenho com clipes

O clipe é um arame flexível, porém quebra-se quando muito manuseado. O trabalho pode ser feito com clipe aberto e/ou fechado. Criar formas usando clipes de vários tamanhos e cores diferentes, como se fossem as linhas do desenho. Depois de construída a forma, passar bastante cola para fixar no papel. Pintar o trabalho.

Observação: As formas feitas com clipes devem ser bidimensionais ("achatadas") para serem coladas no papel.

83. Desenho com durex colorido

Criar um desenho numa cartolina, só com o uso de durex coloridos; pode-se usar também outros materiais, como fita isolante e fita crepe. Depois que o desenho estiver pronto, pintar os espaços internos e externos com tinta guache, tinta plástica etc.

84. Desenho na lixa

Desenhar com giz de cera, lápis de cor, giz de lousa, ou mesmo pintar com tinta guache sobre a lixa (ou usar todos esse materiais juntos). Experimentar as variedades tanto de cor como de espessura das lixas.

84a Fazer trabalhos de recorte e colagem com as diferentes lixas e, se necessário, completar o trabalho com os materiais citados acima.

Observação: Ver exercício 75, "*Frottage*".

85. Desenhar e imprimir com plástico

Desenhar com caneta hidrográfica grossa sobre um plástico. Como a tinta não se fixa no plástico, imprimi-la batendo ou pressionando o plástico sobre um papel (sulfite, cartolina ou outros). O desenho que estava no plástico passará para o papel. Pode-se também, se se quiser áreas com manchas e não só linhas, passar de leve o dedo sobre a tinta da caneta no plástico para assim espalhá-la melhor. O aluno pode ir desenhando e imprimindo,

Desenho

aos poucos, percebendo quais elementos deve ir acrescentando à sua composição. As linhas e manchas impressas têm características bem diferentes das de outras técnicas.

86. Desenho na etiqueta

Há no mercado muita variedade de etiquetas com tamanhos, formatos e cores bem diversificadas. Oferecer alguma variedade desse material e propor aos alunos desenhem com canetas hidrográficas coloridas sobre as etiquetas, deixando-os selecionar as que necessitam para seu trabalho. Depois de desenhar ou colorir as etiquetas, pode-se colá-las em um papel maior, compondo um trabalho.

86a Compor um trabalho com as etiquetas desenhadas mesclando outras técnicas para complementá-lo como, por exemplo, tinta guache, lápis de cor, colagem com papéis etc. Pode-se oferecer a tesoura para que eles criem novas formas nas etiquetas.

86b Também podem-se usá-las em sua função original, que é a de nomear as coisas, só que no lugar das palavras usa-se o desenho.

87. Desenho na partitura

Usar como suporte para o desenho uma folha de papel pautado para notação musical e desenhar com grafite, lápis de cor ou nanquim e bico-de-pena. Não ignorar a partitura, pelo contrário, incorporá-la no desenho, interferindo, compondo, usando a linha das pautas tanto na vertical como na horizontal, aumentando o número delas, criando texturas etc. O uso desses materiais e recursos é justamente para que as linhas não desapareçam do trabalho. Pode-se também oferecer a tesoura para que criem outras formas com a partitura.

88. Giz molhado

Molhar a ponta do giz de lousa colorido em cola (goma arábica) ou no leite e desenhar sobre um papel. Sua cor fica mais viva e se fixa melhor. Experimentar no papel seco ou molhado. Variar as cores e os tipos de papel, por exemplo, *creative paper*, vergê, kraft etc.

89. Desenho com papel-carbono

O papel-carbono é um material ótimo para se trabalhar, pois traz muitas possibilidades (inclusive substitui o xerox em algumas propostas, e o preto de sua tinta é bem forte). O aluno poderá desenhar com um lápis sobre o carbono com um sulfite por baixo, ou usar o sulfite por cima do carbono e um outro sulfite por baixo. Na primeira hipótese ele não verá perfeitamente o que está sendo desenhado, já que o verso do carbono normalmente é escuro. No caso de desenhar com o carbono embaixo do sulfite, ele verá perfeitamente o que está sendo desenhado.

Outra possibilidade é desenhar sobre o papel-carbono, só que em vez de utilizar um lápis, usar um material que não mostre o que está sendo desenhado, como a tampa de uma caneta, um palito de churrasco etc. Ficará mais ou menos como um desenho cego. Ver exercício 51 "Desenho cego".

89a Usar vários carbonos de cores diferentes. Recortar dois papéis exatamente do tamanho das folhas do carbono, papel sulfite, por exemplo. Colocar um papel sobre o outro com um carbono no meio e fixar na mesa com uma fita crepe, para que não saiam do lugar. Fazer o desenho. Tirar a fita crepe da parte de baixo do papel e retirar somente o carbono, substituindo-o por um outro de uma outra cor, mantendo os papéis sulfites no registro. Complementar o desenho original que começará a ganhar cores diferentes conforme as trocas dos carbonos.

Desenho

89b Trabalhar com imagens de revista ou de jornal escolhidas pelos alunos. Colocar sobre uma folha branca o carbono e por cima deste a imagem. Passar o lápis sobre a imagem selecionando o que se quer trabalhar. Juntar com outras imagens para compor o trabalho.

Pode-se pintar com qualquer material ou deixar o desenho só com o carbono, explorando recursos como textura, luz, sombra, tipos de linha, contraste etc.

Observação: Orientar os alunos para não apoiar a mão sobre o carbono, pois manchará o trabalho.

Ver mais exercícios com o uso do papel-carbono nos números 38 e 39 "reprodução com papel-carbono" e "observação com papel-carbono", respectivamente.

90. Variações sobre temas

O professor propõe algum "tema" aos alunos para que a partir dele todos os alunos criem livremente. Eles terão de incluir em seu desenho ou sua pintura a sugestão do professor, por exemplo: a) criar imagens com pontos ou manchas (girafa, dálmata, joaninha, tigre etc.); b) desenhar elementos vazados (botão, violão, disco etc.); c) criar formas com tramas em xadrez, ou geométricas (abacaxi, toalha de mesa, casco de tartaruga etc.). Esses são alguns exemplos de "temas" (enfoques), mas o professor pode pensar em outros, e os alunos também podem trazer suas sugestões. Ao propor o "tema", o professor pode dar um exemplo como forma de ilustração, mas é interessante que os alunos resolvam e busquem as soluções sozinhos.

É importante, depois que todos tenham terminado o trabalho, perceber as várias possibilidades que surgiram a partir da mesma proposta.

91. Trajeto de casa à escola

Propor ao aluno que visualize o trajeto de sua casa até a escola, tentando lembrar o máximo de elementos que existem pelo caminho (ruas, prédios, semáforos, lojas, praças etc.). Depois de memorizado, desenhar em uma cartolina o percurso com as ruas e tudo de significativo que exista nelas, como se fosse um mapa. Depois de desenhado, o aluno pinta com o material que quiser, faz colagens etc. para deixar seu mapa completo. Os alunos observam os trabalhos de todos e verificam quem mora perto de quem, onde os caminhos se encontram, como cada um registrou seu percurso e assim por diante.

91a Uma segunda etapa deste trabalho é, depois de pronto o desenho, propor que se faça uma maquete sobre uma placa de isopor. Nesse caso o uso de sucata (palitos, tecidos, muitas caixinhas de vários tamanhos, variedade de papéis etc.) é apropriado para a construção das casas, prédios, semáforos etc. Utilizar cola quente (de preferência) para colar melhor as sucatas e a tinta para dar acabamento. Às vezes é necessário dar mais de uma camada de tinta para cobrir os rótulos das embalagens.

Se a maquete for muito grande, sugerir que façam o trabalho em equipe, agrupando os colegas que moram perto.

Ver exercício 229, "Escultura com caixas de papelão".

92. Grafismo com linhas sinuosas

Com a caneta hidrográfica, fazer uma linha sinuosa ininterrupta de ponta a ponta no papel sulfite (horizontal ou vertical). Em seguida continuar traçando outras linhas, repetindo esse mesmo movimento, de modo que fiquem próximas e paralelas até completar todo a folha.

Desenho

Este trabalho e os que se seguem podem ser feitos com outros materiais, desde lápis preto, colorido, giz de cera, nanquim e bico-de-pena e até com tintas como guache e aquarela. É evidente que o uso de cada material trará um resultado bem diferente.

No caso do lápis preto (6B, por exemplo) explorar o recurso de pressioná-lo em determinados pontos da linha e fazê-lo bem leve em outros pontos repetindo esse procedimento nas linhas que se seguem para com isso criar relevos através da luz e sombra que vai se formando. A linha sempre é contínua de uma extremidade à outra do papel.

Este trabalho cria um movimento muito interessante. As linhas deverão se cruzar e sempre devem ser feitas à mão, trazendo para o trabalho a beleza da "imperfeição" da linha sensível.

92a O mesmo que os exercícios anteriores, só que agora não com linhas sinuosas, mas linhas retas "quebradas", que mudam de direção formando ângulos. Não deve haver cruzamentos e as linhas devem começar e terminar nas extremidades da folha.

92b Traçar uma linha reta no meio de um sulfite (na vertical). Dos dois lados dessa linha fazer linhas paralelas que aos poucos vão deixando de ser retas e ficando ligeiramente curvas, em forma de arco, até o fim do papel. Trabalhar com vários materiais, grafite, nanquim, bico-de-pena, canetas hidrográficas (uma linha de cada cor, por exemplo), ou pintar os espaços entre as linhas.

93. Faixas com obstáculos

Desenhar uma forma fechada no meio de um papel. Fazer faixas estreitas, na horizontal ou na vertical, de uma extremidade à outra do papel, que são interrompidas quando se encontram com a forma desenhada e continuam depois, como se estivessem passando por trás dela. As faixas podem ser retas (sem o uso da régua) ou sinuosas. O trabalho pode ser feito em preto no papel branco ou também pode-se brincar com as cores, buscando contrastes nas faixas, por exemplo, uma em azul, outra em vermelho, uma de cada cor etc. Utilizar caneta hidrográfica, guache, pastel oleoso, nanquim etc.

93a Uma pequena variação do trabalho anterior é fazer com que as faixas também entrem na forma, só que desencontrando das faixas do fundo. Também trabalhar com contrastes de cores.

94. Desenho em planos

O aluno faz um desenho com lápis preto ou caneta preta sobre um sulfite ou cartolina, tamanho ofício. O desenho deverá ter vários elementos e ocupar todo o espaço do papel. Tira-se uma cópia xerocada desse desenho. O xerox é colado em um suporte mais firme, como papel dúplex ou papelão. O aluno escolhe que elementos quer ressaltar do seu desenho e então recorta algumas figuras (do original) e as pinta com lápis de cor, pastel oleoso etc.

Desenho

Cola-se no verso desses recortes (bem no centro) um pedaço de isopor, cortiça, papelão ou E.V.A. (etil vinil de acetato), para dar um pequeno volume. Esses materiais podem variar quanto a sua espessura, pois é isso que fará criar planos diferentes. Eles devem ser menores que as figuras para que não apareçam. Localizar no xerox a posição da figura e colar exatamente sobre ela, para que fique em um novo plano.

É importante que alguns elementos do desenho não sejam ressaltados, ficando no plano do papel, para que haja o contraste.

Convém também experimentar vários tipos de soluções pelo uso da cor: no plano do papel (no xerox) o desenho é preto e branco e as formas, no plano alto, coloridas (como foi citado); experimentar o contrário, colorindo o xerox e deixando as formas no plano em preto e branco; fazer tudo colorido; fazer tudo em branco e preto, diferenciar os materiais do plano baixo e do alto etc.

94a Painel com planos: essa variante não utilizará o xerox. Escolhe-se um tema comum para todos os alunos. Cada um desenhará uma figura que servirá para compor um painel coletivo. O desenho deve ser grande e feito em um papel firme (dúplex ou cartolina). Esse desenho deve ser feito individualmente. Eles recortam, cada um a sua figura, e as colocam (com um pedaço de durex no verso) sobre um painel, onde caibam todas as figuras de todos eles. Inventam uma composição, deslocando suas figuras no espaço do painel até acharem que o trabalho está bom (incentivá-los a discutir a melhor colocação das formas no espaço). Depois de definido, não mexer mais nas figuras. Com um canetão preto, fazem-se os contornos de todas elas. Retiram-se os desenhos do painel para pintá-los com materiais como guache, lápis de cor, giz de cera etc. Colam-se no verso materiais para criar planos (E.V.A., isopor etc.). Colam-se agora as figuras exatamente onde estão desenhados seus contornos no painel — este ficará aparente, o que é bem interessante.

95. Desenho tridimensional

O aluno faz seu desenho em uma cartolina — pode ser a partir de um tema, uma história ou um trabalho livre. Pintar e recortar o contorno das figuras do desenho, porém manter a base da figura no papel, sem recortar. Levantar a figura, fazendo um pequeno vinco na base, para que ela fique em pé. Tudo que estava desenhado no plano bidimensional passará a ficar na vertical.

Como as figuras serão recortadas, é melhor que seu contorno não seja muito complicado para não tornar muito difícil o corte. O uso do estilete neste caso é mais adequado, evidentemente para alunos mais velhos.

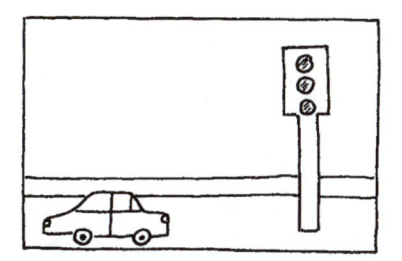

95a Outra possibilidade é o aluno fazer o desenho na cartolina ou papelão, recortar todas as figuras e retirá-las do suporte. Elas não devem ser muito grandes, para se sustentarem em pé. Fazer um triângulo de cartolina, colar nas costas das figuras para mantê-las em pé e brincar com os elementos de seu desenho. Para fazer este suporte, recortar uma tira de cartolina, colar as extremidades formando um triângulo e colar no verso da figura. A medida do suporte dependerá do tamanho do desenho. Pode-se juntar desenhos de um ou mais alunos e criar histórias coletivas.

Com uma caixa de papelão (como a de sapatos ou outros tipos), criar um cenário para as figuras retiradas do desenho. Para isso, pintar com guache as laterais e o fundo da caixa. As figuras podem ser coladas, penduradas ou simplesmente deixadas em pé para que possam ser deslocadas conforme a história é contada.

96. Janelas

Este trabalho acontece a partir de uma história contada pelo professor ou criada com os alunos. Definir o lugar onde se passa a história, por exemplo, em uma casa mal assombrada, no zoológico, na escola etc. Um papel dúplex ou um papelão servirá para ser o cenário. Nele será desenhado tudo o que se refere à história.

Escolher algumas partes do desenho para servirem de "janelas surpresas", o que consiste no seguinte: recortar com um estilete três laterais da "janela" deixando uma parte para fazer um vinco para que ela possa abrir e fechar. Desenhar em outro papel personagens ou objetos que poderiam se encontrar dentro dessas aberturas — o "elemento surpresa" — e colar por trás do dúplex exatamente no vazio das "janelas". Cada vez que se abre uma das janelas, encontra-se uma surpresa. Criar várias delas pelo cenário.

Desenho

Depois que o trabalho estiver pronto, é interessante contar a história para outras classes. Se a classe for muito grande, dividi-la em grupos para que criem diferentes histórias.

97. Novo alfabeto

A classe é dividida em grupos de mais ou menos cinco alunos. Cada grupo inventa um novo alfabeto, substituindo cada letra por um novo código. Em uma cartolina eles vão colocando em ordem alfabética a letra e o símbolo correspondente, por exemplo A = @, B = *, C= # etc., até chegar ao fim do alfabeto. É interessante que criem os símbolos, fugindo dos muito conhecidos.

Cada grupo inventa então frases usando só os novos códigos para que os outros as decifrem. É claro que para isso o grupo tem que fornecer a tabela dos códigos. Para os menores se entrega todo o alfabeto codificado para eles descobrirem o significado das frases. Para os mais velhos, apenas parte dele (uma parte significativa), para que descubram o resto do alfabeto usando a lógica.

98. Desenho da palavra

Este exercício consiste em escrever uma palavra ou frase através de desenhos. A palavra soldado, por exemplo, será "escrita" por um desenho de um sol mais o desenho de um dado. Quando necessário, serão acrescidas ou subtraídas algumas sílabas para ajudar na formação das palavras. A palavra sapato, por exemplo, será representada pelo desenho de um sapo, menos a sílaba "po" e mais o desenho de um pato.

Depois que as crianças inventarem suas frases, expô-las para que os outros alunos as decifrem.

99. Desenho de provérbios, expressões e ditos populares

Fazer uma lista de provérbios, expressões e ditos populares bem conhecidos[5]. Escrever em papéis separados para serem sorteados entre os alunos. Cada aluno faz o seu desenho procurando passar a mensagem recebida. Orientá-los a não usar palavras nos desenhos.

Organizar um painel com todos os desenhos para que os alunos tentem reconhecer. Comentar como cada um resolveu plasticamente a expressão popular, esclarecendo seu significado.

---

5. ZOCCHIO, Marcelo e BALLARDIN, Everton. *Dicionário Ilustrado de Expressões idiomáticas*. DBA.

Alguns exemplos: pentear macaco, lamber sabão, entrar pelo cano, tempestade em copo d'água, chover canivetes etc.

100. Liga-pontos

Cada aluno cria um desenho com um ou dois elementos, em um papel sulfite (um barco, uma casa etc.), utilizando para isso um material de cor forte como a caneta hidrocor preta, por exemplo. Coloca-se outro sulfite por cima. Como o sulfite não é um papel muito grosso, a imagem que está por baixo ficará visível. O aluno faz então pontinhos no sulfite, acompanhando as linhas do desenho que está por baixo, sem deixar grandes distâncias entre eles, e depois os numera assim como nos liga-pontos das revistinhas. Esse papel numerado vai ser entregue a outro colega para que ele ligue os pontos e descubra o desenho que seu amigo fez. É importante que os alunos não vejam os desenhos dos outros.

101. Jogo de adivinhação

Dividir a classe em dois grupos. Diante da lousa ou de uma cartolina fixada na parede, para que todos possam ver, um aluno recebe um papel da professora onde está escrito o nome de um objeto ou animal para ele desenhar. Sem falar nada, ele desenhará para que os colegas adivinhem. O grupo que adivinhar primeiro ganha um ponto. Cada vez vai à lousa um aluno de um grupo.

Outra maneira de se jogar é cronometrando o tempo; desta vez o aluno desenha exclusivamente para seu grupo adivinhar, em um tempo antes estipulado (3 minutos, por exemplo). Se o grupo não adivinhar, perderá um ponto. Perceba se esta dinâmica é proveitosa para o grupo.

É interessante não cronometrar o tempo com crianças pequenas.

Os alunos que estão desenhando devem ser orientados a não falar nada e nem pronunciar sons (é muito comum, por exemplo, o aluno fazer o som de um avião enquanto o desenha). Se os colegas não estiverem conseguindo adivinhar o desenho, o melhor é recomeçar um outro, buscando uma nova forma de representá-lo. Ao receberem o papel com o nome do objeto, os alunos devem ter um tempo para pensar, antes de desenhar.

O que interessa é que, apesar de ser um jogo estimulado pela competição, é um exercício de desenho de memória e de síntese, pois o aluno, rapidamente e com poucas linhas, procurará passar a ideia do objeto. Incentivar a participação de todos e orientar os alunos a não hostilizarem os que não conseguirem comunicar a mensagem.

Desenho

102. Desenho surpresa

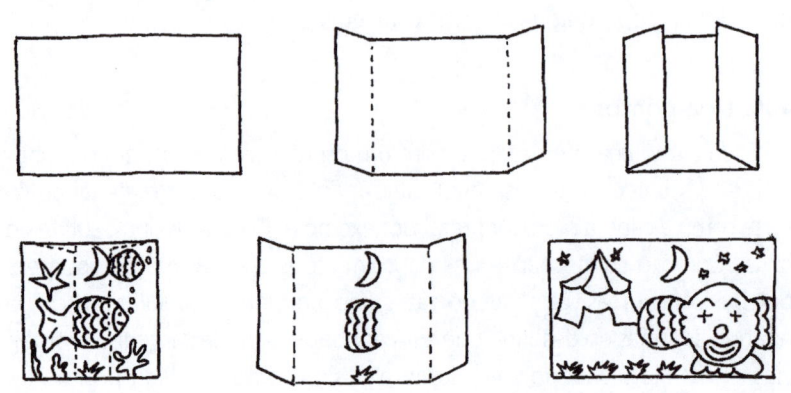

Dobrar as extremidades da folha (sulfite, por exemplo) para dentro sem que elas se encontrem, deixando um espaço no meio, de mais ou menos uns 3 cm. Fazer um desenho sobre o papel dobrado usando toda a sua área, inclusive a parte do meio. Pintá-lo quando terminado, abrir as duas extremidades e observar o registro que ficou no centro do papel. Fazer um outro desenho diferente, a partir desse registro, incorporando as linhas, cores etc. Assim ficarão dois desenhos numa mesma folha de sulfite; um com a folha dobrada e outro com ela desdobrada, sendo que a parte central serve os dois desenhos.

103. Desenho em três fases

Trabalho para se fazer em grupo com no mínimo três alunos. O professor dobra o papel sulfite em três partes iguais e entrega para cada aluno uma dessas folhas dobradas. Na parte superior do papel eles vão desenhar a primeira fase do trabalho. A proposta é que eles desenhem uma cabeça, incluindo o pescoço, de alguma coisa (gente, monstro, animal, personagem etc.). Quando todos terminarem essa primeira etapa, deixar um pequeno registro do pescoço na segunda parte do papel para que o aluno seguinte possa dar continuidade a seu traçado, porque nesse momento todos passarão seu desenho para a direita para que o colega continue o trabalho sem que vejam o primeiro registro. Nessa segunda parte do papel, eles desenharão o corpo de alguma coisa até o começo das pernas e de novo passarão para a terceira parte do papel um pequeno registro de onde terminou seu desenho para que o colega saiba onde emendar a terceira etapa do trabalho. Passa-se o papel novamente para quem estiver do lado direito para ser completado com a última etapa, que é desenhar as pernas e os pés (que podem ser patas ou garras). Os alunos podem usar canetas hidrográficas ou lápis de cor. É importante que os alunos escondam o que estão desenhando para que seu vizinho não saiba o que está recebendo, pois a graça do jogo está na surpresa em abrir o papel e poder ver a "criatura" que foi formada por três colegas, cada um cooperando com uma parte. Pode-se repetir o jogo muitas vezes, pois eles se divertem e riem muito com o resultado.

104. Passado/presente/futuro

Este trabalho é dividido em três etapas: "passado/presente/futuro". O aluno fará um desenho para cada uma delas. Pode-se propor de várias formas esta atividade, por exemplo: "o que eu era antes de nascer (ou onde estava), o que sou agora e o que serei no futuro". Outra possibilidade: eleger um assunto para todos e fazer as perguntas: como eu era antes (em relação a esse assunto), como sou agora e como pretendo ser no futuro. Pode-se propor que cada aluno pense num fato que ocorreu no passado que de alguma forma ainda esteja presente, e como lidar com isso para o futuro. Os temas podem tanto ser de caráter pessoal (sobre os alunos) como de fatos históricos, ecológicos, políticos, humanísticos etc., sempre relacionando uma ação que ocorreu no passado, o que trouxe para o presente e o que acarretará para o futuro. Enfim, procurar temas que suscitem reflexões e discussões e tentar traduzir esses conteúdos para o desenho, não necessariamente de forma literal, e sim expressiva, sensível. O aluno poderá fazer três desenhos em papéis separados ou em um só, utilizando um formato maior. O material a ser utilizado pode ser bastante variado: papel canson, cartolina, sulfite, lápis de cor, giz pastel, de cera, tinta guache etc.

Depois de terminado, observar os trabalhos e discutir se os conteúdos foram expressos plasticamente.

105. Livro maluco

Dividir com lápis e régua o papel sulfite em três partes iguais; o papel deverá estar na vertical (posição de retrato) e as linhas na horizontal. Cada aluno receberá uma folha para desenhar um personagem (animal, monstro, fada etc.), cuja cabeça e o pescoço ficarão na parte superior do papel, os braços e o corpo, até o começo das pernas, no meio, e as pernas e os pés na

Desenho

parte de baixo (como no exercício 103 "Desenho em 3 fases") tudo emendado. Os desenhos devem estar centralizados na folha e ser coloridos.

Fazer um corte com a tesoura nas linhas que dividem a folha sem, no entanto, separá-las de vez, isto é, cortar da direita para a esquerda deixando uma margem de pelo menos 3 cm do lado esquerdo (é importante que não se desenhe nessa área).

Juntar os desenhos de todos os alunos e grampeá-los na lateral esquerda para formar um livrinho. Pode-se também encontrar outras formas de se fazer um livrinho, como colar, costurar, espiralar. O livro maluco está pronto, agora é só virar as páginas e misturar as partes dos vários personagens.

O suporte também pode ser mais resistente, como papel dúplex, papel-cartão etc., e as figuras podem ser pintadas com guache. Nesse caso é melhor colocar uma espiral no livrinho pois as folhas ficarão com maior volume.

106. Desenho animado

Usar 1/4 de papel sulfite. Fazer um desenho em preto e branco da imagem que se quiser. Deixar uma margem do lado esquerdo de mais ou menos um centímetro. Tirar pelo menos doze cópias xerox desse desenho. Criar um elemento (ou mais) no desenho que se movimentará ao longo das doze páginas — os outros elementos permanecerão parados. Por exemplo, o nascimento de uma árvore até o aparecimento de seus frutos. Na primeira página, desenhar o tronco em tamanho bem pequeno, na seguinte, no mesmo lugar, passando com o lápis por cima do primeiro tronco, fazê-lo um pouco maior, e assim sucessivamente até que apareçam os frutos. Nesse caso a figura sempre estará no mesmo lugar, o que muda é o seu crescimento. Outro exemplo: na primeira página o sol aparece a pino, na página seguinte estará um pouco mais baixo e assim sucessivamente até se pôr. Nesse caso o elemento vai mudando de lugar, sempre lentamente.

Depois de prontas as doze páginas, grampeá-las do lado esquerdo e virá-las com a mão rapidamente para perceber o movimento. Experimentar com mais de um elemento se movimentando. Também pode-se colorir. Fazer com doze páginas é apenas uma sugestão, quanto mais páginas tiver, mais movimento terá o trabalho.

Pode-se também juntar as páginas, colando-as com cola branca, na extremidade da lateral esquerda, como se fosse a lombada de um livro, e depois arrematar colando uma tira de papel espelho ou papel de presente. Na primeira folha desenhar a capa com o título.

Sugestão: juntar os trabalhos individuais e formar uma grande animação da classe toda, da seguinte maneira; o primeiro aluno entrega a última folha de seu trabalho para o segundo aluno, que começará sua animação a partir desse desenho que recebeu, dando continuidade. O segundo aluno também passará a sua última folha para o terceiro e assim sucessivamente até chegar ao último aluno. Ordenar todos os desenhos em sequência, grampeá-los ou juntar com espiral.

107. Animação com o lápis

Em um pedaço de papel sulfite de mais ou menos 10 por 10 cm, fazer um desenho de um rosto, bem simples, que contenha o contorno, olhos, nariz, boca e orelhas. Não precisa desenhar o cabelo. Repetir esse desenho exatamente igual e na mesma posição em um outro papel do mesmo tamanho. Pode ser com um xerox ou simplesmente colocando um sulfite sobre o outro para copiar o desenho. Para ficar mais nítido, desenhar com uma caneta hidrográfica preta. Um dos desenhos é conservado na sua forma original. No outro, o aluno completará fazendo cabelos, bigode, óculos, língua para fora etc., da maneira que quiser. Ele poderá pintar as figuras dos dois sulfites com lápis de cor ou caneta hidrográfica. Pode também pintar o fundo.

Depois de pronto, fixar o desenho original numa mesa com fita crepe para que não saia do lugar. O outro desenho no qual o aluno fez a interferência será enrolado em um lápis, sem necessidade de cola ou fita adesiva. O lápis com o desenho enrolado será colocado exatamente sobre a extremidade superior do desenho fixado. Fazer rapidamente um movimento com o lápis de cima para baixo e de baixo para cima para que o desenho se desenrole sobre o que está fixado. Quando se faz isso várias vezes e bem rápido, tem-se um supermovimento, dando a impressão de animação. É muito interessante, pois não se percebe que há dois desenhos, é como se se juntassem em um só.

108. Animação girando

Recortar em um papel cartão ou cartolina uma forma redonda de uns 15 cm de diâmetro (se se fizer em um papel duplo, ficará mais resistente, por exemplo, dois dúplex colados). Desenhar de um dos lados, no centro, uma ação. Do outro lado, virando-se de baixo para cima, fazer um objeto que será a complementação do desenho anterior; por exemplo: de um

Desenho

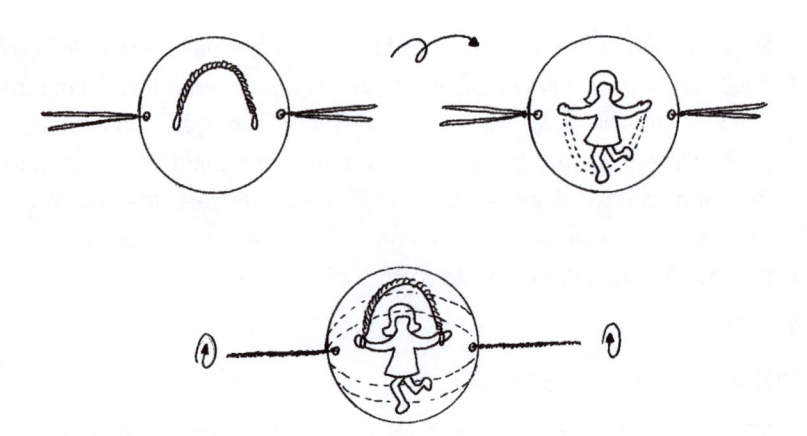

lado uma menina pulando e do outro a corda; de um lado um pescador, do outro a vara e o peixe. Fazer um furo de cada lado do cartão e amarrar um pedaço de barbante. Girar o cartão até que o barbante esteja bem enrolado (quanto mais, melhor). Puxar as pontas do barbante para os lados para que o cartão comece a girar rapidamente enquanto é desenrolado; assim as duas imagens se juntarão visualmente formando uma só.

109. Disco de cores com bola de gude

Recortar dois discos de cartolina do tamanho de um CD, por exemplo. Fazer um furo no centro de cada um em que caiba uma bolinha de gude, sem que ela atravesse o furo. Não usar bolinhas muito pequenas. Desenhar e pintar os discos com cores fortes, criando padrões geométricos. Variar os dois desenhos. Pode-se utilizar canetas hidrográficas grossas.

Fazer um corte da borda ao centro de cada disco e depois colar as duas partes que se abriram, uma sobre a outra, formando uma espécie de chapeuzinho chinês. Na hora de colar, não sobrepor demais as partes, somente uns 2 milímetros (isso dependerá do tamanho da bolinha de gude que será colada no furo; quanto maior a bolinha, maior a sobreposição). Passar cola branca em toda a volta dos discos e colar a bolinha de gude no furo (cola quente ou branca). Juntar os discos de forma que a bolinha fique dentro deles. O resultado será uma espécie de pião. Depois de seco, girar com a mão a bolinha para ver o efeito das cores se mesclando de um lado e do outro do cartão.

109a Outra possibilidade é usar um CD (inutilizado) e bolinha de gude. Desenhar no CD com cola colorida ou canetas de retroprojetor. Se quiser pintar com tinta guache, passar primeiro uma camada de tinta látex branca. Depois colar a bolinha de gude no furo do CD com cola quente ou durepóxi (preparar a massa do durepóxi como manda a instrução).

109b A mesma experiência pode ser feita sem a bolinha de gude. Recortar um círculo em uma cartolina, desenhar e pintar com muitas cores, fazendo, por exemplo, um círculo dentro do outro ou linhas sinuosas, espirais, texturas, listas, quadriculados etc. Enfiar a ponta de um lápis, bem apontado, no centro do círculo e apoiar em uma mesa. Girar o lápis como se fosse um pião ou segurar o lápis e girar o papel, bem rápido, com a mão. Observar o que acontece com as formas e com as cores.

110. Cineminha

Fazer no fundo de uma caixa de sapato uma abertura como se fosse uma janela. A caixa deve ficar na posição horizontal. Em cima da caixa, do lado direito e do lado esquerdo, serão colocados dois palitos (tipo de churrasco) que atravessem a caixa verticalmente de cima a baixo, deixando uma sobra do palito para fora da caixa, tanto em cima como embaixo, para que o aluno possa rodá-los. O desenho é feito em um papel que tenha um tamanho igual à altura da abertura da caixa e seja comprido, de acordo com o tamanho da história que vai ser contada. O aluno desenha sua história ao longo deste papel. A parte do papel onde começa o desenho é colada no palito que está do lado esquerdo da caixa e depois será enrolada, e o fim do papel, onde termina a história, é colado no outro palito do lado direito. Todo o desenho é enrolado para o lado direito. Quando começa a "projeção", é o palito do lado esquerdo que devagar vai sendo rodado para assim ir passando a história.

Como se viu, trata-se de uma narrativa, portanto seria interessante orientar os alunos para que façam desenhos que contem uma história com começo, meio e fim, para que a mensagem seja transmitida. O trabalho pode ser feito em grupo. É preciso fazer pezinhos na caixa para que ela fique suspensa e os palitos possam ser rodados.

Outra possibilidade é fazer a "projeção" do desenho de cima para baixo, ou seja, na vertical. Nesse caso, o desenho será feito na folha no sentido vertical e será colado nos pauzinhos no sentido horizontal.

Desenho

111. Fenacistiscópio

Recortar um disco de papelão de 20 cm de diâmetro aproximadamente. A 3 cm da borda, fazer pequenos furos (0,5 cm) distantes 2 cm por toda a volta do disco. Nos intervalos dos furos fazer uma sequência de desenhos decompondo um movimento, por exemplo, uma pessoa virando uma cambalhota. Primeiro ela em pé, o próximo desenho ela arcando um pouquinho, depois um pouco mais até encostar a cabeça no chão, sequenciando os movimentos até completar uma cambalhota. Cada desenho terá uma fraçãozinha dessa ação. Depois dos desenhos prontos, furar o centro do papelão e passar um araminho. Fazer em uma das pontas do arame uma argolinha para que fique preso no centro do papelão. A outra extremidade do arame vai passar por uma rolha, e em seguida ser enrolada em um cabinho de madeira. Este pauzinho servirá para segurar o objeto.

Posiciona-se na frente de um espelho (a meio metro de distância) com o disco voltado para o espelho, que deverá estar na frente do rosto. Segurar com uma mão o pauzinho e com a outra girar o disco. Fixar o olhar no espelho através dos furos do disco. Com o girar do disco o desenho se movimentará, como uma animação.

112. Arte postal

A arte postal surgiu quando o artista plástico Marcel Duchamp enviou a um amigo um cartão-postal — uma colagem feita com partes de outros quatro cartões. Vários artistas então começaram a se corresponder enviando pelo correio desenhos e colagens em formato de cartão-postal. Eles recebiam o cartão, faziam interferências e tornavam a enviar, promovendo assim um intercâmbio de obras de arte em todo o mundo. No Brasil, a arte postal aparece nos anos 1970. Destacamos os artistas Angelo Aquino e Julio Plaza.

Cortar uma cartolina (ou outros tipos de papel) do tamanho de um cartão-postal. Pedir aos alunos que tragam para a escola selos bonitos e variados (os selos podem ser atuais ou antigos). Cada aluno escolhe um selo e cola em seu cartão, de preferência no centro. A partir da estampa do selo, o aluno completa o desenho como se fosse uma expansão do selo para todos os lados, usando o material que quiser, mas tentando integrar o selo ao desenho, proporcionando uma única imagem.

O aluno põe seu nome no trabalho. No verso ele cola uma etiqueta com o nome e endereço da pessoa a quem deseja remeter seu cartão (pelo correio). O interessante seria mandar para algum colega da classe para tê-lo de volta, ou seja, assim que os cartões chegarem às casas, são levados para a escola para serem analisadas as interferências feitas pelo correio. Haverá carimbos, um novo selo, enfim, marcas de um percurso.

Pode-se sugerir um intercâmbio entre as classes, ou quem sabe entre classes dos diversos períodos; no final de tudo fazer uma exposição de arte postal.

Recortes, colagens
e outras técnicas

113. Natureza

Recolher pela escola ou pela rua elementos da natureza como terra, mato, folha, flor, galhinho, semente etc. Levar para a classe e fazer um trabalho com esses materiais usando cola e durex, tendo como suporte uma cartolina ou um papel dúplex.

A terra misturada na cola e num pouco de água forma uma espécie de tinta que pode ser usada com o pincel. Orientar os alunos para não trazerem elementos muito pesados ou grossos, pois não ficarão presos ao papel.

113a Com os mesmos materiais acima citados, compor um trabalho recriando temas da própria natureza; por exemplo, fazer uma flor usando vários tipos de pétalas, uma árvore com variedades de folhas e assim por diante.

Observação: Ver mais sobre feitura de tintas naturais no exercício 3, "Corante natural".

114. Pintura com elementos da natureza

Assim como no exercício anterior, recolher elementos da natureza que não sejam muito volumosos. Fazer um trabalho de colagem sobre um papel resistente (cartolina, papel-cartão ou dúplex). Colocar vários elementos sobre o papel, como grama, mato, capim e folhagens. Fixar com um pouco de cola branca, pois ao término do trabalho os elementos serão retirados. Pintar com guache grosso todo o papel e tudo que nele está colado. Os elementos tendem a sair do lugar, por isso o aluno deve ir pintando devagar e segurando com o dedo para que não se desloquem muito. Deve-se variar as cores e sobrepor camadas de tinta. Depois de terminada a pintura, retiram-se todos os elementos colados, sobrando algumas partes em branco, o que trará um efeito de luz ao trabalho.

Esse mesmo procedimento pode ser feito com a tinta óleo sobre tela.

115. Cópia da natureza

Dividir uma folha de papel ao meio com um traço na vertical. Do lado esquerdo o aluno faz uma colagem com elementos da natureza (ver exercício 113, "Natureza"). Do lado direito o aluno faz um desenho de observação de sua composição, tentando chegar o mais próximo possível de seu modelo. Pode-se pintar com aquarela, guache, lápis de cor aquarelado etc. Esse

Recortes, colagens e outras técnicas

exercício pode ser feito em um papel grande contendo vários elementos ou, se preferir, em um papel menor (tipo A4), colando somente um elemento de um lado e copiando-o do outro lado, uma flor, por exemplo.

Uma variedade desta proposta pode ser encontrada no exercício 134, "Colagem e pintura"

116. Celebração à natureza

Para esse trabalho, escolher previamente um tema (pode ser sugerido pelos alunos), por exemplo: árvore, peixe, flor, mandala etc. Realizá-lo de preferência ao ar livre — parque, pátio, quadra ou qualquer espaço externo que a escola tenha disponível.

Pedir aos alunos que selecionem no jardim da escola (ou tragam de casa) vários elementos da natureza: folhas, galhos, sementes, terra, pedrinhas, flores etc. Orientá-los a recolher do chão e não arrancar de árvores ou plantas. Separar o que foi recolhido por semelhanças de cor, forma, tamanho, textura etc.

Fazer com os alunos uma grande roda. Cada aluno de uma vez sai da roda e escolhe dez elementos quaisquer do material recolhido. Propor que cada um monte um trabalho no chão relativo ao tema escolhido (nada será colado). Quando todos os trabalhos estiverem prontos, em volta da roda, sugerir que observem como cada um solucionou sua proposta; que elementos utilizou para representá-la. Propor, em seguida, que façam uma única montagem sobre o tema, na qual colocarão os elementos de seus respectivos trabalhos individuais, num trabalho coletivo. De preferência fazer a montagem em silêncio, pois cada um necessita observar o que o outro está fazendo para dar continuidade à forma. Depois de pronta, fazer novamente uma roda em torno da "grande montagem".

Para essa proposta é interessante que os alunos estejam sensibilizados pelo tema; para isso, antes da atividade prática, é necessário algum encaminhamento que os mobilize. Podem ser conversas, discussões e estudos prévios sobre o tema, canções que falem do assunto etc.

117. Carimbo com elementos da natureza

Escolher vários tipos de folhas, flores, sementes, galhinhos etc. Molhá-los na almofada do carimbo ou passar um rolinho de espuma com tinta guache sobre os elementos e carimbá-los no papel. Não há necessidade de passar muita tinta, pois a imagem pode borrar. Uma folha, por exemplo, depois de entintada, pode ser carimbada mais de uma vez. As cores da tinta guache devem estar distribuídas em bandejinhas descartáveis com um rolinho de espuma para cada cor. Compor um trabalho com o uso dessa técnica ou completar com outros materiais.

Observação: Ao carimbar, não fazer força, como quando se usa um carimbo tradicional; basta só colocar o elemento entintado sobre o papel e fazer uma pequena pressão com a mão.

118. Carimbo de legumes e outros materiais

Para essa proposta, os alunos podem usar diversos materiais, inclusive orgânicos, caso de batatas, chuchu, cebola, vagem, pimentão etc. É só cortar o legume ao meio, secar em um papel toalha, entintá-lo com tinta guache e carimbá-lo em um papel. A primeira impressão ficará um pouco "saturada", por isso é bom que se carimbe primeiro num papel jornal ou folha de rascunho. O aluno poderá carimbar várias vezes sem ter que entintar novamente o carimbo, com isso ele conseguirá tonalidades mais claras na impressão. Pode-se compor um trabalho usando vários legumes, variando e sobrepondo cores, repetindo formas etc.

Outra maneira de fazer carimbos é utilizando rolhas, isopor, blocos de espuma, linóleo, borracha de apagar etc., utilizando uma faquinha, canivete, estilete ou goiva para esculpir esses materiais, criando baixos e altos-relevos. O aluno deve, em um primeiro momento, experimentar os materiais livremente, percebendo suas características.

Com o linóleo ou a borracha consegue-se maior precisão no desenho em relação aos outros materiais acima citados. Sempre lembrar que a parte que será escavada resultará áreas brancas na impressão, o que quer dizer que a tinta fixará somente onde não se esculpiu. Para carimbar, usar tinta da própria almofada do carimbo, tinta guache ou tinta de impressão. Não exagerar na quantidade de tinta para não saturar demais o carimbo.

119. Gravura na bandejinha de isopor

Recortar as bordas de uma bandejinha de isopor descartável, para se obter uma plaquinha (existem também alguns desses descartáveis já na forma de placa). Fazer um desenho com palito de churrasco ou com o

Recortes, colagens e outras técnicas

cabo do pincel, afundando o isopor. Entintar com um rolinho de espuma, passado em tinta guache, sem exagerar na quantidade de tinta. Colocar um papel sobre a bandejinha e passar de leve a mão para fazer a impressão.

Para obter uma impressão com duas cores ou mais, usar duas bandejinhas do mesmo tamanho. Entintar uma delas (sem desenho) e imprimir em um papel. Deixar secar o papel. Fazer um desenho na outra bandejinha, entintar com outra cor e imprimir na mesma folha — a cor da primeira impressão ficará como fundo do desenho. Se se quiser usar mais cores, pode-se entintar uma mesma bandejinha com várias cores ou usar uma bandeja para cada cor. Conforme a quantidade de cores utilizadas, é aconselhável o uso de papéis mais resistentes, como o canson ou a cartolina.

119a A bandejinha também pode ser trabalhada em alto-relevo, colando-se nela barbantes, pedaços de papelão rugoso ou outros materiais com texturas. Passar o rolinho com a tinta e fazer a impressão.

Olhar exercício 126 "Cologravura" onde aparecem outras possibilidades da técnica de impressão.

120. Impressão com papel dobrado

Dobrar uma folha de sulfite ou cartolina ao meio e fazer uma pintura em uma das partes, com tinta guache. Dobrá-la novamente e passar a mão no verso enquanto a tinta estiver fresca. A imagem aparecerá na outra metade. Trabalhar com manchas ou imagens figurativas. A impressão sairá espelhada.

Deixar que o aluno experimente livremente o exercício para que perceba a quantidade de tinta que deve ser colocada no trabalho, de acordo com o resultado que deseja alcançar.

121. Impressão a partir de figuras de revistas

Escolher uma imagem ou uma página de uma revista, e separá-la. Colocar sobre a imagem uma folha de papel sulfite. Sobre o sulfite, esfregar um pedaço de estopa embebida em tíner. Proceder rapidamente, pois o tíner evapora; se isso acontecer, deve-se colocar mais tíner na estopa. Não embeber demais a estopa para não borrar a imagem — esta será transferida para a folha de sulfite.

A impressão não sai perfeitamente nítida, a imagem fica com uma certa textura, com um "clima meio nebuloso". O resultado que se consegue é muito interessante e diferente de outras técnicas. Para complementar o trabalho, pode-se sobrepor imagens de várias páginas de revistas, criando uma composição, como numa colagem, ou ainda mesclar esta técnica com outras técnicas e outros materiais.

Evitar trabalhar com revistas de papel cuchê grosso, pois a imagem fica muito apagada.

Observação: O tíner é tóxico; de preferência trabalhar ao ar livre, e com alunos mais velhos, orientando-os a lavar bem as mãos ao término da atividade.

122. Impressão na parafina

Fazer um desenho com pastel oleoso em papel sulfite e colorir bem forte. De preferência uma imagem pequena, que ocupe mais ou menos um quarto da folha. Cobrir todo o desenho com pingos de parafina derretida de uma vela acesa, formando uma camada bem espessa (fazer pelo menos quatro camadas). Depois de seco (o que acontece rapidamente), retirar delicadamente o papel para soltá-lo da parafina, tomando cuidado para que ela não se quebre. O desenho sairá todo estampado na parafina. Quanto mais grossa a camada, mais resistente ficará o trabalho.

É um material extremamente delicado e frágil; mas pode-se fazer um pequeno furinho no trabalho e pendurá-lo com uma linha para ser exposto, ou mesmo fazer um móbile.

Pode-se observar que de um lado a parafina fica bem lisa e o desenho mais nítido e do outro lado bem rugosa, por causa da textura criada pelos pingos.

123. Monotipia

A monotipia é uma técnica de impressão que pode ter como matriz placa de vidro, acrílico, linóleo, fórmica ou outros materiais. Há várias formas de fazê-la.

O aluno faz uma pintura sobre a placa, com tinta guache, acrílica ou outras, e coloca sobre ela um papel, fazendo uma leve pressão com a mão no verso. Retira-se o papel com cuidado e verifica-se se a pintura da placa passou para o papel. A impressão não é perfeita, mas isso pode ser muito interessante. A pintura sairá invertida.

Depois de tirar a primeira cópia, a placa ficará com uma leve marca da pintura; pode ser limpa para recomeçar uma nova monotipia, ou então aproveitar-se esse pequeno registro acrescentando novamente a tinta, para outra impressão.

Recortes, colagens e outras técnicas

Neste mesmo caso pode-se aproveitar do registro e acrescentar outras cores ou figuras para complementar a monotipia.

123a O aluno entinta a placa com um rolo de espuma espalhando homogeneamente a tinta (guache, acrílica etc.) sobre ela. Coloca o papel sobre a placa e desenha com um lápis sobre ele. Retira cuidadosamente o papel: onde foi feita a pressão com o lápis, a tinta da placa passará para o papel. Pode ser que a tinta pegue em outros pontos do papel. Orientá-lo para não apoiar a mão sobre o papel. Com esse mesmo processo é possível também fazer um desenho cego, usando um material que não registre o traço no momento de se fazer o desenho; no lugar do lápis usar palito de churrasco, a ponta de uma tesoura, lápis sem ponta etc. O resultado trará uma surpresa.

No lugar do rolo de espuma e da tinta guache, podem ser usados tinta de impressão (de xilogravura ou gravura em metal) e rolinho de borracha, obtendo-se assim um ótimo resultado, pois a tinta de impressão é bem mais forte que as outras tintas.

A tinta de impressão é dissolvida com aguarrás.

Apesar da característica da monotipia ser uma técnica de impressão de uma única cópia, nada impede que o aluno entinte várias vezes a placa (usando cores diferentes) e retome seu desenho, colocando-o novamente sobre a placa, para continuar o trabalho. Esse processo pode enriquecer muito o resultado. Neste caso deve-se fazer um registro para que as cores se encaixem no lugar desejado. Para isso o aluno, ao colocar o papel sobre a placa, faz uma marca com fita crepe nas extremidades da folha sobre a placa, para que, ao retirá-la, e mudar a cor, possa recolocá-la exatamente no lugar certo. Deve-se limpar a placa para retintá-la se não se quiser que ela se misture com a cor anteriormente utilizada.

123b Entintar a placa de forma homogênea com o rolinho (de espuma ou borracha, com tinta guache ou de impressão). Dessa vez o aluno faz o desenho sobre a placa entintada, retirando a tinta com o uso de lápis, palitos variados, cotonete ou outros materiais. Depois de feito o desenho, coloca-se o papel sobre a placa e faz-se uma certa pressão passando a mão. O papel ficará com a cor da entintação e o desenho ficará em branco.

O aluno pode experimentar entintar a placa não de forma homogênea e sim misturando várias cores com o rolinho. Depois que a placa estiver colorida, faz-se o desenho, retirando a tinta e imprimindo da forma descrita acima.

123c Espalhar tinta a óleo com um pincel sobre a placa (ou tinta de impressão com o rolinho de borracha). Em seguida, salpicar aguarrás, que dilui a tinta em vários pontos da superfície, criando manchas de tonalidades mais claras (ou usa-se o pincel com aguarrás para fazer as manchas ou um desenho). Colocar o papel sobre a placa e fazer a impressão com a mão.

123d Se a escola possuir uma prensa de gravura (metal ou xilogravura), pode-se aproveitá-la para conseguir ótimos resultados. Fazer uma pintura com o pincel utilizando a tinta a óleo sobre uma placa de metal. Proceder como na pintura, misturando cores, sobrepondo-as etc., só não exagerar na espessura da tinta. Colocar um papel tipo vergê, canson ou outros (não muito finos) sobre a placa. Este deverá ter um tamanho maior para que fique uma margem do papel em torno da placa. Uma vez colocado o papel, não pode mais ser tirado do lugar, portanto é um momento delicado. Passar pela prensa e retirar o papel delicadamente. A pintura deverá sair perfeita no papel, sem que a tinta esteja escorrida ou borrada. Para chegar a esse ponto, é necessário repetir a operação algumas vezes, até que o aluno perceba a quantidade exata de tinta que deve ser usada na placa.

Depois que é feita uma cópia, a tinta passa praticamente toda para o papel, porém com o pouco que fica na placa pode-se perceber nitidamente o registro. Assim, se o aluno desejar tirar uma nova cópia dessa mesma imagem, deverá recolocar a tinta sobre o registro da placa e fazer uma nova impressão, em um outro papel.

Ao recolocar a tinta, pode-se, por exemplo, variar as cores.

Observação: Para cada tipo de monotipia, há um tipo de papel mais adequado, porém é sempre interessante experimentar diferentes gramaturas, cores, texturas, por exemplo, papel arroz, vergê, sulfite, kraft, cartolina, papel artesanal etc.

124. Monotipia com pastel oleoso

Cobrir uma folha de papel sulfite com pastel oleoso bem colorido e forte. É importante que toda a área do papel esteja totalmente preenchida. Colocar o sulfite já colorido sobre uma folha de papel em branco. Desenhar com um lápis grafite sobre o verso do papel pintado exercendo uma certa pressão com o lápis. Terminado o desenho, separar uma folha da outra e observar o resultado. A coloração do pastel passará para o sulfite branco nas regiões onde houve a pressão. Orientar os alunos para que não trabalhem só com linhas e sim com texturas e preenchimentos de áreas, para que as cores apareçam mais.

Recortes, colagens e outras técnicas

124a Outra possibilidade é colorir com pastel oleoso o verso de uma página de revista de uma imagem que se queira copiar. Escolhe-se a imagem e preenche-se (do outro lado) com o pastel utilizando uma ou mais cores. Colocar um papel em branco (sulfite) sob a página da revista e desenhar com o lápis sobre a imagem.

É interessante o aluno compor um trabalho com várias imagens de revistas como se estivesse fazendo uma colagem.

125. Revista e bombril

Selecionar páginas de revista bem coloridas (de preferência cores fortes). Colocar uma página sobre um papel branco (sulfite ou cartolina) e esfregar um bombril, raspando a tinta da revista para o papel. A tinta passará para o papel, porém as cores sairão mais leves ("pastéis"). As bordas da página da revista aparecerão como linhas retas. Usar várias páginas da revista e mudar sua posição no papel, para assim ir compondo um trabalho colorido. Em vez de usar a página inteira da revista, pode-se rasgá-la aleatoriamente e aproveitar sua forma irregular.

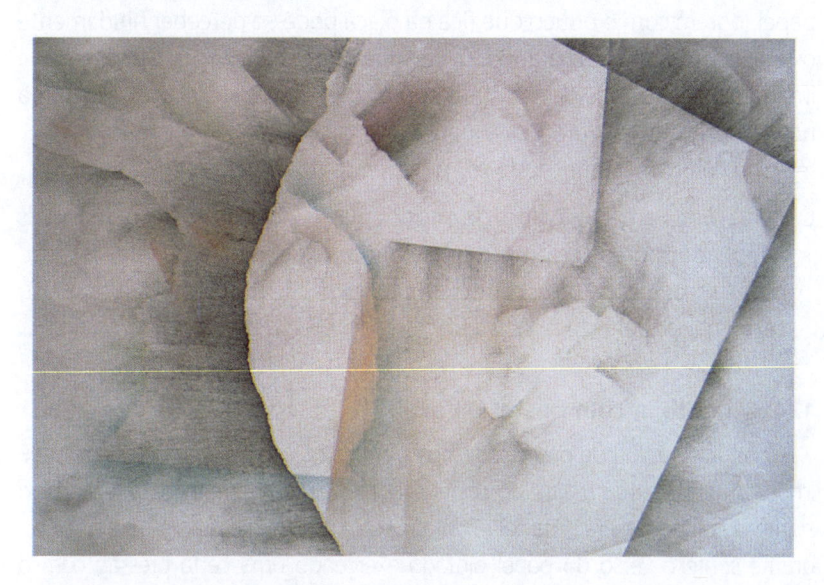

125a Outra possibilidade é recortar figuras de revista, segurar bem para que não saiam do lugar e passar o bombril em torno delas. Depois é só tirar a figura de cima do papel — a imagem ficará branca e seu contorno todo colorido. Recortar várias figuras para compor um trabalho.

125b Usando ainda a mesma técnica, desta vez o aluno pode criar sua própria figura, desenhando em uma página colorida da revista e depois recortando-a.

126. Cologravura

Em um suporte como cartolina, dúplex, papelão ou placa de madeira, fazer uma colagem com materiais variados, porém com espessuras semelhantes, por exemplo: barbante, papelão, lixa, moedas, grãos etc. (procurar diversificar bem as texturas). A escolha do suporte, mais ou menos resistente, dependerá do tipo de material empregado. Depois de pronta a colagem, colocar um papel fino (vergê fino, sulfite ou outros) sobre essa colagem e passar um giz de cera ou pastel oleoso por cima de todo o papel, exercendo pressão para obter melhor resultado. Podem-se variar as cores do giz.

O mesmo trabalho pode ser feito utilizando só a cartolina: o aluno a recorta em várias formas para compor um trabalho e as cola em um suporte. Coloca um papel do tipo fino por cima dessa colagem e procede como citado acima (ver exercício 75, "*Frottage*").

Outra maneira de se fazer a cópia é entintar a colagem com um rolinho de espuma ou de borracha, utilizando tinta guache ou tinta para impressão de gravura, respectivamente. Colocar um papel sobre o trabalho e passar a mão ou uma colher (parte côncava), também exercendo pressão, com cuidado para não rasgar o papel.

Neste exercício o aluno pode entintar a colagem com várias cores ou fazê-la monocromática. É interessante experimentar vários tipos e gramaturas de papel, para que os alunos percebam qual é o mais adequado para cada técnica usada. A tinta deverá estar espalhada homogeneamente tanto no rolinho como na gravura. Para entintar o rolinho, usar uma superfície lisa, como um pedaço de acrílico, vidro ou mesmo uma bandejinha descartável de isopor.

A cologravura é uma técnica de impressão, portanto permite a reprodução de muitas cópias. A cada impressão, é necessário entintar novamente o rolinho e a matriz.

126a Criar figuras com recortes de papelão, colar sobre um suporte resistente, sobrepondo os recortes para que apareça o contorno das figuras no momento da impressão. Por exemplo: faz-se uma cabeça com um pedaço de papelão, os detalhes do rosto com outros pedacinhos de papelão colados sobre a base da cabeça. Outra forma de se conse-

Recortes, colagens e outras técnicas

guir o contorno é colocando as partes das figuras ligeiramente separadas umas das outras, por exemplo, os braços separados do tronco. As duas formas são interessantes.

Entintar toda a figura com rolinho de borracha e tinta de impressão ou com o rolinho de espuma e tinta guache. Colocar um papel sobre a cologravura e passar uma colher com seu lado côncavo, exercendo certa pressão para que a tinta se transfira para o papel.

Pode-se também fazer a impressão usando uma prensa de xilogravura ou gravura em metal.

127. Xilogravura e gravura em linóleo

A xilogravura é uma técnica de impressão que utiliza como matriz a madeira. Podem ser usados retalhos encontrados em marcenarias. Uma madeira macia e fácil de ser encontrada é a conhecida por pinus (madeira de caixote), porém quando gravada contra o fio esfiapa um pouco, sendo necessário passar uma lixa de leve para tirar as rebarbas. Para um trabalho mais elaborado pode-se usar pinho, cedro ou mogno (este último é bem mais caro). Deve ser uma placa lisa do tamanho que se deseja fazer a gravura.

Já a gravura em linóleo utiliza a placa de linóleo, que se encontra em lojas especializadas em artigos de borracha. O linóleo é um material caro, podendo ser substituído por placas de borracha. As ferramentas que se utilizam tanto para a madeira como para o linóleo são as goivas, que se encontram em papelarias ou casas especializadas em material de arte. Sendo o linóleo um suporte bem mais macio que a madeira, aconselha-se iniciar por ele, pois o aluno poderá controlar melhor o manuseio das goivas.

O interessante, no primeiro momento, é deixar que os alunos experimentem livremente as ferramentas nos dois suportes: linóleo e madeira. Perceber como cada ferramenta faz um tipo de corte diferente e perceber a resistência ou maior flexibilidade do suporte. Perceber também que gravar na madeira ou no linóleo significa cavar, criar sulcos, e que depois de entintar e imprimir no papel, estes sulcos ficarão brancos, pois a tinta só se fixará na superfície, onde não foram feitos. É interessante notar também que tudo que for gravado do lado direito da matriz, quando impresso, sairá invertido, portanto ficará do lado esquerdo. Se for gravada alguma palavra, terá que ser escrita de forma espelhada, para que saia corretamente no papel.

As goivas são ferramentas afiadas e nunca devem ser manuseadas com as lâminas em direção ao corpo.

Pode-se começar a gravura fazendo um projeto em um papel preto desenhado com linhas brancas ou ainda pintar a matriz com guache preto, para que ao ser cavada revele as linhas que ficarão brancas, no momento da impressão. Com isso se tem mais noção do resultado da gravura.

Depois que o trabalho estiver pronto, ou mesmo que ainda esteja em andamento, deve-se entintar a matriz da seguinte maneira: usar a tinta de impressão e um rolinho de borracha. Com uma espátula, retirar um pouco da tinta do pote e colocá-la sobre uma placa de vidro ou acrílico lisos. Com o rolinho espalhá-la até que fique homogênea. Feito isso, cobrir a matriz com algumas camadas de tinta. Colocar sobre a matriz um papel, um pouco maior que a matriz. Esse papel pode ser variado quanto a sua espessura. Um papel muito usado em xilogravura é o papel arroz. Como é delicado e fino, é preciso cuidado para não rasgá-lo na hora de imprimir e de retirá-lo da matriz. Com a parte côncava de uma colher de pau ou de metal, passar delicadamente, e ao mesmo tempo exercendo certa pressão, sobre o papel por toda a gravura, antes de retirá-la. Se a escola possuir uma prensa de xilogravura, seria melhor usar um papel mais resistente, como o vergê, por exemplo; nesse caso dispensa-se o uso da colher.

Pode-se imprimir quantas cópias se quiser, desde que se entinte novamente a madeira ou o linóleo. A diferença entre uma cópia de xilogravura e uma de gravura em linóleo está na textura: na xilogravura aparecerão os veios da madeira, isto é, será impressa sua textura natural, já no linóleo, por ser um material de superfície lisa, a impressão revelará uma cor mais chapada.

Conforme o aluno imprime seu trabalho, pode retomá-lo, gravando mais elementos, até o momento em que realmente decidir que está pronto.

Apreciar as xilogravuras de Osvaldo Goeldi[1] (1895-1961), um pioneiro desta técnica no Brasil. Mostrar aos alunos que, mesmo com economia de traços e simplicidade na composição, Goeldi consegue dar dramaticidade às suas gravuras. Paisagens noturnas, lampiões, pássaros, peixes e pescadores são o tema de seu trabalho.

A xilogravura é também uma das mais originais manifestações da arte popular brasileira nas ilustrações da literatura de cordel.

---

1. NAVES, Rodrigo. *Goeldi*. São Paulo, Cosac & Naify, 1999.

Recortes, colagens e outras técnicas

128. A grande colagem

Este é um trabalho coletivo e de grande proporção. Professor e alunos pensam em uma figura que gostariam de trabalhar, podendo, por exemplo, partir de algum assunto que esteja sendo estudado pela classe. Essa figura (coração, árvore, folha, bandeira, sol etc.) deverá ser desenhada em um grande papel resistente, por exemplo, quatro folhas de papel dúplex emendadas com fita crepe. Desenhar a figura ocupando a maior área possível do papel, depois recortar seu contorno.

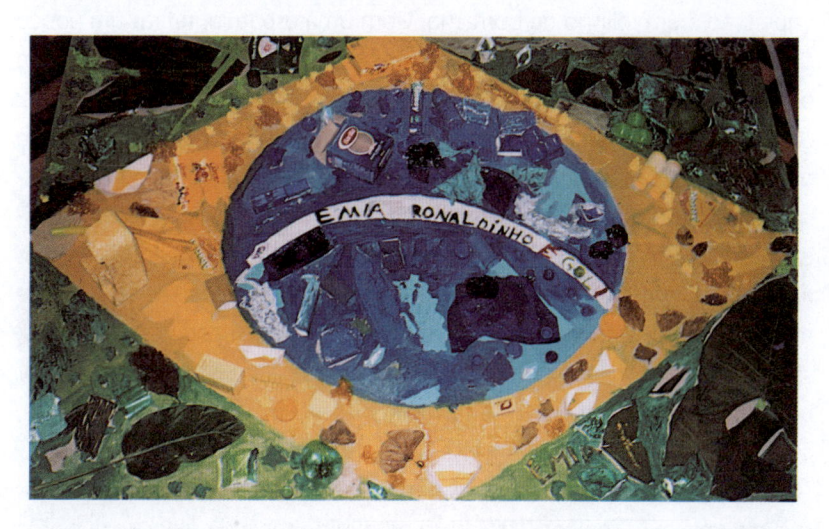

A figura recortada vai ser totalmente preenchida com colagens dos mais variados materiais, desde que tenham a cor do objeto escolhido. Por exemplo, se a figura é um coração, tudo que tiver algum tom de vermelho pode ser colado, misturando materiais bidimensionais e tridimensionais; papéis, embalagens dos mais variados produtos, sucatas em geral, tecidos, pedaços de objetos, colar, giz de cera, boné etc. A variação de tom é bem rica para o trabalho. Não deve sobrar espaço em branco. Depois de feita a colagem, completar com tinta vermelha as pequenas áreas que ficaram descobertas, para dar um retoque final.

Este trabalho costuma ficar pesado e portanto difícil de ser carregado, por isso é mais aconselhável expô-lo no chão.

O trabalho pode ter mais de uma cor, como é o caso de uma bandeira, por exemplo. O procedimento é o mesmo; preencher cada área com os "objetos" nos tons equivalentes à sua cor, respitando bem os espaços, para que, ao final, não seja prejudicada a compreensão da imagem.

129. Bolinhas de papel

Amassar pedaços de tamanhos variados de papel de seda ou crepom, para fazer bolinhas coloridas (de preferência pequenas). O aluno poderá fazer um desenho a lápis em cartolina para depois preenchê-lo, colando as bolinhas coloridas, com cola branca; outra opção é a colagem direta, sobre a cartolina, sem um desenho prévio.

É importante usar muita cola, já que as bolinhas, por menores que sejam, têm certo volume e peso. Esperar secar bem o trabalho antes de levantá-lo. É aconselhável que os desenhos não sejam muito grandes, para que os alunos não desanimem de preenchê-lo por inteiro.

130. Casca de ovo

Juntar muitas cascas de ovos, lavar e deixar secar. Pintá-las com tinta guache, tinta acrílica, tinta plástica ou tinta para artesanato, pintar de modos variados; cores chapadas, misturadas, criar estampas, texturas etc. Esperar secar a tinta e quebrar as cascas, sem triturá-las, para fazer uma colagem com seus pedaços. Usar a cola branca sobre o papel-cartão preto para dar mais realce às cores. O papel não deve ser grande. Pode-se fazer um mosaico, colando as cascas bem próximas umas das outras.

130a Criar "personagens" com as cascas de ovo inteiras, pintando-as e colando nelas lãs, barbantes, retalhos de tecidos e outros materiais delicados. A tinta pode ser acrílica, plástica, cola colorida, guache etc.

Para trabalhar com a casca de ovo "quase" inteira, é necessário fazer um pequeno orifício para que a gema e a clara escorram e o ovo possa ser lavado por dentro para não apodrecer.

Outra possibilidade é trabalhar com ovo cozido, mais resistente, porém perecível.

131. Grãos

Fazer um trabalho de colagem somente com produtos usados na cozinha, por exemplo, grãos de feijão, de arroz, de milho, grão de bico, variedades de macarrão etc. O papel para suporte pode ser colorset, cartão colorido ou preto. Pode-se também pintar os grãos e macarrões com tinta guache, acrílica ou plástica, antes ou depois de fazer a colagem. Se pintar antes, esperar a

Recortes, colagens e outras técnicas

tinta secar para iniciar a colagem. Não economizar na cola, para que realmente os materiais se fixem bem.

Observação: O exercício com grãos pode parecer, à primeira vista, indicado para crianças pequenas, mas com alunos maiores pode-se trabalhar propostas como composição, texturas, ocupação do espaço. Um tema interessante pode ser a construção de mandalas. A variedade e riqueza desse tema pode proporcionar ótimos trabalhos. É importante que o professor traga informações sobre o tema e as imagens para que os alunos possam observá-los. Deixar que criem suas próprias mandalas. Pode-se também propor que façam juntos, no chão, sem colar, uma grande mandala, colocando aos poucos os materiais; um aluno faz o centro, um outro cria ao redor, um terceiro faz a terceira camada da mandala e assim sucessivamente. Se o grupo de alunos for muito grande, dividi-los para que façam algumas mandalas; depois todos observam os resultados.

132. O lixo no trabalho

Recolher por toda a escola o lixo encontrado pelo chão, como papéis de bala ou de salgadinhos, propagandas, palitos de sorvete etc. Com esse material recolhido, fazer uma colagem em grupo. O suporte pode ser cartolina, kraft ou dúplex. Usar o lixo de forma criativa, ou seja, fazer um trabalho dando um novo significado a ele, e não em forma de cartazes conscientizadores, mas um trabalho artístico cujos elementos usados serão os encontrados pela escola. Se for necessário, usar outros materiais para complementar o trabalho. Expor o resultado de forma que todos na escola possam apreciar. No momento da apreciação, quando os outros alunos perceberem qual foi a "matéria-prima" do trabalho, poderá haver uma sensibilização e conscientização em relação ao lixo encontrado no chão da escola.

133. Integração pintura e revista

Escolher uma imagem de revista, recortar e colar sobre uma cartolina. Pintar com tinta guache por cima da imagem e expandir a pintura pela cartolina, para todos os lados, transformando tudo em uma só imagem. Orientar os alunos para pintar sobre a imagem, mas não cobrir (apagar) a figura, pelo contrário: reforçá-la e contextualizá-la, dar continuidade à imagem integrando a colagem à pintura como fosse uma única técnica.

134. Colagem e pintura

Em uma cartolina branca ou um papel canson fazer um traço com um lápis preto no centro da folha de uma extremidade à outra (vertical ou horizontal). De um lado o aluno faz uma colagem utilizando papéis coloridos como espelho, *creative paper*, camurça ou outros. Depois de terminada a colagem, do outro lado ele faz uma pintura com tinta guache copiando sua colagem, tentando reproduzir as mesmas formas e as mesmas cores. Com os trabalhos prontos e expostos, comentar o resultado fazendo uma análise comparativa do que aconteceu ao trabalharem o mesmo tema, nas duas metades da folha, usando duas técnicas diferentes.

Ver o exercício 115, "Cópia da natureza".

135. Contraste entre preto e branco

O aluno recebe uma folha de papel branca e uma preta de tamanhos iguais (por exemplo, meia cartolina branca e meio papel-cartão preto). Dividir ao meio as duas folhas. Uma das metades de cada papel servirá como suporte e a outra será recortada. No papel preto, fazer uma colagem usando só recortes do papel branco, e no papel branco a mesma colagem (o mesmo desenho), usando só papel preto. Expor os dois resultados lado a lado para que os alunos percebam o que acontece com o mesmo trabalho em branco no fundo preto e em preto no fundo branco.

136. Imagem projetada

Muitos trabalhos podem ser desenvolvidos com retroprojetor e projetor de *slides*. Esse exercício consiste em fazer a releitura de uma imagem projetada. Esticar um papel grande na parede ou mesmo um tecido. No caso do tecido, o melhor seria prepará-lo, passando uma camada fina de tinta látex branca e deixando secar. Com um gizão de cera, carvão ou tinta e pincel, o aluno desenha a imagem projetada no suporte, podendo selecionar algumas partes. Trabalhar com diversos tipos de imagens, desde obras de arte até fotografias de família, paisagens etc. Cada aluno pode ter uma imagem diferente da do outro, ou pode-se selecionar uma mesma imagem para todos.

Depois dos registros prontos, desliga-se o aparelho e os alunos trabalham em seus desenhos com a pintura. Pode-se deixar a imagem projetada para que a observem enquanto pintam (no caso de a imagem ser a mesma para todos).

Recortes, colagens e outras técnicas

Quanto mais distante o aparelho estiver do suporte, maior ficará a imagem projetada. Pode ser uma boa oportunidade para trabalhar grandes dimensões. Deixar que os alunos interfiram na imagem como lhes achar conveniente.

Observação: O tecido esticado pode servir de cenário para uma peça de teatro, por exemplo.

Ver exercício 299, "Teatro de sombras".

137. Retrato na transparência

Pedir aos alunos que tragam uma foto do rosto deles ou fotografá-los de perto evidenciando bem o rosto. Fixar a foto, com fita crepe, sobre a mesa e colocar por cima uma folha de acetato (não esquecer de fixar a folha de acetato).

O exercício consiste em interferir na imagem através do acetato, que é transparente. Para isso algumas partes do rosto são transferidas e outras são criadas.

Com uma caneta de retroprojetor desenhar o contorno do rosto utilizando a foto como guia. Completar a imagem criando os olhos, nariz, cabelo, boca etc. Em outro momento, em um novo acetato, retirar outros elementos da imagem como, por exemplo, olhos, nariz e boca e completar o trabalho criando o cabelo, o contorno do rosto etc.

137a Usar a folha de acetato sobre o retrato e desenhar todos os detalhes do rosto com a intenção de fazê-lo parecido. Retirar o acetato e pintar o desenho com tinta acrílica ou plástica. Apesar da tentativa dos alunos de copiar o retrato, o objetivo não é que saia parecido e sim que os alunos criem uma pintura a partir de seus próprios traços tornando-a expressiva.

138. Retratando um time de futebol

Cada aluno procura em jornal ou revista um time de futebol em sua clássica posição fotográfica (aquela de antes do jogo). Recortar a silhueta do time inteiro e recortar fora os rostos. Colar em uma cartolina e refazer os desenhos dos rostos usando materiais como, por exemplo, lápis de cor, lápis aquarelado ou caneta hidrográfica fina. Pode-se tomar por base as fisionomias dos jogadores ou criar outros personagens, caricaturas etc.

Procurar completar o trabalho pintando o campo de futebol, a arquibancada etc. Integrar o recorte com a interferência.

138a Com o mesmo tipo de imagem fazer o inverso: conservar o rosto dos jogadores e completar o corpo com o desenho.

Observação: O time de futebol é uma boa imagem para este trabalho, no entanto ele pode ser feito com outras imagens de jornal ou revista, como fotos de políticos, artistas etc.

139. Fotomontagem

O aluno escolhe fotos suas em que aparece em diferentes ângulos: de frente, perfil direito, perfil esquerdo etc. Tirar xerox dessas fotos para serem trabalhadas. Recortar diferentes detalhes de cada uma e fazer uma montagem de um novo retrato, colando-os sobre um papel firme (canson, cartolina, cartão etc.).

Se o xerox for preto e branco, pode-se propor aos alunos que o pintem antes de recortá-lo.

139a Recortar de revistas imagens de rostos diferentes, mas que tenham tamanhos parecidos. Selecionar detalhes de cada rosto, recortá-los e colá-los compondo um novo retrato.

139b Pedir aos alunos que façam retratos de um mesmo colega de vários ângulos diferentes. Do mesmo modo dos demais exemplos acima, recortar e reorganizá-los.

Observar os retratos da fase cubista de Picasso[2].

O Cubismo foi um dos mais importantes e inovadores movimentos da arte moderna, surgido em Paris a partir de 1907. O quadro de Picasso denominado "Les demoiselles d' Avignon" é considerado o marco para o desenvolvimento do Cubismo. Seus principais mentores foram Picasso e Georges Braque, que trabalharam muito próximos durante alguns anos. O movimento cubista é dividido em dois períodos: o *Analítico*, que representa o mesmo objeto de vários pontos de vista ao mesmo tempo através de formas geométricas, chegando quase à abstração, e o *Sintético*, uma análise sintética de objetos com a introdução da técnica da colagem utilizando materiais do cotidiano como jornal, rótulos, papéis de embalagem etc.

---

2. COTTING, David. *Cubismo — Movimentos da Arte Moderna*. São Paulo, Cosac & Naify, 2001.

Recortes, colagens e outras técnicas

140. Imagem ampliada

Para esse trabalho é necessário que cada aluno tenha três cópias idênticas da mesma imagem. Podem ser xerox, colorido ou em preto e branco, ou alguma imagem de revista, por exemplo, de propaganda.

Há duas maneiras de realizar este exercício, na horizontal ou na vertical. Supondo que o trabalho seja na vertical: o aluno recorta as três imagens em tiras (na vertical) de mais ou menos 1,5 cm (essa medida é simplesmente uma sugestão). Não misturar a ordem das tiras e nem as tiras de cada imagem; à medida que se for cortando, já remontar as imagens separadamente ou numerá-las (no verso) para não confundir depois. Em um papel mais resistente, tipo cartolina, colorset ou papel-cartão preto, que tenha de três a quatro vezes o tamanho do xerox, o aluno colará a nova imagem ampliada da seguinte maneira: começando da esquerda para a direita, colará a primeira tira da primeira imagem, em seguida, e sem deixar espaço, virá a primeira tira da segunda imagem e depois a primeira tira da terceira imagem, logo em seguida a segunda tira da primeira imagem, a segunda tira da segunda imagem e a segunda tira da terceira imagem, e assim sucessivamente, até terminarem as tiras. As imagens ficarão ampliadas como se estivessem esticadas.

É muito interessante trabalhar com xerox (preto e branco) de obras de arte. Cada aluno deverá ter três imagens idênticas. De preferência trabalhar com imagens figurativas. Pedir ao aluno para colorir os três xerox iguaizinhos, com giz pastel, lápis de cor ou caneta hidrográfica. Também é interessante a diversidade das imagens na classe. Se forem trabalhar com xerox de obras de arte, é uma boa oportunidade de os alunos conhecerem que obras são estas, fazendo pesquisas, discutindo com os outros colegas.

141. Imagens intercaladas

Este trabalho pode ser feito na dimensão que se desejar, desde pequenininho até muito grande (da altura de uma pessoa, por exemplo). O importante é manter as proporções. Em um pedaço de cartolina de, digamos, 28 cm de comprimento por 15 cm de altura, fazer uma "sanfoninha", mantendo um espaço de 2 cm de largura para cada dobra. Escolher duas imagens de revista, diferentes uma da outra. Elas deverão ter 14 cm de comprimento (metade do comprimento da cartolina) por 15 cm de altura. Recortá-las em tiras verticais com 2 cm de largura. De cada imagem sairão 7 tiras. Numerá-las de 1 a 7. Para colá-las na sanfoninha, proceder da seguinte maneira: colar a tira número 1 da primeira imagem no primeiro espaço da sanfoninha; em seguida colar no segundo espaço da "sanfoninha" a tira número 1 da segunda imagem; no terceiro espaço a tira número 2 da primeira imagem e no quarto espaço a tira número 2 da segunda imagem, e assim sucessivamente, até terminarem as tiras. As imagens ficarão intercaladas. Colocar a sanfoninha em pé. Quando se olhar pela esquerda, ver-se-á apenas uma das imagens; quando se olhar da direita, ver-se-á a outra, e quando se olhar de frente, ver-se-á simultaneamente as duas imagens.

Desenhar as imagens, em vez de trabalhar com imagens de revista, é outra possibilidade.

142. Retrato com mosaico

Desenhar um autorretrato ou o retrato de um amigo, em um papel de preferência grande. Recortar pedacinhos de papéis coloridos (papel espelho, folhas de revista, papel de embalagem, laminado, *creative-paper* etc., ou mesmo recortar papéis pintados por eles com guache, procurando usar vários tons). A colagem pode ser feita com a mistura desses materiais.

Separá-los por cores e depois colá-los sobre o desenho, bem próximos uns dos outros, mas deixando sempre um "espacinho" entre os papéis para dar a ideia de mosaico. Pode-se trabalhar sobre papel branco ou preto para realçar as cores.

Outra maneira de se fazer é sobrepondo os recortes de papéis coloridos.

Recortes, colagens e outras técnicas

142a Mosaico de espuma: recortar uma espuma durinha ou esponja em cubinhos. Depois de fazer o desenho do retrato no papel, vai-se colorindo com a impressão da espuminha molhada em guache, de várias cores, fazendo uma pintura toda em quadradinhos como se fosse um mosaico. Para entintar a espuma, colocar tinta guache numa bandeja de isopor descartável e molhar a espuma, tirando o excesso de tinta antes de carimbar o trabalho. É aconselhável uma espuma para cada cor.

Mostrar aos alunos mosaicos romanos e bizantinos.

143. Vitral com celofane

Colocar duas folhas de papel-cartão preto uma sobre a outra, com os lados pretos um para baixo e outro para cima. Cortar várias formas fechadas nos dois papéis ao mesmo tempo, destacá-las de forma que fiquem uns vazios. Se possível cortar com estilete. Quanto mais formas forem recortadas, mais o trabalho se aproximará da ideia de um vitral.

Retirar um dos papéis e nos vazios colar papel celofane, variando bastante as cores. Uma mesma forma pode ser preenchida de várias cores. Usar cola, fita crepe ou durex. Esse material adesivo não ficará aparente, pois depois de pronto o outro papel-cartão será colocado novamente sobre o primeiro, na mesma posição de quando foi cortado. As folhas de papel-cartão podem ser coladas nas suas extremidades ou grampeadas.

O ideal para expor o trabalho é fixá-lo em uma janela para que possibilite a passagem da luz pelo celofane, dando um colorido ao ambiente.

143a Fazer uma colagem com vários pedaços de papel celofane coloridos sobre o celofane transparente. Usar gotinhas de cola nos cantinhos do papel. Pendurar os trabalhos no vidro da janela como se fossem vitrais e observar a entrada da luz do sol e o reflexo das cores na sala de aula.

A arte do vitral[3] é uma das características das catedrais góticas. Apreciar, por exemplo, os vitrais das catedrais de Chartres e Notre Dame.

Também projetaram vitrais os artistas modernos Matisse e Chagall.

144. Quebra-cabeça

O aluno cria uma pintura figurativa numa cartolina (do tamanho que quiser), com a condição de não deixar espaços em branco. Depois de seca, recorta-a em partes como se fossem peças de um quebra-cabeça (formas orgânicas, irregulares). O aluno remonta seu trabalho colando essas peças em um papel-cartão preto, deixando uma pequena distância entre elas para que se perceba as peças individualmente e ao mesmo tempo não se perca a ideia do todo.

O papel-cartão preto deverá ser maior do que a pintura, para que comporte todas as peças dela.

Observação: Antes de colarem os trabalhos no papel-cartão, propor que troquem as pinturas entre os colegas para que tentem montá-las.

145. Quebra-cabeça com caixa de fósforo

Escolher para trabalhar uma cartolina em que caibam várias caixas de fósforos, colocadas lado a lado no mesmo sentido (vertical ou horizontal), de tal forma que cubram todo o papel sem sobrar espaço nenhum. Recorta-se o papel e faz-se uma pintura que preencha todo o suporte. Depois de seca a pintura, cortá-la toda em pedaços, exatamente do tamanho das caixinhas, e colar cada pedaço da pintura em uma caixa de fósforo. Quando estiver tudo colado, montá-la novamente como no original. A pintura vai ganhar altura e com esses "módulos" se poderá brincar de quebra-cabeça, entregando as peças para que outros colegas a remontem.

---

3. WYLIE, Elizabeth e CHEEK, Sheldon. *The art of stained and decorative glass*. Todtri, 1997.

Recortes, colagens e outras técnicas

Observação: para uma pintura do tamanho de um sulfite A4, são necessárias por volta de 36 caixinhas de fósforos.

146. Colagem de recortes e papel rasgado

Para este trabalho usar papéis coloridos variados, como espelho, sulfite colorido, *creative paper*, camurça, retalhos de papel com estampas e outros. O aluno vai recortar esses papéis com a tesoura, sem ter feito um desenho prévio. É como se estivesse desenhando com a tesoura. Recortar e colar os recortes em um outro papel tipo cartolina, *colorset*, e ir assim compondo seu trabalho.

146a Pode-se substituir o papel colorido por papel pintado com tinta guache. Os próprios alunos pintam as folhas, cada uma de uma cor, ou a mesma folha com mais de uma cor, esperam secar bem e as recortam, sem o uso do lápis. O fato de os alunos pintarem os papéis possibilita a criação de cores bastante variadas, assim como os recortes ficam com as marcas de suas pinceladas, criando assim um tipo de textura que pode enriquecer o trabalho.

146b Neste trabalho, os alunos não podem usar tesoura. As figuras e formas são rasgadas com as mãos, por isso os papéis mais adequados são espelho, camurça, laminado, *creative paper*, sulfite, papel de presente e outros tipos finos. Pode-se também usar jornais ou revistas. Conforme vão rasgando suas figuras, colam em um outro papel mais resistente como cartolina, *colorset* ou papel-cartão. O resultado é bem interessante, já que não se tem o compromisso com o contorno "certinho" das formas. Esta atividade é boa para se aproveitar as sobras de papel.

Uma ótima referência para este trabalho são as colagens com papéis pintados de Henri Matisse[4].

Henri Matisse (1869-1954), pintor francês, considerado um dos maiores mestres da cor, abarcou muitos estilos em sua pintura no decorrer de sua longa vida. No começo de sua carreira foi agrupado em um movimento conhecido como Fauvismo, porém Matisse é surpreendentemente maior que qualquer classificação. Em sua última fase, criou colagens a partir de seus guaches recortados, combinando cores com formas geométricas e orgânicas de maneira imbatível.

147. Recortes de papéis coloridos

Oferecer aos alunos papéis coloridos bem variados como de seda, crepom, espelho, laminado, papéis de presente, *creative paper*, sulfite colorido, kraft, páginas de revista, jornal e outros. Esticar alguns varais de barbante pela classe para que eles possam pendurar seus recortes. Os alunos devem experimentar criar formas livremente e também podem aprender alguns tipos de recorte interessantes.

147a Para criar um desenho vazado no papel, que chamamos de "toalhinha", proceder da seguinte maneira: dobrar o papel (do tamanho que se quiser) duas vezes e recortar, dos quatro lados, pequenas formas. Pode-se também recortar o centro. Depois é só abrir o papel e a "toalhinha" estará pronta. O papel também pode ser dobrado em quatro; proceder do mesmo jeito, recortando seus lados, só que desta vez ficará um pouco mais duro de recortar, portanto é melhor usar papel mais fino, como o de seda ou páginas de revista.

Experimentar colocar as "toalhinhas" sobre uma cartolina e com um pedaço de esponja pouco umedecida em tinta guache "bater" de leve nelas para a tinta passar só por seus vazios e criar assim uma estampa sobre a cartolina.

147b Outro tipo de recorte é o "sanfoninha", uma mesma forma que se repete várias vezes. Dobrar o papel como se se estivesse fazendo uma sanfona. As dobras não devem ser estreitas e devem ter sempre o mes-

---
4. NÉRET, Gilles. *Matisse — Recortes*. Taschen, 2002.

Recortes, colagens e outras técnicas

mo tamanho (uns 7 cm, por exemplo). Fazer um desenho na primeira dobra (na "capa"). Esse desenho deve ser uma imagem única que "vaze" nas laterais. Recortar o contorno da figura mantendo alguns pontos da lateral sem cortar (os que vazaram) para justamente servirem de ligação entre as figuras. Ao abrir o papel, o recorte estará unido e repetido diversas vezes (tantas vezes quantas forem as dobras do papel). Também pode-se colorir as figuras.

147c A "lanterninha" é um tipo de recorte bem tradicional, muito usado em festas juninas. Dobrar ao meio uma folha de sulfite, papel espelho, página de revista, juntando as laterais menores. Fazer cortes retos, paralelos, da dobra para a outra extremidade, mantendo uma margem nas laterais e em cima do papel de mais ou menos 2 cm. Depois de recortar, abrir o papel e colar as margens das laterais maiores uma na outra de cima a baixo. Fazer uma alcinha de papel e colar em uma das aberturas, se quiser pendurar. Se o aluno for usar o papel sulfite, colori-lo antes, para que fique mais interessante.

A "lanterninha" pode ser colocada sobre algum suporte (mesa, prateleira etc.) com uma vela acesa dentro — por isso tem esse nome. Neste caso utilizar papéis menores e mais resistentes.

Se quiser, colar um fundo para a "lanterninha", para apoiar a vela.

148. Quadrados e retângulos

Distribuir para os alunos um papel quadrado, por exemplo, sulfite (colorido), espelho ou *creative paper*.

Cada aluno dobrará essa folha ao meio e a cortará, ficando com dois retângulos. Guardar um dos retângulos e dobrar o outro ao meio e recortar, conseguindo assim dois quadrados. Guardar um dos quadrados e dobrar o outro ao meio e recortar, surgindo assim dois retângulos, e assim sucessivamente até chegar na menor forma possível de ser recortada. Propor um trabalho de colagem, com esses recortes, sobre um outro papel, tipo cartolina, cartão etc.

149. Colagem de retalhos sobre tecido

Juntar muitos retalhos de tecidos bem variados, coloridos, estampados, feltros, fitas, "sinhaninhas", rendas e outros materiais como lantejoulas, botões, lãs etc. Propor aos alunos que façam uma colagem com esses materiais sobre um tecido de algodão, por exemplo, utilizando para isso a cola branca ou a "cola pano" da Acrilex.

Padronizar o tamanho do suporte para todos os alunos, para poder uni-los quando acabados e poder montar um grande painel, como se fosse uma colcha de retalhos.

Os trabalhos prontos devem ser colados, lado a lado, sobre um grande tecido (lona ou tela), com muita cola branca ou cola quente. Esperar secar bem para levantar o tecido. Dar um acabamento entre as emendas dos trabalhos com fitas coloridas, cola com purpurina, retalhos de tecido etc.

Observação: A colagem pode ser totalmente livre ou partir de algum tema de interesse da classe ou ainda um assunto que estejam pesquisando na escola.

150. Papel ondulado

O papel ondulado é um material bem interessante de ser trabalhado, prestando-se a várias técnicas, como pintura, desenho com pastel ou giz de cera, cologravura, colagem, objetos tridimensionais etc.

Na pintura, a tinta guache cobre toda a superfície (saliências e reentrâncias). Consegue-se um jogo óptico pela sombra criada por seu relevo. Já no desenho a pastel ou giz de cera, a cor ficará nas saliências e as reentrâncias ficarão com sua cor natural, criando também um efeito bem interessante. Na cologravura (ver exercício 126), a impressão do papel ondulado cria linhas paralelas, pois a tinta, espalhada com o rolinho, também só cobrirá a parte saliente.

Encontra-se também em cores, o que possibilita um trabalho de colagem só com o uso desse material. Os alunos podem também experimentar criar objetos, caixinhas, casinhas, robôs etc., usando para isso cola branca, cola quente, fitas adesivas, grampeador etc.

Recortes, colagens e outras técnicas

151. Furador de papel

Com o furador de papel e vários papéis coloridos, inclusive páginas de revistas, fazer "confetes" para ser usados em uma colagem. O aluno pode traçar um esboço de seu desenho no papel para depois colar os "confetes", ou ir diretamente fazendo a colagem, com cola branca sobre papel. Para facilitar no momento de colorir o trabalho, seria interessante furar os papéis por cores ou tonalidades semelhantes e ir assim classificando-os. Essa etapa do trabalho os alunos fazem em grupo, separando em potes os "confetes" com tonalidades próximas.

Para preencher o desenho de um céu, por exemplo, orientar os alunos a usar vários tons de azul, sobrepondo-os para criarem luz, volume, áreas mais "leves" ou mais "carregadas" etc., o mesmo no preenchimento de quaisquer outras formas no trabalho, sempre misturando as tonalidades.

Para compor um trabalho com essa técnica ocupando todo o papel, é aconselhável optar por formatos menores. Experimentar a colagem sobre fundo branco, de cor ou preto.

152. Interferência com barbante

Entregar para os alunos uma folha de papel (pode ser sulfite, cartolina, colorset etc.) com um barbante colado de uma extremidade à outra (pode ser ao meio, na diagonal etc.). Deixar disponíveis materiais bem variados, para que possam criar livremente seus trabalhos sobre o papel com o barbante colado. É interessante ver como cada um incorporou essa interferência em sua criação.

> **152a** Trabalhos com interferência podem ser bastante variados. O professor pode entregar o papel já tendo previamente colado algum elemento, como barbante, alguma forma geométrica, algum detalhe de um xerox etc., ou entregar aos alunos um destes elementos para que escolham o lugar no papel onde irão colar. A partir daí eles podem criar livremente, completando o trabalho com tinta guache, lápis de cor, colagem ou outros materiais.

153. Barbante molhado na tinta

Mergulhar um pedaço de barbante (30 cm mais ou menos) na tinta guache. Segurar suas extremidades e, com ele esticado, passar sobre o papel em várias direções. Sobrepor cores. Se o aluno segurar firme uma das pontas do barbante no papel e girar a outra bem esticadinha, funcionará como um compasso, deixando uma impressão circular, o que lembrará um disco. É interessante, a cada impressão, variar o centro do "compasso" e também mudar as cores.

Experimentar também passar o barbante molhado em várias direções sem esticá-lo.

Apreciar com os alunos as pinturas do norte-americano Jackson Pollock[5] (1912-1956) que em busca de uma total liberdade de ação, pingava, derramava e arremessava tintas em grandes telas colocadas no chão, criando um emaranhado de linhas sobrepostas, entrelaçadas. Pollock foi pioneiro do Expressionismo abstrato nos EUA.

153a Molhar na tinta guache um barbante com um ou mais nós, colocá-lo no meio de um papel dobrado. Puxar o barbante em qualquer direção. É um efeito interessante, pois a impressão sairá nas duas metades do papel.

154. Textura com lápis

Passar cola branca em um pedaço de barbante (60 cm mais ou menos) e enrolar no lápis de cima a baixo. A forma de enrolar pode variar: espiral, desorganizada, ir até em cima do lápis e voltar cruzando por cima do barbante etc., o que importa é que o barbante esteja bem apertado no

---
5. SPRING, Justin. *Jackson Pollock*. Abrams, 1998.

Recortes, colagens e outras técnicas

lápis. Cada maneira diferente de enrolar terá como resultado um tipo de textura. Depois, com pincel, passar tinta guache no barbante que envolve o lápis, variando as cores, de uma só vez. Deitar o lápis e rolar pelo papel, criando-se assim uma trama muito interessante.

É necessário passar mais tinta a cada impressão. Desenrolar o barbante do lápis e enrolar de outra forma para criar novas texturas.

155. Lápis marmorizado

Usar um lápis preto (de cor preta externamente). Amarrar o barbante na parte de baixo do lápis e ir enrolando até chegar em cima. Inventar outras maneiras de enrolar o barbante no lápis, para criar outros desenhos (como no exercício acima). Não é necessário usar cola, porém o barbante deve estar bem apertado ao lápis. Passar tinta de várias cores sobre o lápis e o barbante; guache, tinta esmalte, acrílica ou tinta para artesanato. Depois de seca a tinta, retirar o barbante. Observar que no lugar do barbante o lápis continuou preto e o resto todo colorido.

Passar um verniz ou cola branca para não descascar. Essa atividade pode ser uma continuidade da atividade anterior, pois ao realizá-la (a anterior), os alunos já estarão naturalmente "marmorizando" o lápis, porém cada lápis será feito utilizando uma só trama de barbante.

156. Trama com papel

Este trabalho se resume basicamente em intercalar papéis formando tramas como se estivessem sendo feitas em um tear. É possível criar muitas variáveis e com isso enriquecer cada vez mais o trabalho. Algumas sugestões:

O papel utilizado para essa primeira experiência pode ser bem variado: sulfite colorido, espelho, camurça etc. Fazer com um lápis uma margem de uns 2 cm, mais ou menos, do lado esquerdo da folha. Com o papel na horizontal, cortar da margem até a extremidade do papel tiras horizontais regulares de mais ou menos 2 cm. Fixar com fita crepe as extremidades das tiras sobre a mesa para facilitar na hora de fazer a trama. Numa outra folha do mesmo tamanho da primeira, recortar tiras na vertical, da mesma espessura só que agora separando-as do papel. A partir daí vai se intercalando as tiras soltas (uma de cada vez) na folha que está sobre a mesa, passando uma vez por cima e outra por baixo, consecutivamente, até completar toda a folha.

Para dar um acabamento em todos os exercícios, deve-se colar todas as pontas das tiras trançadas, ao término do trabalho. Elas podem ser coladas na última tira do trabalho ou, se se quiser, recortam-se quatro tiras de um papel mais resistente, como um dúplex, e colam-se as tiras nele.

156a Com esse mesmo princípio podemos variar a forma de trançar as tiras, por exemplo, passando por cima de uma tira e depois por baixo de duas e assim sucessivamente. Na tira seguinte faz-se o contrário, primeiro por baixo de uma e depois por cima de duas.
A partir daí, nos outros trabalhos, os alunos podem criar seus próprios critérios, inventando outras tramas.

156b Outra sugestão é que se variem, no mesmo trabalho, as espessuras das tiras para criar padrões como se vê em toalhas de mesa, cobertores etc.

156c O aluno pode usar qualquer um desses procedimentos, substituindo os papéis coloridos por pinturas que ele mesmo fez. Pegam-se, por exemplo, duas pinturas do mesmo aluno e faz-se a trama delas, uma com a outra ou também uma pintura com tiras de um papel liso (de uma só cor), ou uma pintura de um aluno com a de seu colega, ou outras possibilidades.

156d O uso de páginas de revistas ou papéis de presente também pode ficar muito interessante; tramar duas páginas com estampas ou uma página estampada com um papel de uma só cor. Se o papel da revista for muito fino, colar numa cartolina, esperar secar e recortá-lo em tiras.

Recortes, colagens e outras técnicas

156e Utilizar uma cartolina branca ou um papel-cartão preto como suporte para este trabalho. Manter uma margem de 1 a 2 cm nos quatro lados do papel, como se fosse uma moldura. Dentro dessa moldura, recortar tiras com estilete, sem soltá-las da margem. As tiras devem ser curvas ou em ziguezague também podendo estar na diagonal. Feito isso, recortar, em papéis coloridos (tipo espelho), tiras retas na espessura que se desejar. Usar essas tiras retas coloridas para fazer a trama com o suporte, passando por cima e por baixo das tiras de dentro da moldura. Essas tiras coloridas devem ser tramadas retas, uma em seguida da outra, sempre invertendo a ordem de começar (uma vez por cima, outra por baixo). O resultado é surpreendente, pois as tiras coloridas não parecem ser retas, por causa do efeito do corte sinuoso das linhas do suporte.

156f Recorta-se um pedaço de papelão; na parte de cima e na de baixo, recortam-se pontas em ziguezague. Passa-se um barbante ou fio de lã por entre os ziguezagues, prendendo-o no começo e no fim. Para fazer a trama o aluno passa por cima e por baixo desse fio tiras de papel colorido, ou de pano, lãs coloridas, barbantes, fitas e outros materiais a serem experimentados. Essa estrutura de barbante ou fio estará na vertical e os materiais passarão pela horizontal, criando-se a trama.

156g Usar como estrutura uma moldura de quadro, ou qualquer outra armação semelhante. Passar um barbante pela moldura, bem esticado, formando linhas paralelas (na frente da moldura), mantendo um espaço entre elas, no sentido vertical. Não precisa pregar o barbante, é só dar um nozinho no começo e outro no fim. Recortar tiras de papel crepom coloridas e ir passando, uma por uma, horizontalmente, por cima e por baixo do barbante, fazendo, aos poucos, uma trama. Trocar as cores do papel crepom a cada fileira e deixá-los bem apertadinhos. Pode-se experimentar tramar outros materiais, como tiras de tecido, fitas, jornal, papel celofane, corda etc. Misturar os vários materiais também pode ficar bem interessante.

157. Tear de caixa de sapato

Este tipo de tear é feito em uma caixa de sapato ou outro tipo semelhante. Nas duas laterais menores da caixa, fazer pequenos cortes verticais, de mais ou menos 2 cm de comprimento, deixando espaços de 1 cm entre eles. Passar por esses cortes barbante bem esticado, ligando um lado ao outro da caixa, formando linhas paralelas por onde passará a trama. Dar um nó nas pontas para que não escapem e prender com fita crepe. Amarrar uma lã em um palito de sorvete (que servirá como a agulha do tear) ou fazer um pequeno corte no palito para que a lã fique presa a ele.

Recortes, colagens e outras técnicas

Depois disso é só tecer, passando o palito com a lã por cima e por baixo do barbante para formar a trama. É interessante ir mudando a cor da lã. Deixar a trama bem apertadinha.

Para finalizar, retirar o trabalho primeiramente só de uma das laterais. Pode-se perceber que no final formaram-se umas "argolinhas" que servirão para amarrar uma franja.

Para fazê-la, recortar vários pedaços de barbante ou lãs (de aproximadamente 10 cm), passar cada pedaço em uma "argolinha" e dar um nó. Depois retirar a outra lateral e proceder da mesma maneira.

Outra possibilidade é deixar o trabalho na caixa. Para dar um melhor acabamento, pintar a caixa por fora com guache ou tinta acrílica, ou colori-la com papel e cola.

158. Trama em cruz

Tomar duas varetas, bambus, palitos de churrasco ou galhos de árvore (razoavelmente retos), cruzar no meio como se fosse uma cruz e segurar. Com um barbante bem comprido, amarrar as duas varetas, no cruzamento delas, passando o barbante entre elas, até que fiquem firmes (como se para fazer uma pipa). Estando relativamente fixas, começar a passar o mesmo barbante pelas quatro hastes da cruz, do centro para as extremidades, da seguinte maneira: o barbante dá uma volta em uma das varetas, passando por cima dela e depois por baixo. Completando a volta, o barbante vai para a vareta que está do seu lado e dá uma volta nela, sempre de cima para baixo, depois vai para a outra, também do lado, e assim sucessivamente. Sempre manter o barbante bem esticado. Conforme se vai passando de uma vareta para a outra, a trama vai aparecendo lentamente, do centro para as extremidades. Não deixar o barbante "encavalar", uma volta passando por cima da outra, mas sempre uma ao lado da outra.

Se em determinado ponto do trabalho, quando já se percebe o desenho que está se formando, se quiser mudar a direção da trama, criando outro plano, é só enrolar o barbante, desta vez passando-o de baixo para cima da vareta, sempre mantendo as voltas na mesma direção.

Se se quiser um trabalho colorido, pode-se usar barbante de outras cores, dando um discreto nozinho para emendá-los, ou usar um barbante que já venha com várias cores mescladas. A trama pode ser feita com lãs coloridas de espessuras diferentes. O aluno pode tramar até o fim da vareta ou deixá-la aparecendo um pouco. Quando terminada, é só dar um nozinho para arrematar.

158a Este trabalho pode ser ampliado e feito em grupo. Fazer uma grande cruz, a partir dela fazer outras cruzes, acrescentando gravetos ou varetas na sua estrutura. Fazer várias tramas nos cruzamentos das armações.

159. Tramas com lãs

Cada aluno vai trabalhar com um pedaço de madeira (uma placa) e pregos. A primeira proposta é que o aluno pregue aleatoriamente os pregos na madeira, sem afundá-los, mas deixando-os firmes. O aluno passa por esses pregos lãs coloridas, dando uma volta para fixá-las melhor, criando alguma imagem. Usar espessuras e cores de lãs bem variadas.

Depois de experimentada a técnica livremente, propor ao aluno que faça um projeto. Desenhar na madeira e pregar os pregos sobre esse traçado. Depois, é só passar as lãs (pode-se também usar barbantes coloridos). Seria interessante orientá-los a não fazer apenas o contorno das figuras e sim criar tramas dentro delas como se estivessem pintando as formas.

Experimentar, no lugar do barbante ou da lã, elásticos coloridos; com eles pode-se criar várias formas que podem ser modificadas ao longo do trabalho, pois os elásticos só são colocados no prego, não ficam fixos. O elástico não cria uma linha contínua como a lã, mas sim formas no espaço.

Recortes, colagens e outras técnicas

160. Papel feito à mão

Sua matéria-prima pode ser o papel industrializado como folhas de caderno usado, papéis de embrulho, saquinhos de papel, papel kraft, crepom, de seda, papel higiênico e outros que se queira experimentar. O papel artesanal terá a cor da matéria-prima que for usada na sua fabricação.

Encher um balde com água e mergulhar os papéis, bem picados, que servirão para fazer a massa. Pode-se optar por um único tipo de papel ou misturá-los. Colocar uma xícara desse material picado em um liquidificador e completar com água. Ligar até triturá-lo (mais ou menos uns vinte segundos). Obtém-se uma pasta parecida com um creme. Colocar a mistura em uma bacia retangular grande e ir repetindo a operação até enchê-la. Acrescentar uma colher de sopa de goma arábica, uma colher de sopa de vinagre vermelho, ácido bórico ou 10 gotas de óleo de cravo, para que o papel não apodreça.

Introduzir verticalmente uma peneira de base plana, redonda, quadrada ou retangular, na bacia, até atingir o fundo. Deitar a peneira no fundo e, em seguida, trazer a peneira, horizontalmente, para a superfície. Ela estará cheia com a massa. Manter a peneira na posição horizontal e balançar de leve para sair o excesso da água, também passar um paninho tipo "multiuso" ou esponja vegetal por baixo da peneira e ir torcendo-o. Em pouco tempo a folha de papel estará formada sobre a peneira. Quanto mais massa se coloca na peneira, mais espesso ficará o papel.

Preparar em uma mesa toalhas ou panos de prato estendidos e, sobre eles, umas duas folhas de jornal e uma folha de papel sulfite, para a tinta do jornal não manchar o papel artesanal. Com muito cuidado, e ao mesmo tempo com rapidez, virar a peneira sobre o papel sulfite. Colocar outro sulfite sobre o papel artesanal, mais jornal e por último outro pano de prato ou toalha. Colocar uma tábua sobre tudo, fazer pressão para que saia o máximo de água possível.

Retirar o pano de cima, e pendurar em um varal o jornal com o papel artesanal dentro, e deixar secando por alguns dias (dependendo do clima). É necessário pendurar com o jornal para que o prendedor não machuque o papel.

Observação: a peneira pode ser substituída por arame e meia de seda. Com um arame flexível, o aluno faz a forma que desejar e "veste" nela uma meia de seda, deixando-a bem esticada. Neste caso o papel sairá bem fino, já que não existem bordas para conter a massa, como na peneira; também é possível criar formas diferentes.

Depois de secos e prontos os papéis, os alunos podem usá-los para desenho, pintura ou colagem, ou deixá-los simplesmente como estão, pois o resultado é muito bonito e com isso, muitas vezes, eles preferem não usar o papel de modo tradicional. Neste caso, pode ser proposto que façam uma encadernação, com vários tipos de papel artesanal, para fazer um livrinho, caderno, mostruário, agenda etc.

160a Papel artesanal com interferência de um objeto: no momento de mergulhar a peneira até o fundo da bacia para retirar a massa, colocar algum objeto na peneira e segurar com o dedo para que ele não saia do lugar. No lugar do objeto ficará um "vazio" no papel. Deixar secar o papel com o objeto, e só depois de seco retirá-lo. Essa interferência pode ter a forma que se desejar: uma estrela, uma moeda, uma caixinha, uma letra recortada em E.V.A etc. De preferência objetos que tenham uma espessura parecida com a do papel.

Pode-se deixar o espaço vazio do papel ou colar um outro papel artesanal de uma outra cor. Também fica interessante colar linhas esticadas de várias espessuras e cores diferentes, ou tecido, jutas etc.

160b Para fazer cartões, coloca-se uma ripinha de madeira em forma de cruz dentro da peneira (se ela for retangular ou quadrada). Ao retirar a massa de papel do fundo da bacia, a folha já terá a forma de quatro cartões.

Observação: A peneira própria para a fabricação do papel normalmente é feita por encomenda, porém já pode ser encontrada em algumas lojas de brinquedos educativos. Ela consiste em uma moldura de madeira envernizada com uma tela de arame fino esticada, normalmente retangular. Sobre esta virá uma outra moldura móvel, sem a tela, que servirá para aparar e dar volume ao papel.

Antes de preparar o papel com os alunos, seria interessante contar a história de como ele surgiu e também mostrar a importância de se reciclar papel[6].

161. Papel e vela marmorizados

Há várias maneiras de se fazer papel marmorizado e uma delas é a seguinte: colocar em uma bacia retangular (30 x 40 cm, por exemplo) água até chegar a dois dedos da superfície. A tinta a ser usada será o esmalte

---
6. ROCHA, Ruth e ROTH, Otávio. *O livro do papel*. São Paulo, Melhoramentos, 1992.

Recortes, colagens e outras técnicas

sintético. Pode-se comprar latinhas pequenas nas cores fortes, vermelho, azul, amarelo e preto; as cores com pigmento branco tendem a afundar na bacia, o que não é bom para fazer o marmorizado. Experimentar diferentes tipos de papel: sulfite, kraft ou outros.

Cortar o papel um pouco menor que o tamanho da bacia. Mexer bem a tinta antes de usá-la. Enfiar um palito de churrasco dentro de cada latinha e transpor um filete da tinta para a bacia com água. Escolher umas três cores, por exemplo. Mexer as tintas na bacia com um palito de churrasco para movimentá-las. Mexer delicadamente e não por muito tempo, senão as cores tendem a ir para os cantos da bacia. Nesse momento, colocar um papel por cima desta tinta e passar a mão delicadamente para tirar as bolhas de ar. Não afundar o papel.

Em seguida, tirar o papel, segurando-o com as pontas dos dedos e puxando-o em sua direção. Deixar escorrer um pouco da água e colocar para secar pendurado em um varal ou colocar sobre um jornal em cima da mesa. A tinta que estava na bacia passa para o papel, num resultado muito bonito. É aconselhável usar de duas a três cores de cada vez.

Para fazer outro papel, é necessário acrescentar de novo a tinta, fazendo a combinação de cores que se quiser. Não exagerar na quantidade de tinta e cores. Sempre mexer com o palito para espalhar bem as cores e também para desfazer as bolhas de tinta que aparecem.

O resultado do trabalho traz muitas surpresas, já que não se tem um controle total do desenho que se cria com as tintas na água.

A tinta esmalte é retirada da mão com aguarrás; pode-se propor aos alunos que usem luvas descartáveis (tipo cirúrgica).

O papel marmorizado pode ser utilizado para diversos fins, por exemplo, fazer colagens, encapar cadernos, agendas etc.

161a Para encapar um caderno, o aluno corta o papel marmorizado uns 2 cm maior que a capa, para cada lado, menos para o lado que estará junto à espiral. Diluir cola branca em um pouco de água e espalhar homogeneamente com um pincel no verso do papel marmorizado. Colar com cuidado sobre a capa do caderno, esticando com a mão ou uma régua para não ficar enrugado. Virar as pontas que sobraram para o verso, fazer um pequeno corte de 45 graus nas diagonais, para facilitar o acabamento, e colar. Cortar um papel (kraft, por exemplo) para colar no verso. Esse papel terá 1 cm a menos que o tamanho da capa.

161b Na etapa da tinta espalhada na bacia (do exercício anterior), colocar uma vela branca e ir lentamente girando-a para que fique toda marmorizada. De preferência usar uma vela "grossa".

162. Batique

O batique é uma técnica de pintura em tecido. Esta palavra indonesiana significa "escrevendo com cera". É aconselhável, conforme a idade dos alunos, a presença de um adulto. Derreter em uma panela em banho-maria parafina e cera de abelha. Para cada três partes de parafina usa-se uma de cera de abelha. Se se quiser vedar mais o tecido, aumentar a porcentagem de cera de abelha. Mergulhar um pincel chato nessa mistura derretida e ir "pintando" o desenho num tecido branco (no caso de uma camiseta, colocar jornal dentro dela para que a tinta não borre as costas). Conforme a cera da panela vai endurecendo, é necessário derretê-la novamente caso o desenho ainda não esteja pronto. Depois de seca a cera no tecido, amassar bem para que se quebre (craquele), e assim a tinta penetrar nela.

A tinta a ser usada é a de tecido, porém deve ser preparada: para cada potinho de tinta de tecido, usar o mesmo recipiente com água e com álcool, misturando as três partes, para resultar numa tinta bem líquida. Feito isso, é só pintar. Onde foi colocada a cera, "teoricamente" o tecido estaria vedado e a tinta ali não penetraria, mas como a cera foi craquelada (para justamente dar o efeito do batique) a tinta entrará nas "rachaduras"; portanto é importante que se pinte por cima da cera também.

Quando se criar o desenho, é bom lembrar que onde foi colocada a cera será a região em que a tinta penetrará menos; onde não houver cera, a tinta fixará melhor. Esperar secar bem a tinta. Forrar uma mesa com algumas camadas de jornal, colocar o tecido e mais uma folha de jornal sobre ele. Passar com o ferro bem quente, para a cera derreter. Conforme isso vai acontecendo, é preciso ir trocando os jornais, tanto o de cima como o de baixo, para não sujar o ferro e para que a cera tenha por onde escorrer. Enquanto a cera vai derretendo, já dá para ver o resultado do batique.

Nas áreas brancas do tecido ficará um amarelado, que é a gordura da cera. O tecido deve ser banhado em aguarrás para tirar essa gordura; porém, lavar com água e sabão só depois de 72 horas, como vem avisado no pote de tinta para tecido.

Recortes, colagens e outras técnicas

Além de pintar camisetas, o batique pode servir na confecção de cenários, fantasias, colagens com tecidos etc. É importante que o aluno tenha a chance de experimentar bem a técnica em retalhos de tecidos, antes de realizar um trabalho "mais elaborado".

163. Velas recicladas

As novas velas serão feitas a partir de tocos de velas usadas, desse tipo bem comum, ou velinhas de aniversário, velas coloridas etc. É necessário um adulto acompanhando, já que vai ser preciso usar o "banho-maria". Como molde podemos usar caixinhas de fósforo, fôrmas de empadinha, caixinhas de suco, forminhas de gelo, lata de molho de tomate etc. As fôrmas deverão receber uma camada de vaselina para a vela não grudar.

O molde pode ainda ser feito com papelão ou cartolina, na forma que se desejar. Cortar a cartolina da altura que se deseja a vela, criar uma forma, fechá-la com fita crepe e fazer um fundo com a própria cartolina ou fixá-la em uma placa de argila.

Para derreter as velas usadas, colocá-las em uma lata ou panela, em banho-maria. Os pavios podem ser reaproveitados (das velas velhas) para as novas velas, sendo retirados antes de derretê-las, ou podem ser feitos com um barbante molhado na vela derretida e esticado até endurecer.

Colocar o pavio no meio do molde preso por um pregador de roupa apoiado na boca do molde, para que quando despejada a vela derretida ele não afunde. Outra maneira de fazer o pavio é colocar uma vela fina no meio do molde. Ela se misturará à vela derretida.

Se as velas não tiverem cor, pode-se colorir juntando pedacinhos de giz de cera, enquanto se derrete a vela. Mexer até que se misturem bem.

Para retirar as velas do molde, é necessário esperar algumas horas até que endureçam. Quanto aos moldes de papelão, é só rasgá-los.

Para fazer velas com faixas coloridas, é só deixar endurecer uma camada de uma cor antes de fazer a camada seguinte, de outra cor. Ou fazer faixas que se mesclem, é só não esperar endurecer as camadas.

As velas podem ser perfumadas; acrescentar alguma essência (uma ou duas gotas, dependendo do tamanho da vela) no momento em que ela esteja derretendo. Pode-se também pingar algumas gotas de perfume.

Para fazer velas com objetos dentro, colocar um pequeno objeto no molde (galho de árvore, moeda, tampinha de garrafa, folhas secas, uma fatia de laranja seca etc.); segurá-lo com um palito de churrasco enquanto estiver despejando lentamente a vela derretida, de tal forma que o objeto fique dentro dela.

Observação: As latinhas de molho, leite condensado etc., deverão ser do tipo que se abrem puxando a tampa (sem abridor de latas), pois não devem ter rebarbas.

164. Giz de cera reciclado

Juntar vários toquinhos de giz de cera (desses com os quais quase não dá mais para desenhar), para refazê-los em outros formatos. O processo é simples, mas precisa de um adulto acompanhando, já que vai ser preciso usar o "banho-maria".

Pode-se fazer um novo giz de cera de uma cor só, juntando assim todos os toquinhos nos tons azuis, por exemplo, ou experimentar juntar cores diferentes para fazer uma nova cor.

Preparar os suportes que receberão o giz de cera derretido. Estes podem ser feitos de vários materiais que não derretam com o calor. Usar a cartolina, por exemplo: fazer um canudo, da largura e altura que se desejar. Fechar o canudo com fita crepe e untá-lo por dentro com vaselina para o giz não grudar. Esses canudos podem estar fixados numa placa de argila, feita na hora, ou pode-se fazer o fundo deles com a própria cartolina, vedando bem com fita crepe para que o giz derretido não escape. A forma pode ser variada, contanto que sempre seja untada por dentro; caixas de fósforo propiciam a forma de um tijolinho, pode-se também usar forminhas de empadas, suportes de vidro (que tenham a boca mais larga que o fundo), forminhas de gelo etc.

Colocar em uma panela em banho-maria os pedaços de giz de cera e esperar derreter completamente, feito isto, despejar na fôrma. A secagem é razoavelmente rápida, mas para garantir que realmente esteja seco é melhor esperar de duas a três horas. Depois, para desenformar, é só virar o molde de cabeça para baixo e, no caso de fôrmas de papelão, rasgá-las.

Em um mesmo canudo ou caixa de fósforo podem ser colocadas várias cores para o giz de cera ficar multicolorido. Derreter uma cor e despejar. Rapidamente derrete-se outra e despeja-se ainda com a primeira cor meio líquida, para que se misturem, e assim sucessivamente com outras cores.

**Bonecos, máscaras
modelagens e fantoches**

165. Boneco de dedo

Fazer um canudo com um pedaço de cartolina, numa medida que envolva um dedo. Será o corpo do boneco. Fazer uma bolinha de jornal e colar no canudo (com cola, durex, fita crepe ou cola quente), para ser a cabeça do boneco. Pintar a cabeça para cobrir o jornal. Uma bolinha de isopor também serve como cabeça. Todos os detalhes do rosto, do corpo e a roupa podem ser feitos com desenho, pintura ou colagem de botões, palitos, lã, bombril, tecidos, papéis coloridos etc. Depois é só colocar no dedo, ou nos dedos, e criar histórias.

165a Fazer "saquinhos" de papel ou tecido (por exemplo, feltro) para vestir os dedos e trabalhar caracterizando os personagens como no exemplo acima. A cabeça e o corpo, neste caso, são desenhados no próprio saquinho.

166. Boneco com cartolina

Esta proposta deve vir, de preferência, seguida a uma história contada pelo professor ou inventada pela classe para que haja uma sensibilização. Construir personagens dessa história desenhando-os e pintando-os em cartolina, recortá-los e colá-los em palito de sorvete, churrasco ou galho de árvore, para manipular os bonecos. Para fixá-los no palito, usar fita crepe no verso do desenho.

Para completar o trabalho, pode-se criar um teatrinho de fantoches, usando uma caixa de papelão grande. Abrir o fundo da caixa para ser a "boca de cena". Pintar com guache ou fazer colagem para decorar o teatrinho. Pode-se fazer a cortina com retalhos de tecido. Depois de pronta, colocá-la sobre uma mesa e encenar a história.

167. Boneco de papel com movimento

Fazer em cartolina um desenho de um boneco qualquer, separando-o da seguinte maneira: cabeça e tronco juntos, os braços e as pernas separados, deixando uma parte a mais nos membros para uni-los ao boneco. Recortar as partes do boneco.

Colocar cada braço e cada perna no corpo do boneco unindo-os com um colchete (colchete mundial número 1). Os membros vão por trás do tronco e a cabeça do colchete fica aparente na frente.

Fazer um furo perto dos colchetes, um em cada membro, onde será amarrada uma linha unindo os braços e uma outra unindo as pernas por trás do boneco. Usar uma terceira linha, que será amarrada no meio da ligação dos

Bonecos, máscaras, modelagens e fantoches

braços e no meio da ligação das pernas, deixando uma sobra, por onde a criança puxará para que pernas e braços se movimentem, abrindo e fechando. Pode-se amarrar uma argolinha na ponta da linha para ficar mais fácil de puxar e mais bem acabado. A pintura pode ser feita com diversos materiais: tinta guache, tinta acrílica, tinta plástica, cola colorida etc. Pode-se complementar o boneco com lãs, linhas, lantejoulas, retalhos de tecidos etc.

168. Boneco de jornal enrolado

Fazer canudinhos com folhas de jornal bem apertadinhos (enrolar na diagonal uma folha de jornal inteira) e montar o boneco da seguinte maneira: dobrar ao meio um canudo, para os braços (juntar com fita crepe); dobrar dois canudos pela metade e uni-los com fita crepe até a metade, para fazer o tronco. A outra metade, que não estará unida, serão as pernas. Dobrar as extremidades para servir de pés. O canudo dos braços deverá ser fixado (fita crepe) na parte superior do tronco, ficando metade para um lado e metade para o outro. As mãos podem ser feitas de feltro, jornal ou outro material que se deseja. Enrolar uma ou mais folhas de jornal sobre o "corpo" para dar um pouco de volume ao boneco. A cabeça pode ser feita com uma bolinha de isopor ou com uma bolinha de jornal amassado. Fixar tudo com fita crepe ou cola quente e depois caracterizar o boneco.

Passar uma camada de tinta látex branca para cobrir o jornal e deixar secar. Para fazer os detalhes (olhos, nariz, boca), pode-se pintar com tinta guache ou trabalhar com sucata: botões, caixinhas, tampinhas, lãs, barbante etc.

Vestir o boneco com tecidos, papel crepom ou papéis coloridos.

Bonecos, máscaras, modelagens e fantoches

169. Boneco de jornal amassado

Amassar bem muitas folhas inteiras de jornal, para torná-las mais macias e mais fáceis de serem trabalhadas. Criar a forma do boneco com as folhas de jornal amassadas; fazer a cabeça, o pescoço, o tronco e os membros, fixando as partes com fita crepe. É necessário usar bastante jornal bem socadinho e bastante fita crepe, para que o boneco fique bem firme. Ele pode ter o tamanho que se desejar.

Depois disso, cobri-lo com uma camada de jornal ou papel manilha da seguinte maneira: cortar as folhas em quadrados pequenos, mergulhá-las em uma bacia com cola branca diluída em água (na mesma proporção), deixando escorrer o excesso. Isso é feito para cobrir a fita crepe e dar um acabamento no boneco para receber a tinta.

Depois de seco, passar uma demão de tinta látex branca e pintar com tinta guache, tinta acrílica ou outras tintas. Passar uma camada de cola branca para envernizar o trabalho quando a tinta estiver bem seca. O boneco pode ser complementado com outros materiais, como retalhos de tecido, pequenas sucatas, botões etc.

169a Outra possibilidade é criar objetos, brinquedos etc., usando esse mesmo processo, sempre amassando o jornal e dando a forma com a fita crepe, depois colando as camadas de jornal em tiras ou quadrados.

Observação: As tiras ou quadradinhos de jornal podem ser substituídos por outro tipo de papel como, por exemplo, os de seda, espelho, papel de presente, kraft etc., substituindo a pintura.

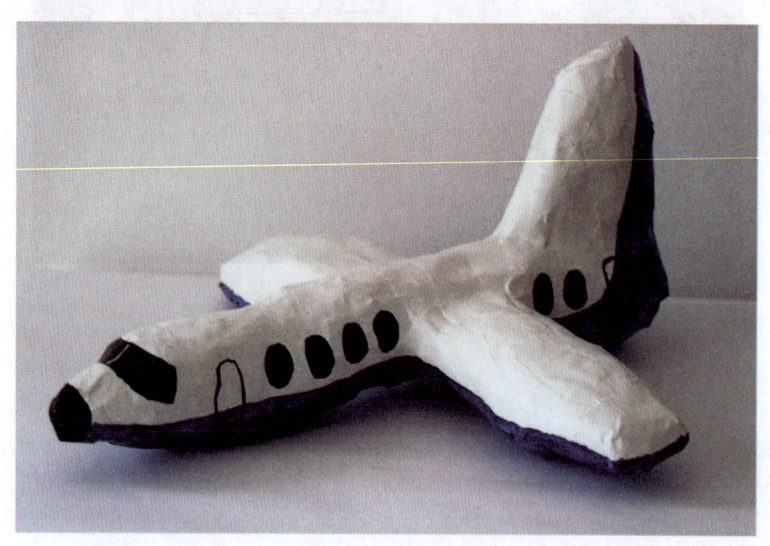

170. Boneco com rolo de papel higiênico ou caixas

Recortar um círculo de cartolina de aproximadamente 6 cm de diâmetro. Cortar três pedaços de barbante, um de 50 cm e dois de 35 cm. Desenhar e recortar duas mãozinhas e dois pezinhos de papel (resistente, como papel-cartão ou cartolina) ou outro material (feltro, por exemplo). As mãos e os pés não devem ser muito pequenos, pois serão furados ao meio para que passe o barbante.

Prender o círculo de cartolina em um dos barbantes de 35 cm, com grampeador (será a cabeça do boneco), deixando uma sobra maior para cima e outra de mais ou menos 4 cm para baixo (será o pescoço). Amarrar a ponta dessa sobra menor na metade dos outros dois barbantes. O menor serão os braços do boneco, e o maior, as pernas.

Num rolo de papel higiênico vazio (na vertical), fazer dois furinhos nas laterais, a 2 cm da extremidade, e passar as pontas do barbante menor de dentro para fora. Revestir o barbante com dois pedaços iguais de canudinhos em cada braço, deixando uma sobra de uns 5 cm. Fazer um furinho na mãozinha e passar o barbante (que sobrou) por ela, dando um nó para que a mão não caia e segure os canudinhos. As mãos podem ser coladas com cola branca ou cola quente.

O outro barbante, o maior, passará por dentro do rolo de papel e formará as pernas do boneco. Elas ficarão soltas. Proceder da mesma maneira que com os braços; preenchê-las com dois pedaços de canudinho, colocar os pés e dar um nó no barbante (ou colar).

Caracterizar o boneco com tinta guache, recortes de papel, retalhos de tecido, lãs, botões, bombril, algodão, palha, areia etc.

Para finalizar, amarrar uma vareta ou palito de churrasco na ponta do barbante que restou, acima da cabeça, e fazê-lo movimentar-se.

Observação: A cabeça do boneco também pode ser feita de jornal

Bonecos, máscaras, modelagens e fantoches

amassado, formando uma bola. É necessário fazer um furo no centro da bola para que o barbante passe por ele. Pode-se encapar a bola com outro papel para dar um acabamento melhor (papel de seda, sulfite).

170a Outra opção é utilizar uma caixinha de remédio, ou de pasta de dentes cortada, para a cabeça, e para o corpo uma caixa inteira de pasta de dentes. Assim o boneco ficará mais comprido. É necessário adaptar as proporções do barbante para esse boneco. Tirar o fundo da caixa de remédio, por onde passará o pescoço; da caixinha de pasta de dentes, tirar o fundo e a "tampa", para que as pernas possam se mover. Decorar o boneco como se desejar.

171. Boneco de meia ou luva

Pedir que os alunos tragam para a escola meias velhas e luvas que já não usam mais, para criar personagens, nas luvas ou meias, colando (cola branca ou cola quente) adereços como botões, lantejoulas, miçangas, feltro, lãs coloridas etc., ou mesmo pintando com tinta para tecido. Conforme o adereço, é mais adequado costurá-lo com linha e agulha.

Quando se enfia a mão dentro da meia, para mexer o boneco, existe a possibilidade de colar um pedaço de cartolina, pelo lado de fora da meia, entre o dedão e os outros quatro dedos, para reforçar o que seria a boca do boneco. Nessa cartolina, pode-se colar algo para caracterizar língua e dentes.

Com a luva, o aluno pode caracterizar cada dedo como se fosse um personagem, ou usá-la para a criação de um único personagem, explorando a movimentação da mão e dos dedos, neste caso, os dedos podem ser as pernas (patas) e a parte de cima da mão o corpo e a cabeça do personagem.

Para contar as histórias, construir um teatrinho como foi citado no exercício 166, "Boneco com cartolina", ou explorar novos lugares pela escola.

171a Colocar enchimentos dentro de meias velhas, como areia, algodão, palha etc. e ir "modelando", apertando e amarrando com linha ou barbante para dar forma aos personagens. Experimentar meia de seda e de algodão. Depois é só caracterizar como descrito acima.

171b Encher uma bexiga ou luva cirúrgica e desenhar com canetas coloridas (como as de retroprojetor), transformando a bexiga num boneco, bicho ou algum personagem. Pode-se colocar complementos como lãs, recortes de papéis, retalhos de tecidos, fitas e outros materiais leves, fixados com durex. No nó da bexiga colocar um barbante amarrado em um palito para manipular o boneco. Experimentar desenhar na bexiga cheia e nela vazia para observar o que acontece com o desenho.

172. Boneco de cone

Com um cone de papelão, desses em que vem lã envolvida, os alunos constroem seus bonecos que se escondem e aparecem. A cabeça pode ser feita com uma bolinha de isopor ou de jornal amassado. É importante que a bolinha seja bem menor que o diâmetro da base do cone. A cabeça do boneco é presa em um arame que deve ter o dobro do comprimento do cone. O arame deve entrar na bolinha e ser fixado com cola quente. Os alunos caracterizam essas cabeças pintando-as e usando sucatas miúdas em geral, como pedaços de lã, tecidos, tampinhas, botões, algodão, bombril, penas etc. A outra ponta do arame é passada por dentro do cone, com a base virada para cima, e é feita então uma argola (virando o próprio arame), para que a criança segure essa ponta ao manipular o boneco.

Com um retângulo de tecido fino, faz-se a roupa do boneco. Esse retângulo deve ter seu comprimento igual ao diâmetro da base do cone e uma altura que vá dessa base até o começo da cabeça do boneco (com o arame esticado), para assim esconder o arame. O lado do retângulo onde foi medido o comprimento é colado na base do cone (cola branca ou cola quente) pelo lado de fora. Em seguida, cola-se um lado do tecido no outro e por último cola-se a parte superior no arame junto à cabeça (como se fosse no pescoço do boneco).

Bonecos, máscaras, modelagens e fantoches

O cone pode ser pintado, desenhado ou coberto com tecido ou com uma colagem de papéis coloridos. Pode-se ainda fazer mãozinhas com barbante, papel (ou feltro) e outros pequenos adereços, como chapéu, gola, gravata etc. Para manipular o boneco o aluno segura o cone com uma das mãos e, com a outra, a ponta do arame, fazendo movimentos para cima e para baixo. Quando empurra para cima o arame, o boneco aparece; quando puxa-o para baixo, o boneco se esconde dentro do cone.

173. Boneco acrobata

A proposta é construir de papelão (grosso) ou de madeira balsa um boneco articulado de aproximadamente 20 cm, da seguinte maneira: desenhe, recorte e pinte um boneco de perfil com a cabeça e tronco juntos, braços e pernas separados. Faça no tronco um furo pequeno na altura dos ombros e do quadril, assim como nas pernas (na parte de cima da coxa), nos braços (nos ombros) e nas mãos (dois furos em cada mão com uma distância de 1 cm entre eles). Junte as pernas ao quadril, passando um barbante entre os três furos, deixando uma pequena folga. Dê um nó no barbante. Faça o mesmo com os braços e o ombro.

Tomar duas ripas de madeira de 30 cm de comprimento, com aproximadamente 1 cm/1 cm de espessura, pregar uma ripa de 4 cm entre elas, a uns 6 cm de uma das extremidades. Na outra extremidade das ripas, faça dois furos em cada uma delas, a 1 cm da extremidade, mantendo também 1 cm de distância entre os furos. Como a madeira é fina, aconselha-se fazer os furos com furadeira, e broca fina, para que não rache.

Corte um pedaço de 25 cm de barbante. Passe as pontas do barbante, uma em cada furo de uma das ripas, estique, cruze as pontas e passe pelos furos de uma das mãos, cruze-as novamente, e passe pela outra mão; por último, também com o barbante cruzado, passe pelos furos da outra ripa. Dê um nó para arrematar. Para brincar, segure nas pontas das ripas e pressione-as. O boneco dará cambalhotas.

Bonecos, máscaras, modelagens e fantoches

173a Substituir o boneco por uma forma (regular ou irregular) recortada em papelão. Pintar dos dois lados, variando cores e formas. Fazer dois furos no centro e passar o barbante cruzado como no exemplo acima. Para brincar, proceda da mesma maneira, segure as pontas das ripas e pressione até a forma começar a girar. Se precisar, dê uma ajuda girando-a com a mão. Com a pressão a forma girará de um lado e do outro, sem parar, provocando um efeito óptico muito interessante.

Observação: Ver exercícios 109 "Disco de Cores com bola de gude", 273 "Pião de tampinha" e 283 "Corrupio" que, com técnicas diferentes, proporcionam um efeito óptico a partir do giro dos objetos.

174. Máscara e boneco de espuma

Com uma espuma bem macia de 2 cm de espessura (aproximadamente), podemos confeccionar máscaras, bonecos, bichinhos, objetos etc., costurando e/ou amarrando. Para se obter saliências, no caso, por exemplo, do nariz de uma máscara, deve-se costurar pela frente, para dar um certo relevo à espuma. A própria espuma vai esconder a costura. Para se obter baixo-relevo, reentrâncias, por exemplo, uma boca, costura-se por trás da máscara. O interessante é ir dando expressão, moldando a máscara, franzindo sobrancelhas, exagerando nos volumes etc., como na ilustração abaixo.

174a Para bonecos, bichinhos e objetos, pode-se ir comprimindo, virando, entortando a espuma, amarrando-a com uma linha resistente, ou costurando, para assim moldar a forma desejada. Lembrar sempre de usar um pedaço de espuma bem maior do que o tamanho final que se deseja para o objeto, pois, conforme vai sendo costurada e amarrada, a espuma vai diminuindo de tamanho.

Para complementar os trabalhos, usar botões, fitas, panos, sucatas miúdas etc., coladas (cola quente ou cola branca) ou costuradas ao objeto. Pintar com tinta guache, acrílica, *spray* ou experimentar outras.

174b Com uma espuma mais larga, de 10 cm de espessura, mais ou menos, os alunos podem esculpir cabeças de bonecos ou objetos, utilizando uma tesoura de ponta bem afiada. Cortar a espuma, criando saliências e reentrâncias.

No caso de cabeças de bonecos, depois de prontas, manipulá-las apertando a espuma por trás; consegue-se assim criar expressões, abrir e fechar boca e olhos, entortar o nariz etc. Pode-se também fazer uma abertura com a tesoura ou o estilete no meio do bloco de espuma, onde possa ser encaixada a mão, para movimentar a cabeça do boneco.

Observação: Para unir uma espuma à outra a cola mais adequada é a de sapateiro, se for para grandes áreas. Passar a cola nas duas partes que vão ser unidas, esperar secar um pouco e juntá-las. Essa cola é tóxica: o ideal é usá-la com máscara em lugares arejados.

175. Boneco e máscara de bexiga

Encher uma bexiga, dar um nó e prendê-la com fita crepe numa garrafa de plástico ou recipiente de xampu, de tal forma que a bexiga fique em pé e o aluno possa trabalhar com as duas mãos. Talvez seja necessário colocar areia na garrafa ou no recipiente para não tombar. Outra maneira de fixar a bexiga é amarrar um barbante nela e fixá-lo na mesa, com fita crepe, de forma que a bexiga fique para fora da mesa, pendurada.

Recortar muitas tiras de jornal (de mais ou menos 3 cm por 10 cm) e mergulhar em uma pequena bacia (ou pote de sucata) com cola branca diluída em água (em proporções iguais).

Retirar as tiras de jornal do pote, passar a mão para tirar o excesso da cola e ir cobrindo toda a bexiga, em várias direções, até completar quatro

Bonecos, máscaras, modelagens e fantoches

camadas. Para que os alunos não confundam as camadas, intercalar uma de jornal e outra de papel manilha. Esperar secar completamente (alguns dias).

Depois de seca, furar a bexiga com um espeto, caso já não tenha murchado. Não há necessidade de retirá-la de dentro da estrutura de jornal. Fazer o pescoço com um rolinho de papelão (pode ser de papel higiênico). Para a caracterização do boneco, podem ser usadas sucatas leves, lãs, tecidos, tampinhas etc. Tanto o pescoço como as sucatas devem ser coladas na máscara com fita crepe, cola branca ou cola quente. Sobre esses materiais dar um novo acabamento, utilizando as tiras de jornal com cola, para fixá-los melhor. Pintar todo o trabalho com uma camada de tinta látex branca. Depois de seco, pintar com outras tintas, como acrílica, guache, plástica etc.

Fazer uma armação com duas ripas de madeira, em forma de cruz, que servirá como corpo do boneco, para apoiar a roupa. Para a armação, prender as ripas com arame e depois bastante fita crepe. Fixar com fita crepe a cabeça no corpo. Fazer a roupa com tecido ou papel crepom. Pode-se criar um braço (de tecido) e costurá-lo na roupa. Se quiser preencher o braço, usar retalhos de tecido, algodão etc. Fazer a mão de feltro, papelão etc. e prender no braço.

175a Outra opção é recortar a bexiga ao meio depois de secas as camadas de jornal, e assim obter duas máscaras para serem trabalhadas. Depois de recortar, dobrar para dentro suas rebarbas e fazer um acabamento com fita crepe. Abrir buracos para fazer olhos, nariz e boca. Caracterizar com os mesmos materiais acima citados.

Para colocar a máscara fazer dois furinhos nas laterais e amarrar um elástico.

176. Máscara com cartolina

O aluno recorta o formato que quiser na cartolina, de acordo com seu projeto de máscara. Recorta os olhos e pinta a máscara, usando para isso vários materiais como tinta em geral, caneta hidrográfica, giz de cera, ou faz uma colagem com papéis coloridos. Para ajudar na confecção colar cabelos feitos de lã, barbante, tecido etc. Depois é só amarrar um elástico nas laterais e brincar com seu personagem.

As máscaras que foram produzidas podem servir como pretexto para a criação de uma história, ou vice-versa: parte-se de uma história para a construção das máscaras.

177. Máscara de saquinho de papel

Coloca-se um saco de papel na cabeça e indica-se com a mão o lugar dos olhos para que alguém marque com caneta. Em seguida tira-se da cabeça, recorta-se o buraco dos olhos e, se quiser, recortam-se buracos para o nariz e a boca.

O saquinho pode ser feito com papel kraft. Cortam-se duas folhas que servirão para frente e verso da máscara, e outras duas mais estreitas que servirão para dar largura à máscara. As duas partes menores podem ser lisas ou sanfonadas (dobrar a folha como uma sanfona). Colar as laterais e recortar uma quinta parte para o topo da cabeça.

O saquinho pode ser recortado para que a máscara fique de acordo com o personagem que se quer fazer. Pintar com guache, caneta hidrográfica, giz de cera etc. e acrescentar adereços como lãs, barbantes, purpurina, botões, plásticos coloridos etc. A partir daí pode-se criar histórias com esses personagens.

O aluno poderá complementar sua caracterização construindo fantasias de papel crepom, papel laminado, com tecidos etc.

177a Outra ideia é que o aluno vista um grande saco de papel kraft que vá da cabeça até a cintura, com aberturas na altura dos ombros para que os braços saiam. É uma forma de se vestir máscara e fantasia de uma só vez.

178. Máscara de pratinhos de festa e de embalagens de pizza

A proposta é usar pratinhos de papelão de várias formas e tamanhos (redondo, quadrado e retangular), de festas ou de embalagens de pizza. Podem ser usados na forma original ou recortados e completamente transformados. Usar só materiais para festa na confecção das máscaras, como, por exemplo, forminhas de brigadeiro (bem variadas), canudinhos, bexigas, recortes de papel de presente, copinhos, embalagem de bala de coco etc. Depois dos materiais colados, usar a tinta guache para pintar o fundo da máscara.

179. Máscara com tiras de papel

Cortar uma tira de papel dúplex e colocar em volta da cabeça, bem ajustada. Não é no topo da cabeça, a tira passará pelo queixo, orelha, por cima da cabeça, pela outra orelha e se encontrará novamente no queixo.

Bonecos, máscaras, modelagens e fantoches

Colar as pontas. Colar nesta tira outras tiras verticais e horizontais, de forma que não fiquem esticadas e sim arredondadas, como se fosse uma armadura (as tiras podem ter 3 cm de largura). Fazer uma dobra na tira vertical na altura do nariz. Essa estrutura de papel será feita só para a parte da frente do rosto.

Preparar em um pote cola branca diluída em água, na mesma proporção. Recortar tiras de jornal (de mais ou menos 10 cm por 3 cm) e mergulhar nessa mistura. Deixar escorrer o excesso de cola e ir cobrindo toda a frente da máscara. Fazer pelo menos três camadas para que fique bem firme. Aproveitar as tiras de jornal para dar expressão à máscara, isto é, depois da terceira camada, acrescentar mais jornais em tiras, enroladas ou amassadas para dar volume em algumas partes do rosto. Como se trata de máscara é interessante exagerar na sua expressão. Outra maneira de interferir é usar sucatas miúdas; esperar secar a máscara e aplicar essas "sucatinhas" com fita crepe, cola branca ou cola quente. Dar de novo o acabamento com as tiras de jornal por cima das sucatas.

Depois de secar a máscara, pintar com tinta guache ou tinta acrílica e acrescentar outros adereços. Se quiser, furar o lugar dos olhos, nariz e boca. Envernizar (com verniz ou cola branca) para dar um brilho e fazer dois furos nas laterais para a colocação do elástico.

180. Máscara de papel-alumínio

O papel-alumínio pode ser moldado com facilidade em algumas formas, por exemplo, no nosso rosto. Cortar um pedaço de papel-alumínio de modo que envolva todo o rosto com sobra. Colocá-lo sobre o rosto e pressionar bem, tentando marcar todos os detalhes, nariz, olhos, queixo etc. O melhor é que uma pessoa faça na outra. Retirar o papel e a máscara estará pronta.

É um trabalho delicado que pode se desfazer quando muito manuseado. Seria interessante amarrar um fio e pendurar a máscara ou mesmo fazer um móbile com os rostos dos colegas da classe.

180a Pode-se experimentar "tirar" formas de outros objetos, pressionando o papel-alumínio sobre eles. Ver exercício 227, "Relevo com papel-aluminio".

180b O papel-alumínio também serve para ser modelado, é só amassá-lo e juntá-lo a outros pedaços do papel alumínio para construir uma figura. Não é necessário o uso de cola.

181. Máscara com caixa de papelão

Trabalhar com qualquer caixa de papelão em que caiba a cabeça do aluno. Pintar os quatro lados da caixa caracterizando a cabeça do personagem; a parte da frente será o rosto, a de trás o cabelo etc.

Outra ideia é fazer na mesma caixa mais de um personagem, por exemplo, um na frente e outro atrás, ou mesmo um em cada lado da caixa, criando assim quatro personagens. O aluno poderá mudar de personagem virando o lado da caixa.

Como o material é resistente, aproveitar para criar os detalhes (nariz, orelhas, dentes, língua etc.) de forma tridimensional, usando sucatas, papelão, isopor etc. Colar com fita crepe, cola branca ou utilizar a cola quente, que é mais adequada.

Como as caixas vêm com rótulos ou nomes dos produtos impressos, seria interessante passar uma camada de tinta látex branca em toda ela (inclusive por cima das sucatas) antes de fazer a pintura com outras tintas (guache, acrílica, tinta plástica etc.). Acrescentar um pouco de cola branca na tinta para não craquelar a tinta sobre as sucatas.

Observação: Propor ainda que façam suas roupas também usando caixas de papelão, que deverão ser bem maiores, abrindo buracos para a cabeça e os braços, caracterizando-as de acordo com seus personagens.

Bonecos, máscaras, modelagens e fantoches

182. Máscara de argila e pátina

Usar como suporte uma tigela oval, para dar à máscara uma forma côncava. Colocar a tigela com a boca para baixo e forrá-la com jornal ou plástico. Pode-se também usar várias folhas de jornal amassadas para substituir a tigela.

Esticar uma placa de argila com um rolo de macarrão (ver exercício 188, "Argilogravura"), com espessura de 1,5 cm (mais ou menos) e um tamanho que cubra toda a tigela. Colocar a placa sobre a tigela (ou o "amassado" de jornal) e criar a máscara, acrescentando argila com o auxílio de palitos (de churrasco, de sorvete e de dentes).

Quando precisar juntar uma parte à outra, como, por exemplo, o nariz, passar a barbotina, que é uma cola feita da mistura da argila com água, na consistência de creme. Fazer pequenas ranhuras nas duas partes que serão coladas e com um pincel ou o dedo passar a barbotina. Esse procedimento é para que não se soltem na hora da secagem ou da queima no forno de cerâmica. Além disso, passar o dedo juntando a argila da base do nariz à placa.

182a Outra opção é fazer um bloco maciço de argila no formato oval (ou redondo, quadrado), para trabalhar a máscara. Modelar, acrescentando e retirando a argila para dar expressão à máscara. Depois de pronta, deixar secar, mas não completamente (cobrir a peça com um saco plástico com pequenos furinhos), até a superfície adquirir uma certa consistência que permita manuseá-la sem deformar. Escavar a parte interna da máscara, retirando todo o excesso de argila, com uma esteca de gancho, deixando uma espessura uniforme de mais ou menos 1,5 cm.

Depois que a máscara estiver seca, pode ser queimada em forno próprio ou não. Pintá-la com tinta guache, graxa de sapato ou fazer uma pátina com corante ou pó xadrez. Depois de seca a tinta, passar cera líquida incolor para dar brilho e ajudar a fixar a pátina (ou uma camada de verniz no caso do uso do guache).

Como fazer a pátina: Para fazer a pátina é preciso que a máscara de argila esteja queimada em forno próprio. Misturar uma colher de café de óxido (corante para cerâmica) ou pó xadrez em meio copo de água e uma gota de cola branca. Passar a mistura em toda a peça com um pincel chato ou trincha, esfregando com movimentos circulares (cada vez que se molhar o pincel é bom mexer a tinta, pois o pó deposita-se rapidamente no fundo). Depois de seca (alguns minutos), esfregar as pontas dos dedos por toda a peça com movimentos circulares para ajudar a fixar a tinta. Umedecer um pedaço de pano (com água) e passar na peça, retirando um pouco da tinta em algumas partes, onde se desejar, deixando a cor da argila aparecer. Pode-se repetir o processo usando um corante de outra cor. Em seguida, para dar brilho, usar um pouco de cera líquida incolor misturada em água em proporções iguais. Para aplicar a cera usar um borrifador de água ou uma bisnaga de plástico para laquê.

Um ótimo estímulo antes de iniciar o trabalho é mostrar aos alunos as máscaras africanas[1] que são de grande expressividade não só pela disposição de volumes e formas geométricas, mas também pela diversidade de materiais utilizados em sua decoração: dentes, chifres, pelos, conchas, fibras vegetais, miçangas, sementes etc.

183. Máscara de argila e papelagem

Fazer uma máscara de argila (de pelo menos 2 cm de espessura), sobre uma madeira forrada por um plástico ou jornal (procurar dar expressividade à máscara exagerando seus elementos, nariz, boca, sobrancelhas etc.). Quando o trabalho estiver pronto e seco, passar bastante vaselina, principalmente nas reentrâncias da máscara. Preparar uma pequena bacia com cola branca diluída em água, em partes iguais. Cortar pequenos pedaços de jornal (quadradinhos ou tiras, de mais ou menos 4 cm x 2 cm), mergulhar na cola, deixar escorrer o excesso e ir colando sobre a máscara de argila até cobri-la por inteiro.

A primeira camada é sempre mais difícil, pois a máscara está com vaselina e o jornal escorrega. Fazer umas quatro camadas no mínimo; quanto maior o número de camadas, mais resistente ficará a máscara. É interessante intercalar as camadas com papéis diferentes para não se perder no número delas deixando a máscara homogênea. Para tanto pode-se usar uma camada de jornal e outra de papel jornal ou manilha.

Depois de bem seca, retirar com cuidado a máscara de jornal da argila. Recortar as sobras (rebarbas) das extremidades; recortar olhos,

---

1. MONTI, Franco. *As máscaras africanas*. São Paulo, Martins Fontes, 1992.

Bonecos, máscaras, modelagens e fantoches

nariz e boca, se se desejar. Colar uma tirinha de jornal em todo o contorno, inclusive na abertura dos olhos, nariz e boca, para dar um acabamento melhor. Passar uma demão fina de massa corrida do lado externo e, depois de seca, lixar com lixa bem fina. Se desejar, passar tinta látex branca por dentro e por fora da máscara. Depois de seca, pintar com tinta acrílica, tinta guache, tinta esmalte (tóxico) etc. Pode-se complementar a máscara com outros materiais como lã, barbante, tecido, botões, brocal, *glitter* etc.

Observação: As camadas de jornal podem ser substituídas por papel de seda.

Fazer cada camada de uma cor e, por último, utilizar de várias cores, para a máscara já ficar caracterizada, sem necessidade de ser pintada.

184. Objetos de papelagem

Com o mesmo processo do exercício anterior, tirar "cópias" de objetos prontos, por exemplo, bandejas (sem alça), potes, copos, lixeiras etc. Os objetos devem ter uma textura lisa e superfície reta, sem ondulações, para que depois de feita a papelagem possam ser desenformados.

Forrar o objeto com "magipac". Colocar algumas camadas (umas seis, por exemplo) de papéis cortados em tiras ou quadradinhos (utilizar a técnica da papelagem). Esses papéis podem ser bem variados; seda, kraft, jornal, papel artesanal, manilha etc.

Depois de seca, desenformar e dar acabamento; virar as beiradas para dentro e colar com fita crepe, ou tiras de papel com cola.

Se se desejar pintar o trabalho, passar uma camada de tinta látex branca ou massa corrida (camada fina); neste caso, esperar secar e lixar com lixa fina. A tinta látex conserva a textura da papelagem, já a massa corrida deixa o trabalho com uma superfície homogênea. Pintar com tinta acrílica, tinta guache, tinta plástica etc. Depois de seca a tinta, pode ser passada uma camada de cola branca se quiser dar um brilho ao objeto.

185. Máscara com atadura gessada

Com a atadura gessada pode-se tirar o molde do rosto. Pedir a um aluno para deitar ou sentar com a cabeça inclinada para trás, passar bastante vaselina em seu rosto — pode-se colocar um saco plástico nos cabelos para evitar sujá-los de gesso. A atadura gessada cobrirá todo o rosto do aluno, portanto é importante passar vaselina nas sobrancelhas e nos cílios.

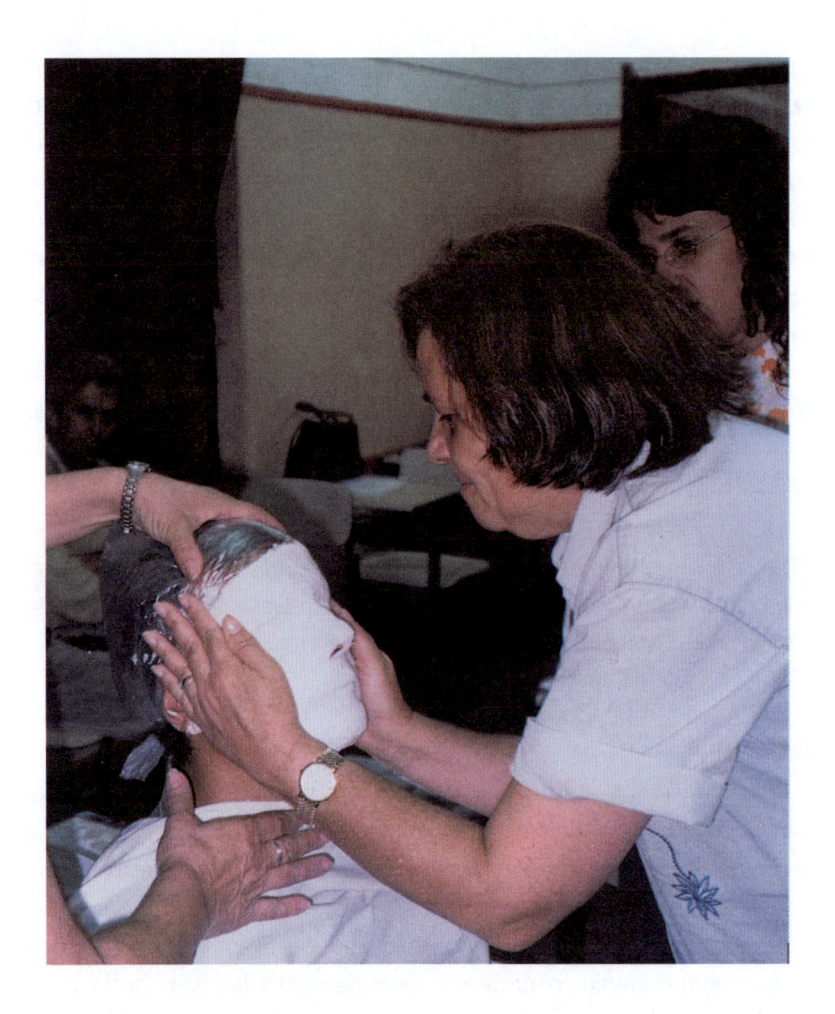

Uma "atadura gessada rápida" mede 10 cm x 3 m e pode ser usada por dois alunos. Cortar pedaços pequenos (mais ou menos 3 cm x 4 cm) e deixá-los reservados. Mergulhar em uma bacia com água um pedaço da atadura e colocar sobre o rosto, depois outro pedaço e outro até cobri-lo por inteiro. Não colocar vários pedaços de uma vez na água, pois o gesso começa a se separar da atadura e não adere mais. Devem ser feitas, no mínimo, três camadas. Sempre passar a mão para que a atadura vá realmente moldando o rosto — não deixar "bolhas". A máscara não deve invadir o pescoço, nem fazer a curva sob o queixo, pois isso dificulta tirá-la depois de seca.

O aluno deverá permanecer imóvel o tempo todo e de olhos fechados. A única parte que não será coberta são as narinas; depois que a máscara for retirada do rosto, colocar uns pedacinhos de atadura nessa região para fazer

Bonecos, máscaras, modelagens e fantoches

a ponta do nariz. Não é muito demorada a execução da máscara, principalmente se dois ou três alunos trabalharem juntos no mesmo colega. Depois da terceira ou quarta camada, esperar secar (de 3 a 5 minutos) e retirar do rosto, lentamente, fazendo movimentos leves para que a máscara vá desgrudando.

Deixar secar completamente. Tirar o excesso de vaselina com um pano e cortar com uma tesoura as "rebarbas". Passar uma camada de massa corrida (não muito grossa) e esperar secar. Lixar com lixa d'água (fina) para a máscara ficar homogênea.

Pintar com tinta guache, tinta acrílica, tinta plástica, esmalte sintético (tóxico) etc. Depois de seca, passar uma camada de verniz ou cola branca.

Se quiser deixar a abertura dos olhos e da boca, ao fazer a máscara não colocar a atadura nestas partes, pois depois de seca e endurecida é mais difícil cortá-la.

185a Pode-se fazer uma papelagem sobre a máscara de atadura obtendo-se assim uma outra máscara. Depois que a máscara da atadura secar, passar bastante vaselina e fazer a papelagem (ver a explicação no exercício 183, "Máscara de argila e papelagem").

186. Argila

O ideal é sempre ter argila suficiente para o aluno se servir de acordo com o que quer criar. Pouca quantidade pode limitar a produção do aluno. Deixar que experimentem o material livremente, batendo na mesa para que a argila vá ficando mais macia. Se a argila estiver muito mole, bater num jornal para que a água vá sendo absorvida. Se tiver ferramentas como estecas, por exemplo, o professor deve apresentá-las explicando o seu melhor uso. Palitos de dentes, de churrasco e um copinho com água são materiais básicos. Espremedor de alho e de batata também enriquecem o trabalho, pois espremendo a argila neles, pode-se fazer minhoquinhas, cabelos de bonecos, pelos de animais, macarrão etc.

Para que as partes do trabalho não se soltem durante a secagem, é necessário "costurar", isto é, fazer ranhuras com um garfo ou palito nas partes que serão unidas e passar barbotina (argila diluída na água em consistência de creme). Juntar as partes fazendo uma pequena pressão e alisar a emenda com o dedo ou esteca até que ela desapareça. As junções poderão ser feitas também introduzindo um palito nas partes a serem unidas, porém com a retração da argila na secagem, o palito poderá ficar aparente e causar rachaduras na peça.

Os trabalhos devem ser deixados para secar para, na aula seguinte, ser pintados com tinta guache. Depois de seca a tinta, se quiser um brilho, passar cola branca ou verniz.

A argila também pode ser pintada com tinta acrílica, tinta para artesanato ou mesmo esmalte, que é tóxica e se dissolve com aguarrás. A argila absorve rapidamente a tinta e portanto a desbota um pouco. É aconselhável usar a tinta espessa ou passar duas demãos. Outros materiais podem ser interessantes para complementar o trabalho, por exemplo, espetar preguinhos, percevejos, clipes, pequenas sucatas, lantejoulas, miçangas etc., enquanto a argila ainda estiver úmida. Afundar bem os objetos para que não se soltem depois de secos.

Observação: Não se deve fazer trabalhos muito finos ou delicados, pois muitas vezes racham ao secar. Orientar os alunos a fazer trabalhos mais resistentes e sempre unir bem as partes.

Se depois de seco alguma parte quebrar, conforme o caso, é possível colar com bastante cola branca.

Bonecos, máscaras, modelagens e fantoches

187. Argila com tema

Buscar um tema de interesse da classe. A partir dele, cada aluno contribui com uma ou mais figuras modeladas em argila para uma construção em grupo. O tema deverá ter uma boa repercussão na classe para que haja um real envolvimento dos alunos na participação nessa montagem, que provavelmente tomará algumas aulas. Seria importante também criar alguma ambientação para serem colocados os trabalhos, como um cenário. Este pode ser feito com materiais diversos, como sucatas, caixas de papelão, placas de isopor ou madeira etc.

Alguns temas são bastante abrangentes, por exemplo, "o fundo do mar", "a floresta", "animais pré-históricos", "monstros", "nossa cidade", "zoológico", "tabuleiro de xadrez" etc.

187a Diferente do exercício acima, no qual cada aluno contribui para uma construção em grupo, agora todos trabalham o mesmo objeto, cada um à sua maneira. Por exemplo, todos modelam um elefante, ou todos apreciam alguma escultura e a reproduzem por observação, e assim por diante, para que depois possam perceber como cada um realizou de um jeito próprio a mesma proposta. Não economizar na argila; trabalhos fortes, grandes, são mais resistentes.

Ver no exercício anterior a técnica para trabalhar a argila.

188. Argilogravura

Esticar a argila com o auxílio de um rolo de macarrão. Para que fique bem plana, colocar duas madeirinhas (ripas) da mesma altura com a argila no meio de forma que o rolo passe por cima das ripas. Desenhar na argila com palito de dentes, de churrasco, de sorvete ou com as estecas, de modo a criar sulcos com uma certa profundidade. Se quiser, imprimir também objetos para decalcar suas texturas. Depois deve-se retirar os objetos.

Colocar tinta guache na parte superior de uma bandejinha de isopor. Passar um rolinho de espuma na tinta guache sem exagerar, e espalhar na bandejinha para que a tinta fique uniforme. Entintar a argila com o rolinho. Colocar um papel por cima e pressioná-lo com a mão contra a placa de argila. Experimentar várias gramaturas de papel, por exemplo, papel arroz, vergê, canson, sulfite e outros suportes, como tecido de algodão, morim etc.

A placa pode ser entintada de tinta guache preta ou colorida (usando uma única cor ou várias ao mesmo tempo). No lugar do guache a placa pode ser entintada com barbotina (argila diluída em água na consistência de creme), a impressão ficará com a cor da argila. Pode-se também acrescentar tinta guache à barbotina. Para cada impressão é necessário entintar de novo a placa.

No decorrer das impressões o desenho poderá sofrer modificações, os sulcos irão se fechando, portanto é preciso reforçar as linhas para serem tiradas novas cópias.

Experimentar tirar cópias, entintando as placas de argila quando já estiverem secas.

Observação: É possível também fazer cópias de uma placa de argila queimada em forno de cerâmica. Antes de entintar a placa, é necessário impermeabilizá-la com uma camada de verniz. Esperar secar e depois entintar com tinta guache. Para retardar a secagem da tinta guache pingar algumas gotas de glicerina. Para imprimir pode-se usar o papel arroz pressionando-o sobre a placa com a parte convexa de uma colher.

189. Pote de argila feito de "rolinhos"

Com um pouco de argila fazer uma esfera do tamanho de uma bola de tênis, colocá-la sobre a mesa e achatá-la com a palma da mão, formando uma pequena placa redonda (não deixá-la fina; deve ter pelo menos 1,5 cm de espessura). Pode-se também fazer uma placa de argila e pressionar uma tigela redonda sobre ela. Esta será a base do pote (a base também pode ser oval, quadrada, retangular etc.). Fazer vários rolinhos de argila de comprimento igual ao diâmetro da base, da largura de um dedo (aproximadamente), que serão as paredes do pote. Passa-se a barbotina (mistura de argila e água na

Bonecos, máscaras, modelagens e fantoches

consistência de creme) na base e coloca-se o rolinho em cima da borda da base. Pressiona-se o rolinho com os dedos ou uma esteca, juntando-o à base. Vai-se colocando os rolinhos e juntando-os aos poucos, de 3 em 3, por exemplo, para não deformar a peça. Uni-los por dentro e por fora, não esquecendo de passar a barbotina. Procurar sempre conservar a mesma espessura da parede. Se se quiser deixar os rolinhos aparentes, juntá-los só internamente.

Se os rolinhos forem colocados exatamente um sobre o outro, a parede ficará reta. Por outro lado, se os rolinhos forem sendo colocados cada vez mais para fora, as paredes se abrirão e o diâmetro (a boca) do pote aumentará; o contrário ocorrerá se os rolinhos forem sendo colocados cada vez mais para dentro. Dessa maneira vai-se determinando o formato do objeto. Tanto a abertura como o fechamento da forma devem ser obtidos lentamente, deslocando ligeiramente cada rolinho.

Pode-se desenhar na peça com um palito de churrasco ou esteca enquanto a argila estiver úmida.

Depois de seco o pote, pintá-lo com tinta guache, tinta acrílica, tinta plástica etc. No caso do guache (depois de seco), pode-se passar uma camada de cola branca para dar brilho e ressaltar a cor.

Ilustrar este trabalho mostrando aos alunos a cerâmica indígena brasileira[2]. Os índios já dominavam essa arte muito antes do descobrimento do Brasil. Observar o formato variado das peças, elaboradas de acordo com a sua utilização (ritualística ou doméstica) e a riqueza dos padrões decorativos, abstrato-geométricos ou de representação de animais, das diferentes tribos.
A técnica de rolinhos é tradição na confecção da cerâmica da tribo Kadiweu ainda hoje.

190. Figura humana em argila

Fazer um tijolinho de argila de aproximadamente 20 cm de comprimento por 5 cm de largura e 2 cm de espessura. Esta será a estrutura da figura. Para fazer as pernas, fazer um corte no tijolinho com uma esteca ou faquinha, no sentido do comprimento, da extremidade até a metade. Teremos o tronco e as pernas, ainda sem a cabeça e os braços. Colocar a figura na posição desejada; sentada, deitada, ajoelhada etc. Não se aconselha colocar a figura em pé, pois a argila neste momento ainda está muito úmida e poderá ceder. Em seguida arredondar a peça para perder o aspecto de tijolo. Adicionar a cabeça, os braços,

2. VIDAL, Lux. *Grafismo indígena*. São Paulo, Studio Nobel, Fapesp, Edusp, 2000.

as mãos e os pés, posicionando-os de maneira a dar a impressão de certo movimento, por exemplo, a cabeça pendida para o lado, pernas cruzadas, braços flexionados etc. Para unir as partes, passar barbotina (mistura de argila e água na consistência de creme) e passar o dedo ou estecas juntando-as.

Ter o cuidado de trabalhar todos os ângulos, pois se trata de uma escultura.

Com estecas ou palitos pode-se trabalhar os detalhes da peça antes de estar seca. O cabelo pode ser feito passando a argila por um espremedor de alhos. Como é um trabalho delicado, deixá-lo secar lentamente colocando um plástico com alguns furinhos sobre a escultura. Depois de totalmente seco, pintar com tinta guache, tinta acrílica, tinta plástica etc. Pode-se passar uma camada de cola branca para dar brilho, depois que a tinta secar.

Seria interessante que os alunos observassem um modelo vivo, fazendo um rodízio entre eles na hora de posar.

As esculturas de Michelangelo e Rodin podem estimular os alunos na criação de suas figuras.

Michelangelo Buonarotti[3] (1475-1564), artista italiano do Renascimento, acreditava que a forma humana era o "supremo veículo da expressão". Realizou suas próprias pesquisas de anatomia e desenhou com modelos até ter total domínio sobre o corpo humano. Suas esculturas parecem ter vida.

Auguste Rodin[4] (1840-1917), escultor francês, foi estudioso da escultura de Michelangelo. Queria em seu trabalho captar a vida em movimento. Por isso modelos nus passeavam e descansavam por seu atelier. Quando um movimento lhe agradava, pedia ao modelo que mantivesse a pose para que fizesse um rápido esboço em argila.

---

3. NÉRET, Gilles. *Miguel Angelo*. Taschen, 2000.
4. ID. *Rodin. Esculturas e Desenhos*. Taschen, 2002.

Bonecos, máscaras, modelagens e fantoches

Rodin redefiniu a escultura no final do século XIX e início do século XX, ao fazer do inacabado um princípio estético, não só ao que se referia ao tratamento das superfícies, mas a toda conformação da obra.

191. Módulos de argila para construção

Construir tijolinhos de argila. Usar para isso uma caixa de fósforos, colocando a argila dentro e desenformando depois de seca, ou fazer uma placa de argila e cortá-la com uma faca ou régua, em formas quadradas, retangulares e triangulares, de vários tamanhos. Depois de seca a argila, pintar os módulos com tinta guache de várias cores e passar verniz ou cola branca após a tinta secar. Esses módulos servem para os alunos brincarem de construir casas, cidades, percursos, castelos etc. O interessante é que, por não ser uma construção permanente, possibilita assim muitas brincadeiras.

Observação: Os módulos não devem ser finos na espessura, pois quebram com facilidade.

192. Jogos de argila

Dominó: fazer peças do mesmo tamanho usando como procedimento os módulos do exercício anterior. Para a confecção dos "números" usar palito de churrasco e fazer buraquinhos ainda com a argila úmida. Depois de secos, pintar as peças de uma cor e os buraquinhos de outra. Mais uma vez esperar secar e passar um verniz ou cola branca para dar acabamento. Depois é só brincar.

192b Palavras-cruzadas: este é um jogo para ser feito por todos da classe, pois requer muitas peças. Fazer peças quadradas de mais ou menos 2 cm. Pintá-las com um fundo branco e por cima desenhar as letras com tinta guache. Envernizar ou passar cola. A letra pode ser gravada como no dominó, cavando com um palito na argila úmida.

Fazer muitas letras, repetindo principalmente as vogais. Há várias formas de se jogar, mas os alunos podem inventar suas regras. Uma possibilidade: distribuir as peças entre os alunos, o primeiro forma uma palavra no centro da mesa, de no mínimo três letras, com suas peças. O segundo forma uma outra palavra utilizando uma letra da palavra da mesa, e assim sucessivamente. Quem não conseguir formar uma palavra compra do "monte", se tiver, ou pula a vez. Ganha o jogo quem acabar suas letras primeiro.

Outra possibilidade é distribuir as peças para os alunos e, num tempo estipulado pelo professor, cada aluno tenta escrever o maior número de palavras, podendo reutilizá-las; quer dizer, o aluno monta uma palavra (de no mínimo três letras), escreve-a num papel, desfaz e inventa outra. Quando acabar o tempo, cada aluno lê suas palavras e as conta para ver quem formou mais. Procurar dividir as vogais por igual para que ninguém saia prejudicado no jogo.

192c Jogo da velha: fazer uma placa de argila e riscar o jogo da velha com um palito de churrasco. Depois de seco, pintar o tabuleiro com tinta guache. Cada aluno pode inventar suas peças (cinco de um tipo e cinco de outro), num tamanho proporcional ao tabuleiro. Pintar como quiser e depois jogar com os colegas. É interessante envernizar as peças com cola branca ou verniz.

192d Dama: Não há novidade técnica na feitura do jogo da dama. É o mesmo processo do jogo da velha. Os alunos fazem o tabuleiro (8 quadrados por 8, alternando as cores), pintam de preto e branco ou de duas cores bem contrastantes; depois criam as peças para o jogo (12 para cada) e pintam procurando diferenciar bem as peças de cada jogador.

192e Xadrez: Até aqui, pode-se dizer que os jogos foram feitos bidimensionalmente, mas para o xadrez as peças serão tridimensionais e não mais a partir de módulos. Existem várias versões do jogo, como o velho e clássico xadrez de madeira, o de osso, o de metal, o de barro (com as figuras típicas de Lampião e Maria Bonita como o rei e a rainha), e muitos outros modelos.

Bonecos, máscaras, modelagens e fantoches

Os alunos deverão criar suas próprias peças, porém é inspirador observar essas variantes. Por ser uma atividade trabalhosa e demandar algumas aulas, é aconselhável que os alunos se agrupem para a fabricação das peças. Depois que as peças estiverem prontas, pintá-las e envernizá-las.

192f Resta um: fazer um tabuleiro redondo ou quadrado, com uns 2 cm de espessura. Com um palito de sorvete ou esteca de gancho, fazer os furos (33), não muito pequenos, pois as peças do jogo serão bolinhas feitas de argila que deverão encaixar nos buracos. São 32 bolinhas, mas é sempre bom ter uma sobra, no caso de perdê-las. Tanto o tabuleiro como as peças do jogo deverão ser pintados e, depois de secos, envernizados.

Observação: Para qualquer um dos jogos citados, é importante orientar os alunos que façam as peças proporcionais ao tabuleiro, para que não fiquem "espremidas", sem condições de jogar.

192g Tiro ao alvo com argila: em uma cartolina branca, os alunos fazem o desenho do "alvo" como nos jogos de "tiro ao alvo" (vários círculos concêntricos) e marcam o valor (número de pontos correspondentes). Cada aluno faz várias bolinhas de argila e escolhe uma cor para pintá-las, com tinta guache grossa. Penduram o alvo em uma parede e começam a brincadeira. Um aluno de cada vez atira as bolinhas ao alvo. A tinta marcará no alvo o lugar onde acertaram, e no final do jogo eles somam os pontos. Deve-se brincar com a argila e a tinta molhadas. Claro que a parede onde for fixado o alvo vai ficar bem suja, por isso escolher um lugar adequado. Será preciso refazer o alvo a cada partida.

193. Colar de argila ou durepóxi

Fazer "contas" de vários formatos com argila ou durepóxi (preparar o durepóxi como manda a instrução da embalagem). Fazer um furo com palito de dente na lateral das peças. Deixar secar. Pintá-las com tinta guache, tinta acrílica, plástica ou tinta para artesanato, usando um pincel fino. Depois de secas, passar verniz ou cola branca. Passar um cordão ou fio de náilon por entre as contas, dando um nozinho para segurá-las no lugar. As contas não precisam necessariamente ser redondas ou quadradas. Figuras como árvores, casas, pessoas, sapatos, varal com roupas etc. ficam interessantes também.

193a O professor pode estimular os alunos na construção de seus "colares", mostrando através de imagens de livros os adereços de índios (de vários países), as joias dos etruscos e egípcios e as contemporâneas.

Materiais diferentes como macarrõezinhos (furados), tampinhas, miçangas, lantejoulas, conchas e outros são ótimos para esse tipo de trabalho.

Observação: Não é adequado o uso do "Super Durepóxi", que por ser de secagem muito rápida dificulta a modelagem.

O durepóxi não deve ser trabalhado com crianças muito pequenas. Depois de usá-lo, lavar bem as mãos com sabão.

194. Modelagem com durepóxi

O durepóxi é uma massa de fácil manipulação, possibilitando ao aluno uma boa variedade de expressão. Ler as instruções de como preparar a massa. Depois de modelada a forma, é possível unir ao durepóxi miçangas, pedrinhas coloridas, arames e outros materiais. Pintar o trabalho depois de seco com tinta guache, acrílica, plástica, esmalte ou outras.

Também para este exercício não é adequado o uso do "Super Durepóxi" (ver observação do exercício anterior).

Observação: O durepóxi muitas vezes é utilizado no artesanato brasileiro, portanto, seria uma boa oportunidade abrir uma discussão com os alunos sobre artesanato e arte.

195. Construção com pedras

Neste exercício os alunos trazem (ou vão buscar na escola) vários tipos e tamanhos de pedras. Juntá-las, para que possam ter variedade na hora de selecionar as que desejam para seus trabalhos (uma pedra trazida por um pode servir para outro e vice-versa).

Muitas vezes o formato da pedra sugere uma figura ou um objeto, a partir daí cada aluno reúne as que lhe interessa para construir o que imagi-

Bonecos, máscaras, modelagens e fantoches

nou. Com o auxílio do durepóxi (devidamente preparado como mandam as instruções), vão unindo as pedras. Não usar o durepóxi de secagem rápida (10 minutos), pois endurece rápido e dificulta a modelagem. Não se deve economizar no uso do material para que as pedras fiquem bem coladas. O tempo de secagem do trabalho é de pelo menos um dia. Os alunos podem também usar o durepóxi para fazer detalhes em seus trabalhos.

Se necessário, pintar depois de seco, pois os dois resultados são muito interessantes: a pedra em sua forma bruta ou pintada. Passar primeiro uma camada de tinta látex branca nas construções antes das tintas coloridas, guache, plástica, acrílica etc.

Se as pedras vierem muito sujas de terra ou areia, lavá-las antes de começar o trabalho. Esperar secar para aplicar o durepóxi.

Observação: É importante lavar as mãos com água e sabão depois de usar o durepóxi.

196. Alto e baixo-relevo na argila

Neste exercício, nada se perde, tudo se aproveita. O aluno faz uma placa de argila de mais ou menos 3 cm de espessura, onde realizará seu trabalho em alto e baixo-relevo. Com as estecas (ou vários tipos de palitos), o aluno vai retirando massa, criando o baixo-relevo, e ao mesmo tempo vai acrescentando esse material retirado em alguma outra parte do trabalho, criando o alto-relevo. Ter o cuidado, ao juntar a massa retirada, de apertá-la bem para que não se solte durante a secagem. Quando juntar uma parte à outra, passar barbotina, que é uma cola feita da mistura de argila e água, na consistência de creme. Fazer pequenas ranhuras nas partes que serão unidas e com um pincel ou o dedo passar a barbotina, para que não se soltem na hora da secagem ou da queima no forno de cerâmica.

No final do trabalho, toda argila retirada será reaproveitada.

Deixar secar o trabalho bem devagar para que a placa não empene; para isso, deve-se cobrir a placa com um plástico com alguns furinhos.

Depois de seco pintar o trabalho com tinta guache, e mais tarde passar verniz ou cola branca para ressaltar as cores.

Observar a grandiosa obra do escultor francês Auguste Rodin (1840-1917) intitulada "A Porta do Inferno"[5] inspirada na Divina Comédia de Dante Alighieri, autor italiano de sua predileção. Mais de uma centena de corpos são ali representados, em que se nota a eliminação de elementos supérfluos e a despreocupação com o acabamento. Desta obra surgiram outras famosas como: "O Pensador" e "O beijo".

197. Alto e baixo-relevo em argila e gesso

Fazer uma placa de argila como no exercício 188, "Argilogravura". Pode-se fazer o trabalho só com materiais orgânicos, como galhos, sementes de árvores, pedrinhas, folhas, grãos em geral etc., ou usar sucatas como tampinhas, copinhos, latas etc. O trabalho consiste em afundar os materiais na superfície da placa de argila, para que fiquem ali os "vazios" onde o gesso vai se acomodar.

Chamar a atenção dos alunos para não transformar a placa em um simples depósito de materiais, mas num trabalho em que haja relação entre os elementos. Retirar os objetos e fazer um cercado em torno da argila com uma cartolina com o dobro da altura da placa, e fechar com fita crepe. Fazer algumas "cobrinhas" de argila e colocá-las entre a cartolina e a mesa, pressionando bem, para vedar totalmente e evitar que o gesso escorra pela mesa ao ser despejado.

Preparar o gesso (ver ao final do exercício) e despejar sobre a placa de argila. Esperar secar (mais ou menos duas horas, conforme a temperatura) e desenformar, isto é, ir retirando a argila do gesso. O gesso ficará em alto-relevo. Lavá-lo, para voltar a ficar branquinho, esfregando de leve um pincel ou espuma

---

5. NÉRET, Gilles. *Rodin. Esculturas e Desenhos*. Taschen, 2002, p. 26-33.

Bonecos, máscaras, modelagens e fantoches

para retirar restos de argila. A argila poderá ser reutilizada em outro trabalho, desde que seja colocada dentro de um saco plástico bem fechado.

Se o aluno quiser, poderá ficar com os dois trabalhos; um em alto-relevo (gesso) e outro em baixo-relevo (argila). Como a argila se deformou ou se destruiu ao ser retirada do gesso, o aluno poderá fazer novamente uma placa de argila e pressioná-la sobre o trabalho em gesso. Esperar secar, não completamente, para a placa não empenar, e retirá-la, conseguindo assim o trabalho em baixo-relevo (como no original).

197a Para fazer o contrário, baixo-relevo no gesso e alto-relevo na argila, ao colocar os objetos sobre a argila, não afundá-los, mas deixá-los sobre a placa, fazendo uma pequena pressão para que não se desloquem quando despejado o gesso (passar bastante vaselina antes de despejar o gesso). No gesso os objetos ficarão marcados em baixo-relevo. Para obter a argila em alto-relevo, é só proceder da mesma forma do exemplo anterior, fazendo novamente uma placa e pressionando-a contra o gesso; esperar secar (não completamente) para retirá-la do gesso.

Tanto o gesso quanto a argila podem ser deixados na sua cor natural ou ser pintados com vários tipos de tintas, por exemplo, guache, acrílica, cola colorida etc. Pode ser passado verniz ou uma camada de cola branca sobre o trabalho depois de seco.

Preparação do gesso:

Encher de água um recipiente de plástico (balde ou bacia). Apanhar o gesso aos punhados e deixá-lo escapar entre os dedos de modo que caia uniformemente na água (não se deve jogar tudo de uma vez). Continuar assim, sem mexer, até que comecem a aflorar ilhas de gesso na água: isso quer dizer que já há gesso até a superfície da água. Nesse momento, colocar a mão no balde e ir misturando e dissolvendo os caroços de gesso. Não parar até que o gesso adquira uma consistência cremosa. Nesse ponto deve-se utilizá-lo sem demora, porque começa a endurecer rapidamente.

Frans Krajcberg[6] (1921), artista plástico polonês naturalizado brasileiro, faz de elementos da natureza matriz para seus relevos. Por exemplo, a areia da praia, fixando nela (durante a maré baixa) uma moldura de madeira e preenchendo-a com gesso, obtendo assim a sua topografia.

---

6. MORAIS, Frederico. *Frans Krajcberg — Revolta*. Rio de Janeiro, GB Arte, 2000, p. 2-10.

198. Maçã de argila a partir de um molde de gesso

Para este trabalho é necessário fazer um molde de gesso para a maçã em duas partes. Marcar com uma caneta a metade de uma maçã, fazendo um risco no sentido vertical. Passar vaselina em toda a maçã e colocá-la em uma placa de argila, afundando-a até o risco da caneta. A placa de argila deverá ter 1,5 cm de sobra em toda a volta da maçã. Fazer um cercado de papelão para receber o gesso, como explica o exercício 197, "Alto e baixo-relevo em argila e gesso". Cobrir toda a maçã com o gesso. Depois do gesso endurecer, retirar com cuidado a placa de argila da maçã e do gesso. Colocar o molde de gesso sobre uma mesa com a maçã virada para cima. Fazer quatro pequenos furos no gesso, um em cada canto (da placa

Bonecos, máscaras, modelagens e fantoches

de gesso que se formou) utilizando para isso uma esteca ou colherinha de café. Esses furos são chamados de "botões de chamada" e servem como registros para que as partes se ajustem. Passar vaselina na maçã e no gesso e fazer novamente o cercado, como na primeira parte, para receber o gesso. Esperar o gesso endurecer e separar as duas partes do molde. Se vazar um pouco de gesso nas laterais (em direção ao gesso que está embaixo), raspar com uma faquinha, delicadamente, até chegar aonde as duas partes se encontram. Retirar a maçã e fazer uma pequena canaleta no molde (nas duas partes), na parte de cima da maçã (onde se localiza o cabinho) até a borda: isso será o canal por onde entrará a barbotina para fazer a cópia da maçã em argila. O molde de gesso precisa estar bem seco. Montar as duas partes encaixando-as pelos "botões de chamada" para receber a barbotina (argila misturada com água na consistência de um creme) e amarrá-las bem firme com um elástico ou uma tira de câmara de pneu. Para encher o molde é necessário fazer a barbotina um pouco mais líquida (um litro de barbotina é suficiente para uma maçã de tamanho médio). Encher o molde pela canaleta. Assim que o nível da barbotina começar a baixar, completar novamente. Repetir várias vezes esse procedimento até notar uma espessura se formando na parede da canaleta. Esperar a argila endurecer (pode levar alguns dias), abrir o molde com muito cuidado e retirar a maçã de argila do molde. Retirar as rebarbas e retirar a canaleta fora. Tampar com um pouco de argila o buraco que ficou na parte de cima reconstituindo a forma da maçã. A maçã ficará oca.

Para queimar em forno próprio para cerâmica, é necessário fazer um furinho, de preferência na parte inferior, para a saída do ar (já que a maçã está oca). Deixar secar e pintar com tintas variadas como guache, acrílica, cola colorida etc. ou deixar em sua cor natural. Se a peça for queimada, pode-se fazer a pátina (ver exercício 182, "Máscara de argila e pátina").

198a Outra maneira de fazer a maçã é pressionando pequenos pedaços de argila no molde de gesso até completá-lo, deixando uma camada uniforme (aproximadamente 0,5 cm). Completar as duas partes e esperar a argila secar um pouco. Quando ela começar a se soltar do molde, retirar as duas partes e juntá-las para formar a maçã. Para que as partes do trabalho não se soltem durante a secagem, é necessário "costurar", isto é, fazer ranhuras com um garfo ou palito nas partes que serão unidas e passar a barbotina. Juntar as partes fazendo uma pequena pressão e alisar a emenda com o dedo ou com a esteca até que ela desapareça. Depois é só proceder como foi explicado acima.

Observação: quanto mais água tiver a argila, mais o trabalho encolherá ao secar, portanto a maçã feita com barbotina encolherá mais do que a feita com argila pressionada no molde.

199. Tênis de cimento com molde de gesso

Colocar um tênis (que não se use mais) sobre uma placa de madeira ou de argila. Se for de argila, esticá-la com um rolo de macarrão deixando-a com uma espessura de 2 cm, aproximadamente. Cobrir o buraco do tênis com argila. O molde de gesso será feito em duas partes. Fazer "cobrinhas" de argila e colocar no meio do tênis no sentido longitudinal, da parte de trás até a parte da frente. Isso servirá de barreira para quando for colocado o gesso (a primeira parte do molde). Quando a "cobrinha" atingir o meio do tênis, fazer um dente (um "V"), pois isso ajudará, depois, a encaixar as duas metades do molde. Misturar detergente e óleo de cozinha (na mesma proporção) e passar bem por todo o tênis, para evitar que o gesso grude nele.

Preparar o gesso um pouco mais mole que o normal (ver como se prepara o gesso no exercício 197, "Alto e baixo relevo em argila e gesso), para isso, usá-lo antes que comece a endurecer. Jogar (salpicar) o gesso com a mão cobrindo totalmente um dos lados do tênis. Preparar mais gesso (no ponto) e novamente colocá-lo cobrindo a primeira camada. Depois que o gesso secar, tirar a barreira de argila. Passar a mistura (óleo e detergente) na outra metade do tênis e no gesso de onde foi tirada a barreira. Proceder da mesma maneira do outro lado do tênis. Se o gesso deste outro lado ultrapassar o primeiro, já feito, depois de seco raspar com uma faquinha para mantê-los no mesmo nível. Colocar uma faquinha no meio dos dois moldes e ir batendo até que eles se separem. Mergulhar o molde numa bacia com água. Esperar secar e passar a mistura (óleo e detergente). Encaixá-los e passar em torno deles uma tira de câmara de pneu para fixá-los bem um no outro. Colocar o molde com a parte aberta para cima. Preparar o cimento (uma parte de cimento e uma de areia). Lentamente ir jogando com a mão o cimento pelo molde até preenchê-lo totalmente. Bater de leve o molde para evitar que se criem bolhas.

Esperar secar completamente para desenformar, e com uma faquinha ir quebrando o gesso até que ele solte do tênis de cimento.

200. Quadro com relevo de papelagem

Fazer uma placa de argila do tamanho que se quiser, com uma espessura de 3 cm. Trabalhar nessa placa acrescentando argila para fazer alto-relevo e retirando para o baixo-relevo. Fazer com cartolina um cercado na

Bonecos, máscaras, modelagens e fantoches

placa (com mais ou menos o dobro da altura da argila), para o gesso não escorrer quando for despejado (ver exercício 197, "Alto e baixo-relevo em argila e gesso").

Preparar o gesso (ver exercício 197) e despejá-lo sobre a placa de argila úmida. Depois que o gesso estiver duro, retirar toda a argila e lavá-lo para que fique bem limpo. Esperar secar e passar bastante vaselina. Cortar tiras de jornal, ou quadradinhos, molhar na cola branca (diluída em água na mesma proporção) e ir cobrindo o molde de gesso com três camadas, pelo menos (como no exercício 183, "Máscara de argila e papelagem"). Depois de bem seco, com "jeitinho", retirar a placa de papelagem do molde de gesso. Passar uma camada de tinta látex branca e pintar com tinta guache, acrílica, plástica etc.

Como o molde de gesso não é destruído, pode-se utilizá-lo mais vezes, como matriz, para tirar outras cópias em papelagem repetindo o mesmo processo. Cada uma dessas cópias pode ser pintada de um jeito diferente, e assim criar um conjunto de trabalhos partindo da mesma matriz.

Nesse momento pode-se abrir uma discussão de como uma mesma técnica (a da papelagem) pode ser modificada e adquirir vários aspectos a partir da combinação de diferentes cores.

201. Escultura em gesso

Cada aluno escolhe uma caixa de papelão (embalagem). Orientá-los a não escolher caixas muito "chatinhas", com pouco volume. Recortar o lado menor (ou retirar a tampa) e passar fita crepe em volta de toda a caixa para que ela fique mais firme e não vá deixar o gesso escorrer para fora. Pode-se construir a caixa com papel dúplex, que é bem resistente.

Depois de preparado o gesso (ver exercício 197, "Alto e baixo-relevo em argila e gesso"), encher a caixa e esperar endurecer. Em seguida, desenformar o gesso rasgando a caixa. Restará um bloco para ser esculpido. Trabalhar com goivas ou faquinhas e lixas de várias espessuras. Lembrar os alunos que o bloco é tridimensional, e portanto a escultura deve ser trabalhada de todos os ângulos.

Depois de pronto, pintar a escultura com tinta guache (ou qualquer outra) ou deixar em branco. Nesse caso, é interessante umedecer um paninho e passar sobre o trabalho (movimentos circulares, como se para lustrar) para fixar o pó do gesso que fica saindo.

Outra maneira de colorir é misturar um corante, líquido ou em pó, ou tinta guache na preparação do gesso, para o trabalho ficar colorido (de uma só cor). Para que o gesso fique com manchas depois de pronto, colocar em seu estado líquido o corante ou a tinta guache sem misturar, dando apenas uma "mexidinha" para a tinta penetrar. Se quiser, usar mais de uma cor.

Observar as esculturas inacabadas de Michelangelo e as esculturas de Rodin nas quais se percebe bem o processo de trabalho.

Michelangelo Buonarotti[7] (1475-1564), escultor italiano, concebia suas esculturas como se as figuras já existissem dentro dos blocos de mármore, só teria que dar-lhes vida e movimento libertando-as.

Auguste Rodin[8] (1840-1917), escultor francês, muitas vezes deixou parte da pedra sem esculpir, em estado bruto, em suas esculturas, para dar a impressão de que a figura nascia do bloco naquele instante.

202. Braço engessado

Com uma cartolina e fita crepe, faz-se um canudo de tal forma que o aluno possa colocá-lo e tirá-lo do braço com facilidade. Este deverá ter a medida do antebraço, do punho ao cotovelo, para que o aluno possa dobrar o braço com facilidade.

Molhar a "atadura gessada" (que se encontra em farmácia) em um balde com água e ir enrolando sobre o canudo de cartolina, que deverá estar no braço do aluno. Ao aplicar a atadura, o canudo não deve ser amassado. Fazer umas três camadas. Esperar secar um pouco para tirar do braço. Colocar o trabalho na vertical para secar definitivamente. Não mergulhar o rolo da atadura inteiro de uma vez na água, pois em pouco tempo ela começa a se desfazer; portanto, mergulhar por partes.

Depois de bem seco, propor aos alunos que decorem seus gessos com desenhos coloridos feitos com canetas hidrográficas, tinta, giz de cera etc. Esta atividade vem realizar o "sonho" de muitas crianças.

203. Luva engessada

Fixar com fita crepe na beirada de uma mesa o punho de uma luva, de borracha ou cirúrgica. Preparar o gesso como explica o exercício 197, "Alto e baixo-relevo em argila e gesso", e despejá-lo com cuidado dentro da luva.

---
7. NÉRET, Gilles. *Miguel Angelo*. Taschen, 2000.
8. ID. *Rodin. Esculturas e Desenhos*. Taschen, 2002.

Bonecos, máscaras, modelagens e fantoches

Quando começar a tomar consistência, introduzir no gesso um pedaço de bambu ou de madeira, de aproximadamente 15 cm, que servirá para segurar a mão de gesso. Esperar secar bem e retirar a luva do gesso, com cuidado para não quebrar o trabalho. Quando se aproximar dos dedos, é necessário cortar a luva.

Deixar a mão na cor do gesso ou pintá-la com tinta guache, acrílica ou outras.

204. Pés e mãos de gesso

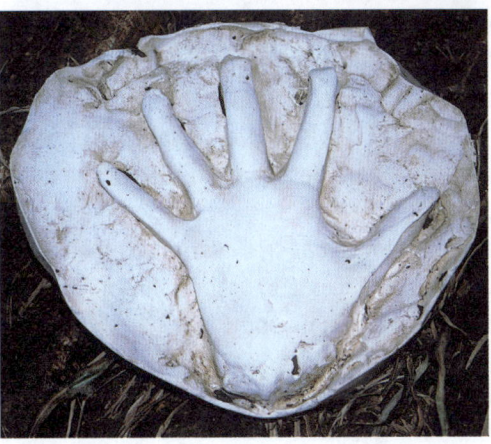

Fazer uma placa de argila de mais ou menos 3 cm de espessura, de modo que caiba, com folga, um pé ou uma mão. O aluno pressiona o pé ou a mão na argila até ficar bem marcado. É necessário que outra pessoa ajude a afundá-los bem na argila. Cercar a placa da argila com um papelão ou cartolina com o dobro da altura da placa. Fixar as pontas do papelão com fita crepe e com uma "cobrinha" de argila vedar o papelão, pelo lado de fora, junto à mesa, para que o gesso não escorra. O gesso é preparado (ver exercício 197) e jogado sobre a argila. Depois de endurecer, mais ou menos por 2 horas, retira-se a argila. Lavar o gesso na água corrente com o auxílio de um pincel ou esponja, para que fique novamente branquinho. Esperar secar e pintar com guache, tinta acrílica, plástica ou outras que se quiser experimentar. Ou ainda deixá-lo na cor do gesso.

Bonecos, máscaras, modelagens e fantoches

205. Afresco em gesso

Em uma tampa de caixa de papelão (de sapato, por exemplo), ou numa bandejinha descartável de isopor, despejar o gesso líquido, para fazer uma placa (ver como se prepara o gesso no exercício 197, "Ato e baixo-relevo em argila e gesso"). Alisar a superfície com um palito, ainda com o gesso mole.

Assim que o gesso endurecer, desenformá-lo. Enquanto ainda estiver úmido, fazer uma pintura com tinta guache ou aquarela. O gesso absorverá a tinta rapidamente. Podem ser feitas várias camadas de tinta.

Se quiser fazer um quadrinho (para pendurar), para isso colocar algum objeto no gesso ainda mole (como, por exemplo, lápis, prego) para fazer um buraquinho. Segurar um pouco até o gesso começar a endurecer. Tirar o objeto com cuidado.

Afresco é uma técnica que consiste em pintar sobre tetos ou paredes sobre camada de revestimento recente, fresco, de nata de cal, gesso ou outro material ainda úmido, de modo a possibilitar a penetração do pigmento.

Muitos pintores se utilizaram dessa técnica, entre eles Giotto[9] (1267-1337), inovador da pintura gótica, e Michelangelo[10] (1475-1564), com seu colossal afresco pintado no teto e na parede da Capela Sistina, localizada no Vaticano (Roma).

206. Como fazer pastel seco

Dissolver uma colher de chá de anilina em pó, da cor que se desejar, em um copo de água quente (150 ml). Esperar esfriar. Depois juntam-se duas colheres de chá de cola branca e junta-se gesso-cré até formar um creme grosso. Passar um pouco de vaselina em forminhas de gelo ou embalagens de plástico como as de quibe ou bombons. Encher as forminhas e deixar secar muito bem antes de usar. Quanto mais anilina se colocar na mistura, mais forte ficará a cor. Usar cores variadas. Depois de prontos e secos os gizes, é só usá-los para desenhar. Papéis com texturas são os melhores suportes para o giz pastel, pois proporcionam melhor aderência, por exemplo, o vergê, o *creative paper*, lixa de várias espessuras etc. Depois de terminado o desenho, é necessário usar um fixador próprio para pastel seco que se encontra na forma de *spray*.

---

9. VALDOVINOS, José Manuel Cruz. *Giotto*. Lisboa, Estampa.
10. NÉRET, Gilles. *Miguel Angelo*. Taschen, 2000.

207. Massinha para modelar

Esta massinha é muito simples de ser feita, não é tóxica e portanto é interessante fazê-la junto com os alunos. Os ingredientes são farinha de trigo, sal, água e, se a quiser colorida, usar tinta guache. Para 1 quilo de farinha, misturar uma colher de sopa de sal, e aos poucos ir acrescentando a água. Misturar, amassando com as mãos até ficar como uma massa de pão. Acrescentar tinta guache e misturar bem para que a cor da massa fique homogênea. A quantidade de guache depende do tom que se deseja alcançar. Quanto mais tinta, mais forte ficará a cor da massa. A massa não deverá grudar na mão (no começo ela gruda, depois não gruda mais). Se necessário, acrescentar mais água ou mais farinha para se obter o ponto desejado.

Para fazer com os alunos, distribuir uma pequena bacia para cada um e colocar os ingredientes nas devidas proporções. Cada aluno pode escolher a cor de sua massinha. É aconselhável usá-la no mesmo dia de sua feitura.

208. Papel machê

O papel machê é utilizado na confecção de máscaras, bonecos, objetos, adereços etc. Picar em pedacinhos um rolo inteiro de papel higiênico e colocá-lo em um balde com água com quatro colheres de vinagre, ou uma colher de café de lisofórmio ou óleo de cravo (uma colher de chá). Escorrer a água com o uso de uma peneira. Espremer bem a massa com as mãos para retirar toda a água. Esfarelar bem a massa. Colocar 15 colheres de sopa de cola branca e misturar. Em seguida colocar 3 colheres de sopa de farinha de trigo. Ir amassando e polvilhando a farinha até que desgrude completamente da mão (às vezes é necessário colocar um pouco mais de farinha). Nesse momento a massa está pronta para ser manuseada. Experimentá-la livremente para depois fazer algum trabalho. Esperar secar bem e pintá-la com tinta guache, plástica, acrílica ou outras.

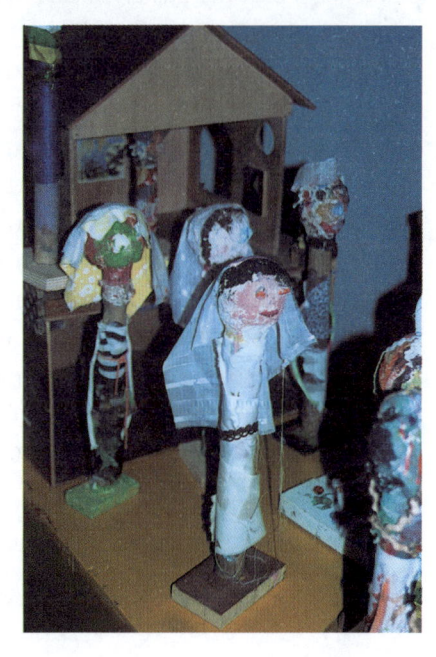

Bonecos, máscaras, modelagens e fantoches

208a O papel machê, depois de seco, é bastante resistente, podendo também ser utilizado na confecção de objetos utilitários: porta-lápis, caixinhas, ímã para geladeira e outros. Pode-se, por exemplo, confeccionar chaveiros. Cada aluno cria seu objeto, e ainda com a massa mole faz um pequeno furo onde vai ser encaixada a argola do chaveiro. Depois de seco o trabalho, pintar com tinta plástica ou acrílica.

209. Pés e mãos de papelagem

Preparar o gesso (ver exercício 197, "Alto e baixo-relevo em argila e gesso") e despejar no fundo de uma caixa de papelão (de sapato ou similar), até a espessura de 3 a 4 cm. Enquanto o gesso ainda estiver mole, o aluno colocará sua mão ou seu pé nele, mas sem afundar completamente, para que depois de endurecido possa retirar sem quebrar o molde. Fazer isso com muito cuidado. É preciso que o aluno mantenha seu pé ou sua mão parados até o gesso endurecer um pouco (mais ou menos uns 15 minutos) e então retirar. Quando o gesso estiver bem duro (em torno de duas horas), rasgar a caixa de papelão e passar vaselina por todo o molde para empregar a técnica da papelagem.

Preparar uma pequena bacia com cola branca diluída em água, em partes iguais. Cortar pequenos pedaços de jornal (quadradinhos, de mais ou menos 4 cm), mergulhar na cola, deixar escorrer o excesso e ir colando sobre o molde de gesso até cobri-lo por inteiro.

A primeira camada é sempre mais difícil pois o molde está com vaselina e o jornal pode escorregar um pouco. Completar umas quatro camadas, procurando fazer com que o jornal acompanhe bem as reentrâncias do molde. É interessante intercalar camadas com papéis diferentes, por exemplo, jornal e papel manilha, para não se perder no número de camadas feitas e para que o trabalho fique homogêneo.

Esperar a papelagem secar completamente para retirá-la do gesso. Dar acabamento, recortando as rebarbas ou passando uma nova camada de papelagem no contorno de todo o molde. Passar uma camada de tinta látex branca ou massa corrida — neste caso lixar com lixa d'água e, depois de seca, pintar com tintas variadas, como guache, acrílica etc.

210. Massa para modelagem de papel crepom

Picar meia peça de papel crepom (de cor forte) e colocá-la de molho em um balde com água de um dia para outro. Bater (aos poucos) no liquidificador com a água. Espremer o papel crepom até que saia toda a água. Misturar uma colher de café de lisofórmio ou óleo de cravo, duas colheres de sopa de cola branca e 10 colheres de farinha de trigo. Amassar bem até que desgrude totalmente da mão. A massa está pronta para ser usada e terá a cor do papel crepom. Para criar novas cores, preparar as massas separadamente com outras cores do crepom. Se não for consumida toda no mesmo dia, guardar em saquinhos plásticos na geladeira.

Depois que os alunos modelarem suas peças, deixá-las secar completamente. Para acrescentar detalhes à peça já colorida, usar tinta acrílica ou plástica.

211. Relevos de papel machê sobre cartão

Sobre um papel-cartão, dúplex, papelão ou um pedaço de madeira, usar o papel machê para fazer uma composição em relevo. Preparar a massa (ver exercício 208, "Papel machê") e colocá-la no suporte compondo um trabalho. O suporte pode ser coberto por inteiro pela massa ou só em algumas partes. Trabalhar o relevo acrescentando ou retirando massa.

Para complementar o trabalho, usar sucatas do tipo palitos, botões, moedas, tampinhas, copinhos, canudinhos ou outros materiais, fixando esses objetos no trabalho com a própria massa (esta substitui a cola). Depois de seco, pintar com tinta guache, plástica, acrílica etc.

211a Fazer pequenas bolinhas coloridas com o papel machê de papel crepom (ver exercício 210, "Massa para modelagem de papel crepom") e ir colando-as, lado a lado, sobre uma superfície lisa como madeira, garrafa, vaso, lata (de refrigerante) etc., criando um desenho. De preferência cobrir todo o objeto. Pode-se deixar as bolinhas redondas ou achatá-las. Passar cola na superfície antes de colocá-las. Depois que a massa estiver totalmente seca, passar uma camada de cola branca.

212. Fantoche de argila

Modelar a cabeça de um boneco a partir de uma bola de argila (do tamanho de uma bola de tênis, por exemplo). O uso de estecas e palitos (de dentes, de churrasco ou sorvete) facilita a modelagem. Depois de pronta a cabeça, deixar secar um pouco e cavar por baixo com uma esteca de gancho deixando-a oca para que possa caber o dedo indicador e o dedo médio na hora de manipular o fantoche. É importante que a peça esteja um pouco

Bonecos, máscaras, modelagens e fantoches

seca para não deformá-la. Para secar lentamente, cobri-la com um saco plástico com pequenos furos. Fazer um pescoço de argila com uma pequena saliência virada para fora que ajudará a segurar a roupinha. Deixar secar bem. Pode-se queimar (em forno próprio para cerâmica).

Pintar com guache, tinta acrílica ou plástica. Se se desejar, depois de seca, passar uma camada de cola branca. Fazer com tecido uma "camisolinha" ou roupinha em forma de "T", de um tamanho que esconda a mão do manipulador. Prendê-la no pescoço do boneco com cola ou costurando bem justinho. As mãozinhas do fantoche podem ser de tecido, espuma, papel ou outros materiais.

213. Fantoche de papel machê

Encher um saco plástico com jornal bem picado, fazer uma bola compacta (do tamanho de uma bola de tênis, por exemplo), enfiar uma vareta na boca do saco e amarrar com um barbante. Essa vareta será fincada em uma lata com areia ou em um pedaço de argila para que o aluno fique com as mãos livres para trabalhar. Sobre essa bola será modelada a cabeça do boneco.

Depois de preparada a massa do papel machê (ver exercício 208, "Papel machê"), cobrir toda a bola e fazer uma "bordinha" no pescoço, voltada para fora, onde será fixada a roupinha. Caracterizar o boneco modelando com a própria massa nariz, boca, bochecha etc. Apertar bem a massa para que ela não se solte. Um rolo de papel higiênico dá aproximadamente para duas cabeças.

Não cobrir o barbante que amarra o plástico. Depois de seca completamente a cabeça, retirar a vareta, puxar o barbante que amarra o saco plástico e esvaziar completamente, com cuidado para não rachá-la. Se a peça ainda estiver molhada por dentro, deixar secar. Pintar com guache, tinta acrílica, plástica, tinta para artesanato etc., e confeccionar a roupinha como no exercício anterior.

214. Fantoche de dedo com papelagem

Fazer um tubo de papelão ou cartolina onde caibam dois dedos dentro (o indicador e o médio). O comprimento é do dedo do aluno que o manipulará. Fazer uma bolinha de jornal e fita crepe e prender nesse tubo de papelão (com fita crepe). Esse "pirulito" vai ser fixado também com fita crepe em um suporte, por exemplo, uma garrafa de plástico, para que o aluno fique com as mãos livres para trabalhar. A garrafa deverá ter água ou areia para segurar bem o fantoche e não tombar.

Revestir a bolinha de jornal com pequenas tiras ou quadradinhos de jornal passados na cola branca diluída em água (mesma proporção). Se o aluno quiser fazer um relevo para o nariz, por exemplo, ele o fará com o jornal amassado, fixará com fita crepe e depois cobrirá com as tiras de jornal.

Depois de seco, passar uma camada fina de tinta látex branca, esperar secar e pintar com guache, tinta acrílica ou plástica. Confeccionar cabelos com lã, bombril, barbantes etc. Pintar o corpo (o tubo) ou confeccionar roupinhas com retalhos de tecido.

215. Fantoche com cabaça

Utilizar pequenas cabaças na construção de fantoches. Aproveitar a forma de cada cabaça para criar um personagem: pássaro, boneco etc.

Para a caracterização pode-se usar materiais leves como botões, fitas, lãs etc. colados à cabeça com cola branca ou quente. Pintar com guache, tinta plástica, ou deixá-la na cor natural.

A roupinha pode ser feita com retalhos de tecido para cobrir a mão do manipulador. É necessário costurar para ajustá-la bem ao pescoço. O aluno coloca a mão por dentro da roupinha, segura no pescoço, que é a

Bonecos, máscaras, modelagens e fantoches

ponta da cabaça, e manipula o boneco. Para complementar a atividade, seria interessante a construção de um teatrinho de fantoches para encenação das histórias.

216. Marionetes de sucata

Confeccionar bonecos usando sucatas em geral: caixas de papelão, garrafinhas e potinhos de plástico, retalhos de espuma, madeira, meias de náilon, jornal etc., e enfeitá-los com retalhos de tecido, botões, lãs coloridas, algodão, fitas etc. A cabeça pode ser fixa no corpo, porém os braços e as pernas devem ser confeccionados independentes e amarrados ao boneco para que se consiga movimento. Uma forma de prender os membros ao corpo é fazer um pequeno orifício tanto nos braços e pernas quanto no tronco, passar um barbante e dar um nozinho. O barbante não deverá ser comprido para que os membros fiquem rentes ao tronco (porém não rígidos para que possam se movimentar). Para que o barbante não escape do furo, pode ser amarrado nele um palito. Se forem usadas meias de náilon (recheadas de algodão ou de pedacinhos de espuma) para os braços e pernas, não é necessário o barbante. Passa-se a meia pelo furo e dá-se um nó do outro lado com a própria meia.

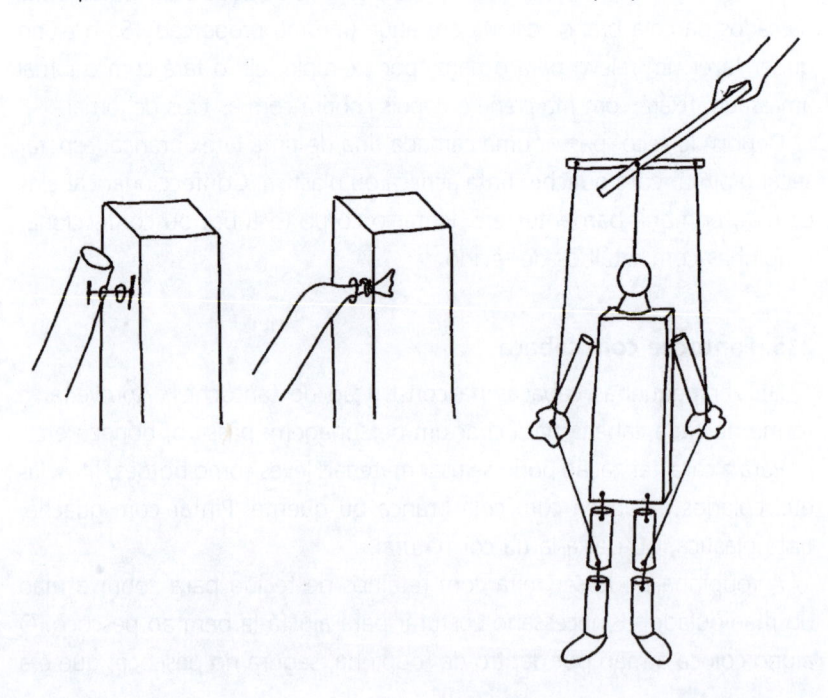

Faz-se uma cruz com duas ripas de madeira para sustentar o boneco, que podem ser coladas ou pregadas. No caso do uso da cola branca, esperar secar bem (pode-se usar também a cola quente). A parte de cima da cruz é menor que a de baixo. A ripa horizontal é um pouco menor que a vertical. Nas extremidades da ripa menor, são amarrados os cordéis (barbante) que passarão pelas mãos e pelos pés do boneco (o mesmo cordel passa pela mão e pelo pé) dos dois lados. Se o boneco tiver articulação nos joelhos, os cordéis passarão pela mão e pelo joelho, em vez de pelos pés. Os cordéis devem ter o mesmo tamanho.

No cruzamento das ripas é amarrado o cordel que passa no topo da cabeça do boneco. O aluno segura a cruz para manipular o boneco. O acabamento será dado no boneco de acordo com o material que foi utilizado; pintura com guache, colagem de papéis coloridos, roupinhas com retalhos de tecido, papel crepom e outros.

217. Marionete com bola de isopor

São necessárias duas bolas de isopor; a maior para o corpo e a menor para a cabeça. Essa marionete pode ser, por exemplo, uma ave. Caracterizar a ave acrescentando o bico (cortar um pedaço de plástico duro no formato de um bico). Cole-o com cola quente na bolinha de isopor (segurar um pouco para fixá-lo bem). Pintar as duas bolinhas com tinta guache, acrílica, cola colorida etc. Depois de secas, acrescentar outros materiais como penas, plumas, botões, miçangas etc., utilizando a cola branca ou a cola quente. Para deixá-las secar, é interessante espetá-las num palito de churrasco e fixá-las em uma placa de isopor ou pedaço de argila, para que não encostem em nada.

Cortar duas madeirinhas de mais ou menos 4 cm x 3 cm

Bonecos, máscaras, modelagens e fantoches

para fazer as patas da marionete. Pintá-las também. Fazer uma cruz com duas ripas de madeira para sustentar o boneco, como foi explicado no exercício 216, "Marionetes de sucata".

Para montá-lo proceder da seguinte maneira: cortar três pedaços de corda de polipropileno (6 mm) nas seguintes medidas; uma de 14 cm e as outras duas de 17 cm. A primeira será o "pescoço" da ave e ligará a cabeça ao corpo. As outras duas serão as "pernas" e ligarão o corpo às duas patas.

Fazer um pequeno orifício, com a própria ponta da pistola da cola quente, na parte de trás da cabeça da ave. Fazer um outro orifício na parte da frente do corpo. Colocar a cola quente nos dois orifícios e colocar o cordão. Segurar um pouco até a cola secar. Fazer dois furos na parte de baixo do corpo e colar as "pernas" (os outros dois cordões). Passar cola quente nas patas (madeirinha) e fixar às extremidades dos cordões da perna.

Agora só falta juntar a marionete à estrutura em cruz que a fará se movimentar. Cortar quatro pedaços de fio de náilon; um de 27 cm (que ligará uma das extremidades da cruz à cabeça); outro de 34 cm (que ligará a outra extremidade da cruz ao corpo da ave); os outros dois fios terão 46 cm cada um (ligarão os outros dois lados da cruz às patas).

O fio de náilon será preso às ripas com percevejo (dar um nozinho no fio para encaixar na ponta do percevejo). Para o fio de náilon entrar no isopor fazer um pequeno orifício com um prego e encher com cola quente. O fio da cabeça deverá ser fixado na parte de cima da cabeça, assim como o fio do corpo. Enfiar o fio e esperar secar. Os outros fios de náilon também deverão ser fixados, nas patas com cola quente, e por cima deles um percevejo para fixar melhor. A marionete está pronta para ser manuseada. Segurar nas ripas e movê-las fazendo os movimentos de andar, sentar, deitar etc.

É interessante que cada aluno caracterize sua ave como desejar e que cada um crie uma espécie diferente da do outro. Como as patas são de madeira, farão um barulhinho quando se fizer a marionete andar.

A marionete não precisa necessariamente ser uma ave, pode-se inventar qualquer bichinho, monstrinho etc. As medidas também não são rígidas, pode-se experimentar marionetes maiores, mais compridas etc.

Observação: Algumas vezes os fios de náilon se embaraçam. Para facilitar desfazer os nós é só desprender um ou mais percevejos das ripas, reordená-lo e prender de novo. Por isso não se deve colar os percevejos, só enfiá-los nas ripas.

Mosaico

218. Mosaico na madeira

O trabalho será feito em um suporte de madeira (uma placa) de tamanho e formato a escolher. O mosaico pode ser feito com pastilhas, cacos de azulejos ou de pisos ou com casca de coco, como no exercício 220, "Mosaico em vaso de barro com casca de coco". O desenho do mosaico é criado livremente no decorrer do processo ou faz-se um projeto prévio em papel ou na própria madeira. Neste mosaico, usa-se a cola branca Cascorez, faixa azul. Coloca-se bastante cola na superfície da madeira e depositam-se os cacos, fazendo uma certa pressão, deixando um pequeno espaço entre eles. Fazer por partes. Escolher um único material para fazer o mosaico para que os cacos se mantenham nivelados.

Depois de seco, aplicar o rejunte. Proceder da seguinte maneira: preparar o rejunte seguindo as instruções da embalagem e passá-lo sobre tudo, com o auxílio de uma espátula, para que entre nos espaços vazios. Não há problema em sujar as peças. O rejunte ficará no nível dos cacos. Não deixar pontas de cacos. Depois de passar por todo o trabalho, limpar com uma esponja bem umedecida, sempre lavando a esponja. Depois que o trabalho secar, provavelmente as peças estarão bem embaçadas por causa do rejunte. Limpá-las com bombril seco ou um pano úmido.

O rejunte é encontrado em várias cores, portanto escolher para o fundo do trabalho a cor que desejar. Este trabalho pode ser feito com o corte aleatório das peças ou com o uso da ferramenta "torquês com mola", com a qual se pode fazer o corte desejado. Pode-se também trabalhar só com pastilhas coloridas.

Para fazer os cortes aleatórios de azulejos e pisos, embrulhá-los num tecido grosso, para que os cacos não espirrem, e martelar; mesmo assim é aconselhável o uso de óculos protetores. O material pode ficar cortante, por isso é bom trabalhar com luvas grossas, de pano ou couro.

O trabalho do espanhol Antonio Gaudi[1] é um ótimo exemplo do que se pode realizar em mosaico.

Antonio Gaudi (1852-1926), grande inovador no campo da arquitetura, nasceu em Reus, e muitas de suas obras se encontram em Barcelona. Como tão bem define o historiador Giulio Carlo Argan[2] (1988), "Gaudi une a obra do construtor, que define as estruturas, a do escultor, que modela as massas,

---
1. CARMEL-ARTHUR, Judith. *Antonio Gaudi*. São Paulo, Cosac & Naify, 2000.
2. ARGAN, Giulio Carlo. *Arte Moderna*. São Paulo, Companhia das Letras, 1988.

Mosaico

e a do pintor, que delimita as superfícies com a cor; além disso, faz convergir para a obra várias especialidades do artesanato: o mosaico, a cerâmica, o ferro batido etc." É riquíssimo observar a integração da arquitetura e do mosaico em seu projeto arquitetônico de uma cidade-jardim: O Parque Güell.

219. Mosaico em vaso de barro com cerâmica

Para este trabalho, usam-se pedaços de azulejos, pisos, pastilhas, cerâmicas etc. Pode-se comprar esse material ou trazer de casa sobras dele. Para quebrá-lo com martelo, é preciso embrulhá-lo em pano grosso, para que os cacos não espirrem. É um material cortante depois de quebrado, por isso aconselha-se usar luvas de pano ou couro e óculos protetor. Devem ser tiradas as pontas perigosas com o martelo ou uma ferramenta própria, a "torquês com mola".

Molhar o vaso de barro (sem esmalte) na água, deixar escorrer. Colocar de uma a duas colheres de cimentcola, já preparada, como mandam as instruções, na superfície do vaso e espalhá-la de modo homogêneo, sem deixar a camada ficar fina. Colocar os cacos pressionando-os um pouco na massa, sem que ela se espalhe por cima deles. Se o aluno quiser um trabalho homogêneo, selecionar as peças por espessuras semelhantes antes de colocar no vaso, portanto não misturar cerâmicas finas (tipo azulejo) com grossas (tipo piso). Encaixar os cacos como num quebra-cabeça, sem deixar grandes espaços entre eles. Ir colocando cimentcola e os cacos em volta de todo o vaso. Fazer por partes. O trabalho pode ser feito em mais de um dia desde que se prepare cimentcola a cada vez que for usado, pois ele endurece.

Depois de seco, dar o acabamento com rejunte como explicado no exercício anterior.

220. Mosaico em vaso de barro com casca de coco

Molhar um vaso de barro (sem esmalte) em um balde com água para que o barro absorva a água e o umedeça. Escorrer a água. Preparar cimentcola como mandam as instruções. Usar o cimentcola em sua coloração natural, ou adicionar um pouco de pó xadrez, da cor que desejar, no momento da preparação.

Quebrar a casca do coco com um martelo. O coco deverá estar embrulhado em um pano para evitar que os cacos atinjam o rosto. Colocar de uma a duas colheres de cimentcola em um dos lados do vaso e espalhar em sua superfície de maneira uniforme numa camada não muito fina. Colocar os pedaços de coco pressionando-os para que fiquem bem firmes. O cimentcola deverá subir um pouco sobre a borda do coco para fixá-lo melhor. Encaixar bem as peças como se fosse um quebra-cabeça, deixando um pequeno espaço entre elas. Quando estiver pronta essa parte do vaso, recomeçar a mesma operação nas outras partes, até completar todo o vaso. É preciso que uma das mãos fique dentro do vaso para não esbarrar no que já estiver pronto. O mosaico pode ficar com a cor natural do coco ou poderá ser pintado com tinta acrílica, plástica, guache etc., depois que o trabalho estiver seco.

221. Mosaico no muro

Para que um muro receba o mosaico é preciso antes de tudo apicoá-lo, quer dizer, desbastá-lo com alguma ferramenta pontiaguda como formão, chave de fenda etc. Fazer vários furos, ranhuras e também descascá-lo, na medida do possível. Isso fará com que o mosaico fique mais bem fixado.

Juntar cacos de azulejo (colorido), cerâmica, pastilhas ou outros materiais interessantes como pedrinhas coloridas, conchas etc. Para conseguir os cacos, pode-se quebrar o azulejo ou a cerâmica, cobrindo-os com um pano (para que não espirrem cacos nos olhos), e batendo com um martelo. Tomar cuidado com as pontas cortantes. Trabalhar com luvas e óculos protetores. Se quiser tirar as pontas, usar uma ferramenta própria, a "torquês com mola".

Depois de juntar uma boa quantidade de material, criar um projeto com os alunos. O projeto é um ponto de partida, mas nem sempre deve-se mantê-lo "à risca". Conforme o trabalho vai se desenvolvendo, algumas mudanças podem ocorrer.

Os cacos serão colados com cimentcola. Prepará-lo como mandam as instruções da embalagem. Com uma pá de pedreiro ou uma espátula, espalhar o cimentcola por uma pequena área por onde deverá começar o trabalho. Colocar as peças do mosaico, uma por uma, fazendo uma ligeira pressão para que penetrem um pouco no cimentcola. Manter um pequeno espaço entre as peças. Não afundá-las muito para que o cimentcola não ultrapasse o nível dos cacos. Conforme uma área do mosaico for ficando pronta, acrescentar cimentcola em outra para ir sendo trabalhada. Sempre fazer por partes.

Se o trabalho for feito com materiais de espessuras diferentes, é importante, ao aplicá-los no cimentcola, pressioná-los mais ou menos conforme

Mosaico

seu volume, para que no final todas as peças estejam niveladas. Isso evitará pontas e rebarbas que podem machucar as pessoas.

Deixar secar completamente essa primeira etapa. Para dar um acabamento e cobrir os espaços que sobraram entre as peças, será colocado o rejunte. Prepará-lo conforme as instruções da embalagem. Este deverá ter uma consistência de pasta de dente. Com uma espátula, pequena, ou uma régua maleável, ir colocando o rejunte nesses espaços até que fique no mesmo nível das peças. Com uma esponja úmida e macia, ir limpando o rejunte que restou sobre as peças. Ter um balde com água ao lado para ir lavando a esponja. Esperar secar completamente para fazer a limpeza final.

Passar de leve um bombril seco ou um pano úmido sobre todo o trabalho para limpar o "embaçado". Depois passar um pano de pó ou estopa seca para dar brilho às peças.

Escultura e construções
com materiais variados

222. Móbile

É um ótimo exercício para trabalhar equilíbrio. Os alunos podem fazer seus móbiles com diversos materiais: para a armação pode-se usar arame, cabide, graveto, bambu etc. e neles pendurados, com fios de náilon, pequenos objetos feitos com arame, papelão, isopor, dobraduras, objetos feitos em papel machê (ver exercício 208, "Papel machê"), "objetos" de parafina (ver exercício 122, "Impressão na parafina") etc.

Para facilitar o trabalho é recomendável começar o móbile de baixo para cima. Num pedaço de arame (o tamanho e a espessura do arame dependerão do que será pendurado nele) fazer uma argolinha no meio, vergando o próprio arame. Amarrar dois fios de náilon nas extremidades e pendurar "os objetos". Proceder da mesma maneira com outro pedaço de arame. Agora, com um arame maior, prender dois fios de náilon que segurarão os dois primeiros arames (pelas argolinhas), e assim sucessivamente, fazendo com que o móbile vá crescendo.

Deixar que os alunos busquem, por conta própria, conseguir o equilíbrio entre as partes.

Nem sempre o "jogo" estará apoiado na simetria. Estimular a exploração de equivalências dos pesos dos objetos e de sua localização no arame. Se o aluno pendurar uma pedra de um lado, o que deverá pendurar do outro para conseguir equilíbrio?

Os móbiles criados pelo artista norte-americano Alexander Calder[1] (1898-1976) são um grande estímulo para este trabalho. Inspirado pelo Sistema do Universo — em que corpos de tamanhos e densidades diferentes flutuam no espaço, circundados

---

1. ROWER, Alexander S. C. *Calder Sculpture*. Nova York, Universe Publishing, 1998.

Escultura e construções com materiais variados

de "nada" em estado gasoso, uns em repouso e outros em movimento — Calder equilibrou formas abstratas de metal suspensas por arame, que se articulam e se movimentam ao mais leve sopro de ar.

Conseguiu assim mudar a natureza da escultura trazendo-lhe movimento.

223. Escultura com arame

Com um arame fino, fácil de manipular, o aluno cria sua escultura entortando o arame, dobrando, torcendo, amassando etc. O trabalho pode ser figurativo; construções de animais, figuras humanas etc. ou abstrato. É adequado usar um arame de alumínio bem flexível, ou de cobre, ou ainda os arames coloridos (e bem finos) usados em fiação de telefone. Não é preciso o uso de ferramenta para manuseá-los, somente um alicate para cortá-los. As junções podem ser feitas pela torção de duas partes ou com durex ou fita crepe. A escultura pode ser fixada num suporte de isopor, numa cortiça grossa, espetada num pedaço de argila ou ainda se sustentar em pé numa base feita do próprio arame.

Se o aluno quiser um arame em forma de espiral, basta enrolar bem apertadinho em um lápis ou num objeto de diâmetro maior, e depois tirar.

Propor também que a escultura seja criada a partir de um único arame, sem emenda nem corte.

A transparência e o colorido do papel celofane colado (com cola branca ou fita adesiva) nas formas que vão sendo criadas podem trazer uma riqueza para o trabalho. Pode-se criar personagens, bonecos de arame, para fazer uma representação teatral; deixa-se uma haste de arame onde o aluno segura para movimentar o boneco.

Pode-se levantar um tema em comum na classe de onde todos partam para a criação individualmente.

223a Escultura com arame enrolado: o aluno vai construindo sua figura enrolando o arame, formando um emaranhado que vai ganhando volume, como se fosse um novelo. As esculturas podem ficar em pé ou ser penduradas por um fio de náilon em um móbile, por exemplo. Pode-se propor que os alunos observem algumas esculturas figurativas e façam uma releitura utilizando essa técnica.

223b Escultura com solda de p.v.c.: a solda de p.v.c. é um material bem maleável e portanto fácil de ser manipulado. Os alunos podem criar esculturas dobrando e juntando as extremidades com um pedaço de durex.

223c Outro material ótimo e bem flexível para se trabalhar é o limpador de cachimbo, um araminho recoberto, fácil de dobrar, enrolar ou cortar. É possível usá-lo sozinho para construir figuras ou com sucatas variadas como caixa de ovo, isopor, rolha, caixinhas etc. É só espetar o araminho na sucata ou fazer um furo para que ele entre e depois torcer sua ponta.

Outro material semelhante que pode complementar o trabalho é o araminho encapado de plástico que fecha embalagens.

Observar os trabalhos de Alexander Calder[2] (1898-1976), escultor norte-americano que construiu com arame personagens e animais de circo, articuláveis, e também fez retratos de artistas famosos, utilizando muitas vezes um único fio.

No retrato que fez de Josephine Baker (artista de cabaré dos anos 1920) o movimento é tão plenamente expresso em seu corpo articulado que Calder até sabia dançar com ela.

224. Construção com cabides

Para este trabalho é interessante usar cabides de arame. Estes normalmente são bem flexíveis e existem tanto na cor natural, de arame, como coloridos. Muitas coisas podem ser construídas com os cabides, mantendo sua forma original ou transformando-os conforme a necessidade. Uma de suas características interessantes é o fato de poderem ir se enganchando uns nos outros.

Fazer um boneco ou um robô é uma das possibilidades. Pendurar o primeiro cabide, que seria a cabeça, com um barbante em um prego na parede. A estrutura do corpo e as pernas podem ser feitas com os cabides pendurados de "ponta-cabeça", "em pé", entortados, amarrados uns aos outros etc. Os detalhes, como olhos, nariz, boca, roupa, pés etc. podem ser feitos com diversos materiais, como arame, papéis coloridos, botões, lãs e sucatas em geral. Esses materiais podem ser amarrados aos cabides com linhas ou arames finos. Se necessário, usar cola branca, cola quente e fita crepe para fixar alguns deles. O interessante desse boneco é que ele fica "leve", "transparente". Depois de pronto, pendurá-lo com um barbante no teto para que possa girar.

224a Outra possibilidade é construir móbiles aproveitando a estrutura dos cabides. Variar seus tamanhos. O maior servirá para sustentar os demais, nele podem ser pendurados dois cabides e nesses dois mais quatro e assim por diante. Pendurar nos cabides, com fios de náilon, objetos coloridos (ver exercício 222, "Móbile").

---

2. ROWER, Alexander S. C. *Calder Sculpture*. Nova York, Universe Publishing, 1998.

Escultura e construções com materiais variados

225. Figura humana com arame e outros materiais

A proposta deste exercício é trabalhar a figura humana inspirada nas esculturas do artista plástico suíço Alberto Giacometti[3] (1901-1966) que as construía de forma esguia, muito alongada, quase sem volume, de superfície áspera e pés grandes.

Giacometti representava as pessoas que observava na rua comprimidas pelo espaço que as rodeava.

Trabalhar com um pedaço grande de arame flexível (número 20, por exemplo); a escultura se formará a partir de um único arame, sem emendas. Para se obter uma figura mais firme e resistente, trabalhar com arame duplo. Um aluno da classe pode servir de modelo fazendo uma pose para que os outros observem. Começar pela cabeça e depois fazer o tronco e os membros, sempre torcendo e dobrando o arame. A escultura deverá ficar fininha como as de Giacometti. Fixá-la num bloquinho de argila ou pregá-la num pedaço

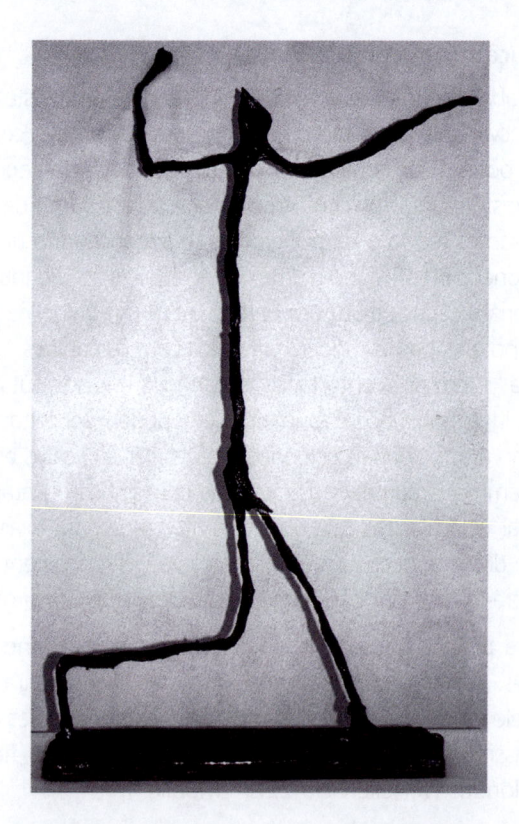

---
3. GENET, Jean. *O ateliê de Giacometti*. São Paulo, Cosac & Naify, 2000.

de compensado para mantê-la em pé. Cobrir a escultura com papel-alumínio amassado, acompanhando sua estrutura. Se se desejar pintar, cobrir a superfície do papel com tinta guache misturada com um pouco de detergente líquido. O detergente ajudará a fixar a tinta no papel-alumínio. Depois de seco, usar um bombril e esfregar levemente em algumas partes do trabalho para dar um tratamento de luz e sombra.

225a Outra maneira de revestir o arame é cobri-lo com papel machê (ver exercício 208, "Papel machê"). Depois de seco, pintar com tinta guache, acrílica, plástica ou outras.

226. Formas com bombril

O bombril é um material muito fácil de manipular. Sem uso de ferramentas, só com as mãos, o aluno vai dando a forma que quiser, torcendo, esticando, amassando. Animais é um tema interessante para desenvolver com essa técnica. Usar linhas, fitas ou barbantes e algumas sucatas como tampinhas, botões etc., para complementar o trabalho.

Alguns materiais aderem ao bombril com a cola branca. No caso de bonecos, pode-se fazer roupinhas com retalhos de tecido.

227. Relevo com papel-alumínio

Num pedaço de papelão ou dúplex fazer uma colagem com objetos que tenham forma e/ou textura interessantes, como clipes, barbante, chaves, moedas, folhas de árvores, papel ondulado, caixinhas, tampinhas etc. Organizar, com esses elementos, uma composição.

Colocar sobre a colagem uma folha de papel-alumínio com o lado brilhante para cima e fazer uma certa pressão com os dedos para que o relevo dos objetos apareça. Se o papel-alumínio for muito fino, fazer o trabalho com ele dobrado uma ou mais vezes, contanto que a parte brilhante fique para cima. O papel-alumínio, quando bem pressionado sobre os objetos, adquire sua forma e sua textura.

Em seguida, pintar toda a superfície do papel com tinta guache preta misturada com um pouco de detergente líquido. O detergente ajudará a fixar a tinta no papel. Depois de seco, usar um bombril e ir esfregando todo o trabalho (cuidado para não rasgar o papel) para realçar as saliências. Isso resultará em um jogo de luz e sombra muito interessante.

O papel-alumínio pode ser retirado da colagem, pois não perderá sua nova forma.

Escultura e construções com materiais variados

228. Relevo com canudos de papelão

Utilizando canudos de papelão (de papel toalha, papel-alumínio, papel higiênico etc.), de diferentes tamanhos e diâmetros, os alunos podem criar relevos recortando-os e colando-os numa base de papelão ou madeira. Usar cola branca. O corte pode ser no sentido longitudinal, criando elementos côncavos e convexos, no sentido transversal ou ainda diagonal.

Fazer uma composição dessas formas pensando sempre na relação entre os elementos para que se crie um jogo de luz e sombra, de ritmo, e de movimento. Depois de terminado o trabalho, pode ser pintado de uma só cor ou com várias cores (observar o efeito das cores sobre as formas). A tinta pode ser guache, acrílica, esmalte (tóxica), plástica etc.

228a Utilizando o mesmo material acima citado, propor aos alunos que criem esculturas, usando os três tipos de cortes. Para fixar, utilizar cola branca ou cola quente. Depois de pronto, é só pintar.

Para dar brilho, passar uma camada de verniz ou cola branca, depois que a tinta estiver seca.

Poderá ser mostrada para os alunos, antes ou ao término da atividade, a série de relevos do escultor brasileiro Sérgio Camargo[4] (1930-1990). Esses relevos são constituídos por módulos de cilindros de madeira

---
4. BRITO, Ronaldo. *Sérgio Camargo*. São Paulo, Cosac & Naify, 2000.

cortados em ângulos e dispostos sobre uma superfície plana em infinitas combinações. Pintados inteiramente de branco criam uma interação entre plano, volume, luz e ritmo.

229. Escultura com caixas de papelão

Os alunos escolhem caixas de papelão de formatos variados (macarrão, salgadinhos, remédios, pasta de dentes etc.), desmontam essas caixas e as remontam pelo lado do avesso. A sugestão de remontar a caixa é para que percebam melhor como as caixas são feitas, e também para que se desvinculem dos rótulos, já que muitos escolhem a caixa não pelo seu formato e sim porque gostam do seu conteúdo. Outra boa razão para virá-la do avesso, é que essas caixas, muitas vezes, são plastificadas e, assim, rejeitam alguns tipos de tinta (a tinta descasca depois de seca).

Os alunos constroem suas esculturas (figurativas ou não) com as caixas escolhidas utilizando, para uni-las, cola branca, fita crepe ou, melhor ainda, cola quente. Podem ser utilizados outros materiais apenas para alguns detalhes. Depois de pronto o trabalho, pintar com tinta guache e, se desejar, passar uma camada de verniz ou cola branca.

229a Pode-se trabalhar também com caixas grandes, por exemplo, embalagens de eletrodomésticos. Com elas é possível construir torres, prédios, castelos etc. Nesse caso, não é preciso desmontar as caixas, porque normalmente são feitas de papelão sem plastificação. É interessante fazer aberturas nas caixas para a construção de janelas, portas etc. Para isso, conforme a espessura do papelão, é necessário usar um estilete (não se deve oferecer o estilete aos alunos pequenos). Utilizar também o papelão rugoso (disponível em várias cores) para conseguir texturas em alguns detalhes do trabalho.

230. Subsolo, terra e ar

Este trabalho procura integrar três planos do espaço: abaixo do solo, o plano da terra e o plano do ar. Pode-se oferecer caixas de papelão de diferentes tamanhos para que os alunos trabalhem os vários planos. O que importa nesta proposta é que eles pensem em algum tema que integre os três planos e criem uma solução plástica para sua expressão. Os três planos devem ser trabalhados no mesmo projeto, um sobre o outro. Se o aluno for trabalhar com caixas, será interessante abrir janelas para que se possa ver o que está por dentro.

Escultura e construções com materiais variados

Pequenos exemplos, só para ilustrar a ideia: o porão de uma casa (plano abaixo do nível da terra), a casa (plano da terra) e o ar ou coisas que estariam no telhado da casa em contato com o ar (plano do ar); o fundo do mar, a praia e o vento (ou uma pipa ao vento); a raiz de uma planta, a planta e as abelhas ou pássaros que se relacionam com ela, e assim por diante. Para facilitar a criação desse projeto seria interessante que o professor oferecesse grande variedade de sucata e outros materiais como tinta, papéis, cola branca e quente, fita crepe, arame, madeira, retalhos de tecido etc.

O professor também pode pedir aos alunos que tragam materiais de casa para auxiliá-los em seus projetos, isso faz com que eles se envolvam mais.

Observação: Este trabalho pode ser realizado junto com outra disciplina que estiver abordando, por exemplo, o tema do meio ambiente.

231. Esculturas a partir de um quadrado de papel

Entregar para cada aluno um quadrado feito de algum papel resistente como papelão ou dúplex. Propor aos alunos que façam uma escultura só utilizando cortes e dobras, sem o uso de cola e sem tirar pedaços do papel. É interessante que cada um deles receba vários quadrados de tamanhos diferentes para que possam experimentar, com bastante liberdade, até chegarem a algum resultado interessante.

Os alunos estarão trabalhando o plano tridimensional a partir de um material bidimensional. O professor pode, por exemplo, limitar o número de cortes e dobras a serem feitos no papel para que depois eles possam observar como cada um resolveu diferentemente seu trabalho, a partir de uma mesma "regra" para todos.

Seria mais interessante pintar a escultura de uma só cor para conseguir uma maior clareza e limpeza da forma.

É interessante observar as esculturas do artista brasileiro Amilcar de Castro[5].

Amilcar de Castro (1920-2002) nasceu em Paraisópolis, Minas Gerais. Escultor e desenhista da maior importância para a arte moderna brasileira, participou do movimento neoconcretista tendo como matéria-prima para suas esculturas o ferro. Das chapas espessas de ferro, quadradas, redondas ou retangulares, criou uma nova concepção de espaço, interferindo nelas com cortes e dobras.

---

5. NAVES, Rodrigo. Amilcar de Castro. São Paulo, Cosac & Naify, 1997.

232. Formas tridimensionais

Entregar para o aluno um pedaço de cartolina (15 cm x 20 cm, por exemplo) com alguma pequena interferência que o torne tridimensional. Por exemplo: uma dobra no meio do papel, ou duas dobras nos cantos; ou um papel redondo dobrado ao meio, de tal maneira que fique em pé.

O aluno interferirá nessa forma completando-a, com colagem de papéis, pintando com materiais diversos ou ainda recortando algum detalhe da própria forma, desde que esta não perca sua característica original (sem destruí-la). Orientar os alunos para que estabeleçam uma relação entre a forma que receberam e sua criação.

O aluno escolhe a posição que quer trabalhar com a forma recebida, contanto que ela se mantenha "em pé" (tridimensional).

É interessante que eles percebam quantas possibilidades surgiram na classe a partir de um mesmo estímulo.

233. Construção de mochilas, bolsas e carteiras

Pedir que os alunos tragam para a escola sacolas de papel (de loja), de vários tamanhos, que serão a base das mochilas. Com tiras de cartolina, construir as alças da mochila; fixar na sacola com cola branca, cola quente ou

Escultura e construções com materiais variados

grampeador. Com papéis coloridos de vários tipos como espelho, laminado, camurça, papel de presente etc. e outros materiais como canetas hidrográficas, tintas, retalhos de tecido etc., os alunos trabalham sobre as sacolinhas transformando-as completamente. Orientá-los a cobrir os rótulos já existentes e criarem seus próprios padrões. Além de decorá-las, podem acrescentar abas, bolsos e fechos etc.

Outra maneira de construir bolsas, carteiras e a própria mochila é usar cartolina, papel *colorset* ou papel-cartão no lugar das sacolas de embalagem. O aluno pode construir a forma e o tamanho que desejar, partindo sempre do mesmo princípio: recortar um pedaço de cartolina que servirá para ser a bolsa, incluindo a aba que serve para fechá-la. Dobrar a cartolina em três partes; duas maiores e iguais (as partes da frente e de trás da bolsa) e uma menor (tampa). Com um outro pedaço de cartolina os alunos farão as laterais da bolsa, para que tenha volume; recortar um pedaço de cartolina com altura igual à lateral da bolsa e uma largura de uns 12 cm aproximadamente. Fazer uma "sanfoninha" com esses pedaços e colar nas duas laterais. Utiliza-se o mesmo procedimento para a carteira e a mochila.

Depois de montadas, usar tinta ou colagens para decorá-las. As tiras também podem ser feitas de fitas de tecido para ficar mais resistentes.

Orientá-los para não sobrecarregarem suas bolsas, colocando dentro coisas muito pesadas, pois, apesar de resistentes, são feitas de papel.

234. Construção de chinelos e sapatos

Os chinelos e sapatos podem ser feitos com papelão ou com caixas de embalagens de presente. Se for papelão, colocar sobre ele um chinelo para desenhar e recortar seu contorno. Recortar também as tiras que podem ser largas ou estreitas. Como a sola feita de papelão é relativamente grossa, fazer alguns cortes com estilete para que as tiras se encaixem entre o papelão (nas laterais da sola, longitudinalmente). Passar um pouco de cola branca ou cola quente para que se fixem melhor. Os modelos dos chinelos são criados pelos próprios alunos.

Os sapatos podem ser feitos com caixas de embalagens que já venham com tampa ou com caixas de sapato, fixando-se a tampa com fita crepe. O aluno fará uma abertura na parte superior da caixa para que o pé possa entrar e o restante da caixa servirá como sola, calcanhar e parte de cima do sapato. Outros cortes podem ser feitos na parte da frente do sapato para que se dê outras formas a ele; sapato de bico, sapato quadrado, arredondado etc. Fazer furos para passar o cadarço.

Os sapatos e chinelos podem ser decorados com colagens de papéis ou tecidos coloridos e com pequenas sucatas como botões, lãs, pedaços de pelúcia, couro etc. Outra possibilidade é pintá-los com tinta guache, acrílica e outras; depois de secos, pode-se passar uma camada de verniz para proteger melhor a tinta.

235. Escultura com concreto celular

O concreto celular é um material barato, encontrado em blocos de aproximadamente 30 cm x 40 cm x 10 cm, em lojas de materiais de construção. Por ser bastante leve e macio (poroso), pode ser esculpido facilmente com goivas, faquinhas e lixas. Para dividir o bloco em tamanhos menores, basta serrá-lo.

Por produzir muita poeira quando manuseado, é aconselhável o uso de máscara (tipo de dentista, médico) que cubra nariz e boca. Também convém orientar os alunos para não assoprar a poeira do trabalho e sim passar um pincel largo ou trincha quando acumular muito pó. Lembrá-los de trabalhar todos os lados quando fizerem suas esculturas.

Depois que o trabalho estiver pronto, lavá-lo em água corrente para retirar os resíduos de pó e deixar secar muito bem. Para unir partes pode-se usar cola branca ou cola quente, depois do trabalho lavado e seco.

Para o acabamento, usar tinta guache e depois uma camada de verniz, ou se se quiser, apenas uma camada de verniz, mantendo a cor natural.

Escultura e construções com materiais variados

Para ilustrar esta atividade, apresentar aos alunos as esculturas de Antonio Francisco Lisboa, o Aleijadinho[6] (1730 ou 1738-1814), considerado o maior artista brasileiro do período colonial.

Observar, em especial, os 12 profetas esculpidos em pedra-sabão, em tamanho natural, distribuídos no adro do Santuário de Bom Jesus de Matosinhos (Congonhas do Campo, MG), dispostos de tal maneira como se dialogassem entre si. São figuras de muita força expressiva.

236. Escultura com gravetos

Procurar na escola, junto com os alunos, galhos ou gravetos de vários tamanhos e formatos diferentes para criação de esculturas. Pode-se também pedir que tragam o material de casa. Criar os trabalhos juntando os gravetos com cola quente, cola branca, preguinhos ou fazendo encaixes para uni-los. Uma das partes é apontada como um lápis com o estilete ou faquinha e na outra parte faz-se um corte em "V" para receber o galho apontado. Passar cola e segurar um pouco para fixar, ou colocar uma fita crepe enquanto seca, e depois retirá-la.

Pode-se deixar o trabalho na cor natural do graveto ou descascá-lo em algumas partes para aparecer outro tom e outra textura.

---

6. OLIVEIRA, Myriam Andrade Ribeiro de. *Aleijadinho — Passos e Profeta*. Belo Horizonte, Itatiaia, 2000.

236a Construir caixinhas, brinquedos, barcos etc. com palitos de churrasco, sorvete, palitos de dentes, fósforo, prendedores de roupa de madeira desmontados etc. O uso de barbante ou linhas pode ajudar na construção, além da cola branca e da cola quente.

Esses objetos podem ser pintados com tinta guache, acrílica ou plástica, colorida ou esmalte (tóxica), ou deixados na cor natural. Depois que a tinta estiver seca, pode ser passada uma camada de cola branca ou verniz.

236b Com o uso de gravetos (relativamente retos) e bambus finos, cortados em tamanhos pequenos, pode-se construir miniaturas de móveis e objetos, utilizando cola quente para juntá-los. Tanto o graveto como o bambu podem ser cortados com uma faquinha de serra ou serrote pequeno (próprio para crianças).

Propor para o grupo que pensem num trabalho maior em que cada um possa contribuir com uma parte.

237. Construção com madeira

Com retalhos de madeira, pregos de vários tamanhos, lixas, serrote, cola branca, fita crepe, morsa e de preferência uma bancada, os alunos podem criar muitas coisas. Brinquedos, bonecos, carrinhos, animais, robôs, casas etc. são algumas das infinitas possibilidades de criação. A atividade, num primeiro momento, pode ser encaminhada de uma forma livre para que os alunos explorem os recursos do material e das ferramentas. É fascinante poder usar materiais normalmente reservados aos adultos. O professor deve ficar atento na orientação de como usar as ferramentas para facilitar o trabalho e também para prevenir acidentes. A cola branca é muito útil na colagem da madeira, porém requer um tempo de secagem longo, e nem sempre o aluno consegue ficar segurando seu trabalho para colar, por isso, depois de usar a cola, é aconselhável fixar as partes com fita crepe e retirá-la depois da secagem. A cola quente (em alguns casos) é uma opção para resolver mais rapidamente esse problema. É importante que o professor oriente o aluno quando é o caso de usar cola e quando o de usar prego (ou os dois).

Depois de construído o trabalho, pintar com tinta guache, acrílica, esmalte (tóxica) etc. É interessante também completá-lo colando materiais diversos como papéis coloridos, tecidos, lãs, barbante etc.

Após essa atividade livre, propor algum tema em que todos trabalhem e colaborem com sua criação para um fim comum. Por exemplo: construção de uma cidade, miniatura de casa com móveis e objetos, uma fazenda etc.

Escultura e construções com materiais variados

238. Madeira com dobradiças

Colocar à disposição dos alunos vários tipos e tamanhos de madeira e dobradiças. O aluno faz seu trabalho a partir desses materiais, usando dobradiças para emendar as madeiras, criando assim um jogo de planos no espaço. A dobradiça possibilita que a cada momento o trabalho tenha um aspecto diferente; bidimensional ou tridimensional, se for colocado em pé. Pode-se brincar com as dobradiças para conseguir movimento, por exemplo, num robô que mexe os braços, as pernas etc. Usá-las para abrir e fechar portas e janelas, enfim, são muitas as possibilidades de criação.

O trabalho pode ser pintado com tinta guache, acrílica, plástica ou esmalte (tóxica).

Observar com os alunos a série "Os bichos" da artista plástica brasileira Lygia Clark[7] (1920-1988), construções em placas de alumínio, articuladas por dobradiças que através da manipulação do espectador adquirem inúmeras formas. São planos que rompem o espaço e ganham tridimensionalidade.

238a Ainda com o mesmo material, madeira e dobradiça, os alunos podem criar dípticos e trípticos, juntando com dobradiças duas ou três placas de madeira. Recortar a madeira, criando formas arredondadas ou angulares na parte superior, como se vê nas pinturas (dípticas ou

---

7. MILLIET, Maria Alice. *Lygia Clark: Obra Trajeto.* São Paulo, Edusp, 1997. — Lygia Clark, Fondación Tapies, 1998.

trípticas) antigas. Para dar novas formas às madeiras, será necessário o uso de uma serra tico-tico e portanto o auxílio do professor nesse momento. Também pedir aos alunos que procurem em marcenarias retalhos de madeira de formas interessantes que possam ser utilizados nos trabalhos, substituindo o uso da serra.

Depois de colocar as dobradiças, passar uma camada de tinta látex branca nas madeiras e criar uma pintura com tinta guache, óleo, acrílica, esmalte (tóxica) ou mesmo fazer uma têmpera (ver exercício 18, "Têmpera"). Como o trabalho é composto por duas ou três partes, orientar os alunos para que, ao pintarem, estabeleçam alguma relação entre elas.

Observar as pinturas dípticas e trípticas do artista da Idade Média Hieronymus Bosch[8].

Os dípticos e os trípticos são pinturas em painéis constituídas de duas e três partes, respectivamente, muitas vezes ligadas por dobradiças, possibilitando seu fechamento. Esse tipo de suporte era comum no período gótico, cuja temática estava voltada para a representação cristã.

Hieronymus Bosch (1450-1516), pintor holandês, surge na transição entre o período gótico e o Renascimento, sendo um pintor totalmente particular, cuja obra é carregada de simbolismos, integrando termas religiosos e figuras fantásticas. Utilizou-se, em vários momentos, desse suporte.

239. Escultura em sabão e vela

Tanto o sabão em pedra como a vela são materiais macios e fáceis de serem esculpidos. As ferramentas podem ser goivas, faquinhas ou canivete, prego, lixas etc. A vela (parafina) precisa ser mais volumosa do que as convencionais. Compra-se pronta ou pode-se fazê-la, utilizando a técnica do exercício 163, "Velas recicladas".

Na primeira etapa do trabalho é importante que se permita experimentar o material livremente para que perceba suas características (fragilidade e resistência) e aprenda a utilizar as ferramentas. O aluno pode fazer um projeto antes, desenhando na peça, ou ir esculpindo livremente e percebendo o que vai sendo formado. Lembrá-los de que a escultura é para ser vista de todos os lados, portanto deve-se trabalhar concomitantemente todas as partes. A escultura pode ter a cor própria do material ou ser pintada com tinta acrílica, plástica ou tinta de artesanato.

---
8. BOSING, Walter. *Hieronymus Bosch. A obra de Pintura.* Taschen, 2000.

Escultura e construções com materiais variados

Para unir pedaços de sabão (pode-se usar cores diferentes) é preciso dissolver um pouco as partes com água para que se fixem. No caso da vela, é necessário que se derreta, um pouco, no fogo, as partes a serem ligadas.

Aproveitando a maciez do material, é possível complementar o trabalho espetando pregos, alfinetes, percevejos, arame, clipes etc.

240. Guache e giz de cera em vidro

Usar um vidro de conserva ou copo de requeijão ou mesmo uma placa de vidro. Limpar bem com álcool. Fazer uma mistura de duas partes de guache branco e uma de cola branca e pintar o vidro todo com essa mistura. Ainda com a tinta molhada sobre o vidro, passar um pente, fazendo ranhuras retas ou onduladas. Pode-se passar também uma escova de dentes ou criar outros tipos de textura com outros materiais. Depois de seco, passar giz de cera colorido sobre o vidro, fazendo uma certa pressão. Para fixar, usar verniz.

241. Objetos de barbante

Trabalhar sobre um objeto que tenha a boca mais larga que o fundo e a sua superfície lisa, de plástico ou vidro. Esse objeto será o molde (por exemplo, copos, tigelas etc.) Passar muita vaselina no objeto e voltá-lo com a boca para baixo. Molhar o barbante na cola branca e ir enrolando primeiramente sobre o fundo do objeto, como um caracol, e depois nas laterais, em voltas, mantendo-as bem próximas umas das outras, para que depois de seco não se soltem.

Quando o trabalho estiver seco, retirá-lo do molde com cuidado. O barbante terá adquirido o formato do objeto. Pode-se usar barbantes de cores e espessuras diferentes para dar colorido ao trabalho. É possível também pintar o trabalho depois de seco com tintas variadas como guache, plástica, acrílica etc.

Para que o objeto fique mais firme, depois de pronto, passar uma camada de cola branca.

242. Lanterna de vidro, de lata e de papel

Usar um vidro de conserva ou um copo de requeijão sem o rótulo. Recortar ou rasgar pedaços de papéis de seda colorido e ir compondo uma colagem sobre o vidro com o uso da cola branca diluída em água (partes iguais). Colocar uma vela dentro do recipiente e acender. Apagar as luzes para ver o efeito.

242a Usar uma lata de leite em pó, de óleo, de achocolatado etc. Se tiver rótulo, retirar. Encher de água e congelar. Em seguida colocar a lata sobre uma toalha ou pano. Fazer furos ordenados ou desordenados com pregos de diferentes tamanhos. Usar chave Philips ou de fenda para fazer os furos pode dar um efeito bem interessante (a água congelada dentro da lata é para que não a amasse na hora de martelar). Depois da água estar derretida, colocar uma vela dentro. Pode-se fazer uma alça de arame para segurar a lata.

242b Fazer uma caixa de papel preto (tipo papel-cartão) do tamanho e formato que se desejar. Antes de colar os lados da caixa, abrir algumas "janelas" usando tesoura ou estilete. Esses espaços serão cobertos, por dentro, por papel celofane ou papel de seda branco ou colorido. Pode-se experimentar outros papéis, desde que sejam finos ou quase transparentes para que a luz possa passar por eles. Colam-se os papéis com cola branca ou de bastão. Desenhar do lado de fora da caixa com giz de cera ou pastel oleoso colorido. Depois de decorada, é só montá-la e colocar uma vela dentro. Se quiser, fazer uma alça de papel.

**Jogos e brinquedos
com sucata e outros materiais**

243. Telefone de lata

Cortar dois pedaços de papel sulfite para forrar duas latas (leite em pó, leite condensado etc.). Pintar, desenhar ou fazer colagem. Depois de pronto, passar cola na lata e colar o papel. Furar com um prego o fundo das latas bem no centro e passar um barbante comprido pelos furos. Dar um nó no barbante, por dentro das latas.

Com o barbante bem esticado, um aluno fala dentro de uma das latas, o outro, na outra extremidade, coloca a lata no ouvido para ouvir a mensagem.

Com dois pares de telefones é possível montar linhas cruzadas, esticando os dois barbantes e cruzando-os. Não é necessário dar um nó no cruzamento, basta encostar as "linhas telefônicas".

244. Sapato de lata

Cortar dois pedaços de papel sulfite para forrar duas latas grandes de tamanhos iguais (leite em pó, óleo etc.). Pintar, desenhar ou fazer uma colagem. Depois de pronto passar cola na lata e colar o papel.

Fazer dois furos do lado de fora das latas, equidistantes e próximos ao fundo. Amarrar um barbante forte passando pelos furos, num comprimento que deverá ter o dobro da medida do pé até a cintura do aluno. Fazer isso com as duas latas. Para usar os sapatos é só subir em cima das latas (um pé para cada uma), segurar o barbante e puxá-lo para cima, a cada passo dado.

245. Boliche com lata

Recolher várias latinhas de refrigerante. Cortar papéis (sulfite, camurça, kraft etc.) para forrá-las. Desenhar, pintar ou fazer colagens nos papéis, utilizando materiais como tinta guache, canetas hidrográficas, lápis de cor, retalhos de papéis etc. Fazer uma bola, bem compacta, com meias de seda velhas, retalhos de tecidos, lãs ou mesmo de jornal. Empilhar as latinhas ou colocá-las no chão, como no jogo de boliche, e derrubá-las com a bola.

246. Caleidoscópio

Para se fazer um caleidoscópio são necessários três espelhos cortados do mesmo tamanho; essa medida pode variar, conforme o tamanho de caleidoscópio que se queira. Só como sugestão, usar um espelho de 15 cm por 3 cm (vidraçarias ou moldurarias cortam espelhos sob medida). Prender os espelhos,

Jogos e brinquedos com sucata e outros materiais

com os reflexos voltados para dentro, formando um triângulo. Usar fita crepe ou durex. Em uma das extremidades do triângulo, fixar um papel translúcido (papel vegetal) com fita crepe para vedá-lo. Colocar dentro do triângulo papéis coloridos picados (bem pequenos), pedrinhas coloridas, estrelinhas (aquelas de carnaval), lantejoulas e o que mais se quiser experimentar. Fechar a outra extremidade primeiro com um plástico ou acetato, depois com cartolina, fazendo um pequeno orifício para se olhar. Olhar contra a luz (natural ou artificial) e ir girando o caleidoscópio para formar diferentes imagens.

247. "Caleidoscópio" com garrafa

Encher de água uma garrafinha transparente, de plástico ou vidro, que tenha tampa. Jogar dentro lantejoulas, purpurina, estrelinhas (aquelas de carnaval), pedaços pequenos de lã e de papel celofane, e outros materiais leves e coloridos. Fechar a tampa e vedar com fita crepe. Sacudir a garrafa para que os materiais flutuem.

248. Binóculo colorido

Juntar dois rolinhos de papel higiênico com fita crepe e colar em suas extremidades papel celofane colorido (a mesma cor para as duas "lentes" ou experimentar uma cor para cada lente). Pode-se utilizar rolo de papel-alumínio ou papel filme, para fazer lunetas. Construir também óculos de cartolina ou de arame com lentes de papel celofane.

Os alunos escolhem objetos que tenham uma única cor e observam primeiro sem o binóculo e depois com ele. Comentam e discutem com o professor o que aconteceu com as cores, como elas se transformaram. Eles podem trocar os binóculos para observar os objetos através de lentes de cores diferentes.

249. Pipa e minipipa

Para confeccionar uma pipa, usar metade de uma folha de papel de seda colorido. Para obter um quadrado exato, dobrar o lado menor sobre o lado maior formando um triângulo. Recortar a parte que sobrou e desdobrar o papel.

Colocar a vareta na diagonal do quadrado e cortá-la com mais quatro centímetros aproximadamente. Cortar duas varetas nessa medida. Pode-se usar a vareta ou um bambu bem fino. Colar (com cola branca, por exemplo) uma das varetas nessa diagonal, deixando a sobra de um só lado (lado inferior da pipa). Tomar cuidado para o papel não enrugar.

Amarrar uma linha (número dez) nas extremidades da outra vareta, fazendo com que ela se curve como um arco. O arco terá que caber dentro da outra diagonal do quadrado. Colar o arco com a vareta voltada para cima e a linha para baixo.

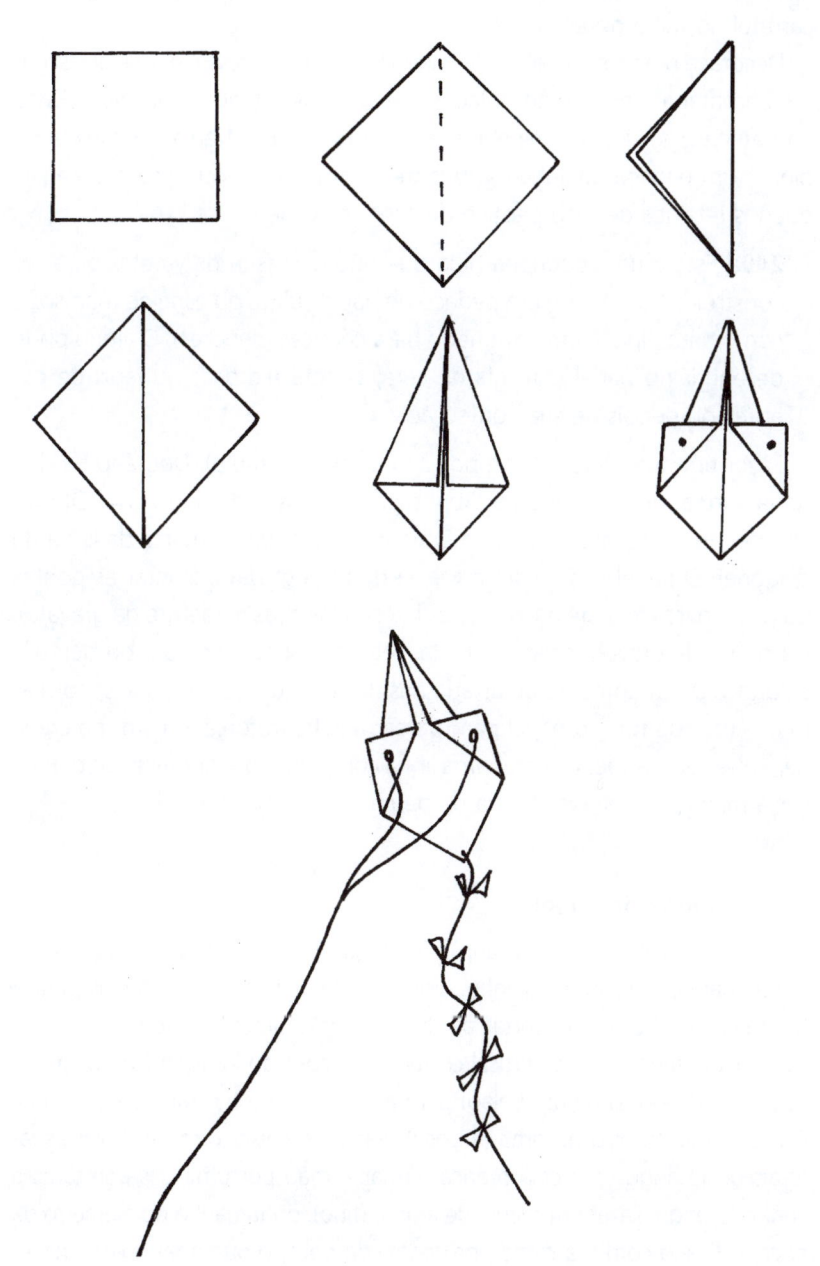

Jogos e brinquedos com sucata e outros materiais

Jogos e brinquedos com sucata e outros materiais

Para o estirante, fazer dois furinhos no papel, na altura do cruzamento das varetas. Passar uma linha e dar um nó para o lado de fora (oposto das varetas). Deixar uma pequena folga na linha e amarrar a outra extremidade na ponta da vareta da parte inferior da pipa. Amarrar a linha do carretel no meio do estirante.

Decorar a pipa com retalhos de papel de seda colorido. Se quiser, acrescentar barbatanas, que serão coladas nas laterais inferiores da pipa. Essas barbatanas são tiras de papel de seda cortadas com franjas. A rabiola da pipa é um pedaço de linha (de uns três metros, mais ou menos) com pequenos retalhos de saco plástico de supermercado ou de lixo.

249a Esta é uma pequena pipa que não necessita de varetas para ser construída, apenas de um pedaço de papel sulfite ou espelho (não sobe como uma pipa, é um brinquedo para crianças menores). O aluno pode desenhar no papel com giz de cera, caneta hidrocor ou lápis de cor antes ou depois de sua confecção.

Fazer um quadrado (21 cm por 21 cm, por exemplo). Dobrá-lo na diagonal formando um triângulo. Abrir o papel e virá-lo do outro lado. Dobrar o papel de forma que as duas laterais se encontrem na marca da linha da diagonal. O papel ficará com a forma de uma gravata. Dobrar as pontas do papel para cima até encontrar as laterais (as abas de dentro da gravata). Na ponta da gravata colar a rabiola, feita com papel crepom ou de seda colorido. O estirante será amarrado nas duas pequenas abas que se formaram. Antes de furar o papel para passar a linha, reforçá-lo com fita crepe para que não rasgue. Amarrar uma linha comprida no estirante e correr para ver a minipipa subir (ver figura na página anterior).

250. Piabinha de papel

Usar uma folha de jornal dupla dobrada ao meio (na dobra natural do jornal) para o corpo da piabinha. Dobrar as laterais, das duas folhas juntas, formando um losango. Cortar as dobras (serão tirados quatro triângulos). Com o jornal na posição vertical cortar os "bicos" do losango (como se fosse cortar as pontas de um balão) para formar a boca e o rabo da piabinha. Corta-se mais o bico de cima (a boca) que o de baixo (o rabo). Colar as laterais do losango com cola branca. Enfiar a mão por uma das aberturas e abrir o losango. Fazer um círculo de arame (fino), do tamanho do diâmetro da boca, e fixá-lo com fita crepe por dentro da boca, o que a fará permanecer sempre aberta. Caracterizar o peixe com papel crepom colorido, de preferência cobrindo todo o jornal; fazer olhos, barbatanas, escamas etc. Para confeccionar o rabo (que deverá ser bem comprido), cortar várias tiras de papel crepom e colar. Fazer dois furinhos, equidistantes, na "boca" para passar um barbante (como se fosse um arco), amarrar outro pedaço de barbante no meio desse "arco" e amarrá-lo a uma vara de bambu (de pelo menos um metro de comprimento). Segurar o bambu e correr para ver a piabinha se movimentar. Conforme os movimentos, ela produzirá um som bem interessante.

250a Enrolar uma folha de jornal (dupla) até a metade. Unir os lados da parte enrolada com cola, fazendo um círculo, que será a boca da piaba. Colar papéis coloridos como seda ou crepom para caracterizar o peixe (olhos, escamas etc.); e para fazer as barbatanas e o rabo, usar tiras de papel ou tecido bem coloridos e compridos. Para o corpo da piabinha ficar mais comprido, enrolar menos o jornal.

Pode-se criar outros bichos utilizando a mesma técnica, variando os papéis. Se for usado um papel fino, fazer uma armação de arame (também fino) para a boca ficar aberta. Fixá-la com fita crepe.

250b Pode-se fazer também com papel crepom. Usar uma folha inteira. Fixar com fita crepe um arame bem fininho numa das laterais menores do papel, e em seguida curvar o arame até formar um cilindro. Unir as extremidades do arame com fita crepe, colar as laterais do papel com cola branca e decorar com papel crepom colorido.

Jogos e brinquedos com sucata e outros materiais

251. Helicóptero de papel

Recortar em uma cartolina um retângulo de aproximadamente 18 cm por 9 cm. Podem ser experimentadas outras medidas, mantendo essa proporção. Desenhar livremente de um lado e do outro, ou sugerir um tema referente a voo, helicóptero, paraquedas etc.

Fazer um corte no meio de uma das laterais menores, de mais ou menos 6 cm. Dobrar as abas para fora (uma para cada lado); elas servirão de hélices. Jogar para cima o "helicóptero" ou soltá-lo de um lugar alto. Ele cairá dando giros. Com um pequeno peso na parte inferior, por exemplo, um clipe, girará melhor.

252. Paraquedas

Fazer um boneco pequeno de jornal amassado (ver exercício 169, "Boneco de jornal amassado"), de uns 15 cm, no máximo. Caracterizar o pára-quedista com papel de seda, laminado, crepom ou retalhos de tecidos.

Recortar um círculo, o maior que conseguir, em uma sacolinha de plástico (aberta) de supermercado ou em um saco de lixo. Pode ser feito também com papel celofane. Fazer 6 furos equidistantes em volta do círculo e amarrar 6 linhas (barbante ou lã), cortadas do mesmo tamanho. O comprimento do barbante pode variar em torno de 50 cm.

Segurar o plástico bem no centro, esticar as linhas e fixar bem nas costas do pára-quedista com fita crepe. Enrolar as linhas em torno do pára-quedista, sem apertar, e jogar bem alto para ver o paraquedas se abrir e cair lentamente. Sugerir que os alunos subam em árvores, ou no trepa-trepa, para lançar seus paraquedas.

253. Cata-vento

O cata-vento pode ser feito com papel sulfite, por exemplo. Propor aos alunos que façam desenhos bem coloridos com caneta hidrográfica ou giz de cera pintado forte. Experimentar também páginas de revista, papel espelho, papel de presente etc.

Cortar o papel na forma quadrada. Fazer cortes nas diagonais, de fora para dentro, deixando um espaço no centro do quadrado sem cortar. Os cortes deverão ter as mesmas medidas. Juntar as quatro pontas do quadrado no centro e prendê-las com um alfinete ou percevejo em um cabinho de bambu, palito de churrasco ou galhinho de árvore. Movimentar o cata-vento para ele girar.

253a Fazer um cata-vento de pratinho de papelão (de festa). Desenhar um círculo no centro do prato com o diâmetro 1/3 menor que o diâmetro do prato (isso é apenas uma sugestão, experimentar outras medidas). Desenhar e colorir os pratinhos de preferência usando cores fortes. Em seguida fazer oito cortes equidistantes da borda do prato até o círculo central e entortar cada uma das laterais destes cortes para dentro. Fazer um furo no centro do prato. Colar um copinho de plástico (tipo café) por trás do prato bem no centro. Fazer um furo no copinho. Dobrar um pedaço de arame (40 cm ou mais) em forma de "L". No lado menor do arame passar um pedaço de canudinho plástico (2 cm, mais ou menos); passar por trás do cata-vento (pelo furo do copinho), colocar mais um pedaço de canudinho e dobrar a sobra do arame para baixo.

Outra maneira de fixar o cata-vento (redondo ou quadrado) é enrolar, na extremidade de uma vareta, um pedaço de arame deixando uma ponta sem enrolar (onde vai ser fixado o cata-vento). Fixar o arame com fita crepe na vareta. Cortar um pedaço de canudinho plástico (de mais ou menos 1,5 cm) e colocá-lo no arame. Colocar o centro do cata-vento no arame, em seguida colocar um pequeno círculo de cartolina, outro pedaço de canudo; e, por último, virar para baixo a ponta que restou do arame.

254. Barquinhos

Propor aos alunos a construção de barquinhos. Iniciar pelo tradicional barquinho de papel.

Outros tipos podem ser criados com a exploração de diversos materiais: isopor (embalagens de frios, de equipamentos eletrônicos ou placas de isopor), E.V.A, rolha, madeiras, sucatas etc. Pode-se usar palitos para a construção do mastro e retalhos de tecido para a vela. Conforme o tama-

Jogos e brinquedos com sucata e outros materiais

nho do barquinho, incentivá-los a criar personagens: marinheiro, pescador com sua vara etc., utilizando para isso sucatas leves. Seria muito interessante que os alunos tivessem a seu dispor um suporte com água para experimentar seus inventos (uma bacia, por exemplo). Deixá-los experimentar os materiais à vontade podendo assim abrir uma discussão sobre suas suposições quanto aos materiais que boiam.

254a A utilização de bambu, galho de árvore ou palito de sorvete na construção de jangadas enriquece muito o trabalho. Fixar os materiais com cola quente para que possa posteriormente ser colocado na água. A jangada pode ser pintada com a tinta guache desde que, depois de seca, receba uma camada espessa de verniz.

255. Grande bolha de sabão

Fazer uma pintura com tinta guache num canudo de papelão, como o de papel-alumínio, ou similar. Deixar uma borda sem pintar (1 cm onde o aluno colocará a boca). Depois de seca a pintura, passar duas camadas de verniz por dentro e por fora para impermeabilizar. Deixar secar bem.

Colocar a ponta do canudo numa mistura de água com sabão em pó ou detergente e soprar o canudo bem devagar para fazer grandes bolhas de sabão.

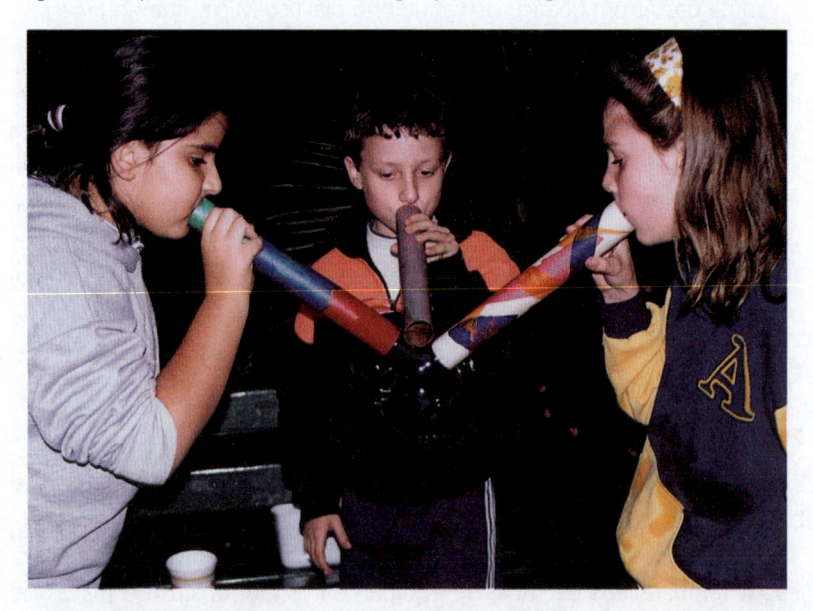

255a Outra maneira é fazer uma armação com arame na forma de um pirulito (redondo e vazado), enrolar um barbante na armação para fixar melhor o sabão e soprar. Criar formas variadas com o arame como, por exemplo, fazer três rodelas de arame (como se fosse uma flor) para sair mais de uma bolha de cada vez.

256. Carrinho sobe e desce

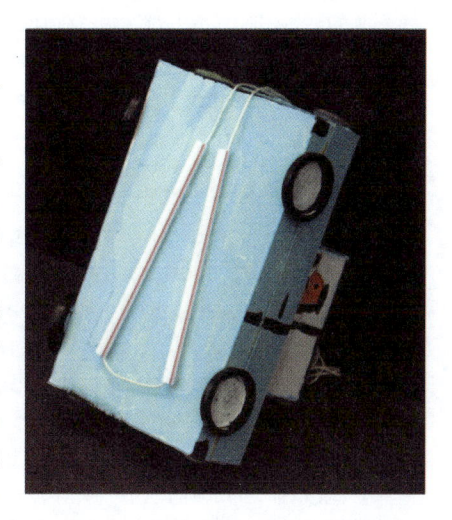

Com uma caixa de papelão (embalagem de macarrão, sabão etc.), o aluno vai criar um meio de transporte como, por exemplo, carro, avião, foguete, teleférico etc. Para caracterizá-lo pode-se usar guache, cola colorida, colagens com papéis coloridos, sucatas em geral (não deixar muito pesado o objeto).

Depois de pronto, no verso da caixa, colam-se dois canudos plásticos (de refrigerante) de forma que fiquem convergentes, isto é, as pontas mais fechadas para a frente e as mais abertas para trás. As pontas mais fechadas dos canudos não se encontram. Usar bastante cola branca e, se for preciso, depois de seco, reforçar com durex ou fita crepe, ou usar cola quente de pistola, sem amassar os canudos.

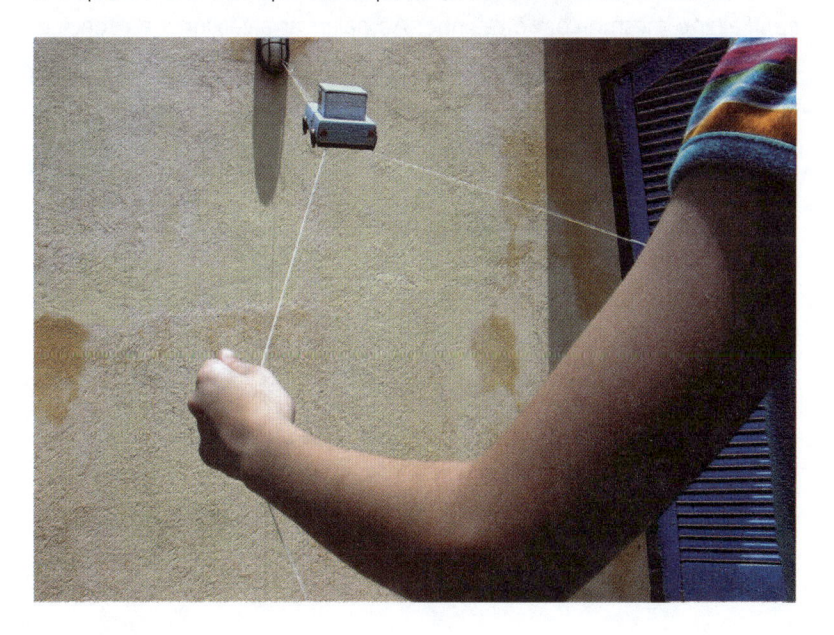

Jogos e brinquedos com sucata e outros materiais

Passar por dentro dos canudos (começando da parte mais aberta para a mais fechada), um barbante fino bem comprido, aproximadamente 5 metros. O aluno segura as duas pontas do fio na mão. Pendurar em um prego na parede, ou em algum lugar alto, a parte do fio que se encontra entre os dois canudos da parte mais fechada. Segurando em cada mão uma ponta do fio, fazer um movimento abrindo os braços para as laterais, o que fará com que o objeto suba pelo fio; para que desça é só fechar os braços.

257. Bichinho que mexe a cabeça e o rabo

Para fazer o corpo do bichinho usar uma caixinha de papelão sem o fundo. Fazer duas aberturas em duas laterais opostas (em forma de "U" de cabeça para baixo), uma maior e a outra menor. Pela abertura maior, passará a cabeça do bicho e pela menor, o rabo.

Fazer a cabeça e o rabinho de isopor, proporcionais ao tamanho da caixa. A cabeça deve ter um pescoço, assim como o rabo deve ser mais comprido para que haja espaço para fixar um fio de náilon. Pintar a caixinha, a cabeça e o rabo com tinta acrílica, plástica etc.

Amarrar um fio de náilon no pescoço, fazer um furo em cima da caixinha (do lado da abertura maior) e passar a outra ponta do fio por esse furo. Regular a altura para que a cabeça fique para fora da caixinha, sem encostar em nada, e dar um nó (uma parte do pescoço ficará para dentro da caixinha). Fazer o mesmo com o rabinho. Ao balançar a caixinha, a cabeça e o rabinho se movimentarão.

Outra opção para prender a cabeça e o rabo é utilizar arame bem fino. Antes de pintar, fazer uma argolinha de arame e enfiar no pescoço, na parte de cima (colocar um pouco de cola quente). Pintar a cabeça e, depois de seca, passar outro pedaço de arame pela argolinha do pescoço, para fazer uma nova argolinha com ele. Juntar as duas pontas do arame regulando a altura da cabeça na caixinha. Passar as pontas por um pequeno orifício na caixinha e separar as duas pontas na parte superior dela, uma para cada lado. Passar cola quente para fixar o arame. Fazer a mesma operação com o rabinho. O tamanho das argolinhas depende da altura do corpo do bicho, o importante é que a cabeça e o rabo não encostem no corpo e nem no chão, para que fiquem balançando.

258. Bichinho que anda

Pode ser construído com um copinho de iogurte ou caixinha de papelão (corpo do boneco). Cortar um pedaço de conduíte (de 3/4 de polegadas) 2 cm menor que a largura da "boca" do copinho (ou caixinha). Encher o conduíte com durepóxi. Fazer dois furos no durepóxi (antes de secar) com um palito de churrasco, no sentido longitudinal. Fazer um furo em cada lateral da boca do copinho e um no fundo, sem ser centralizado, deslocando-o ligeiramente.

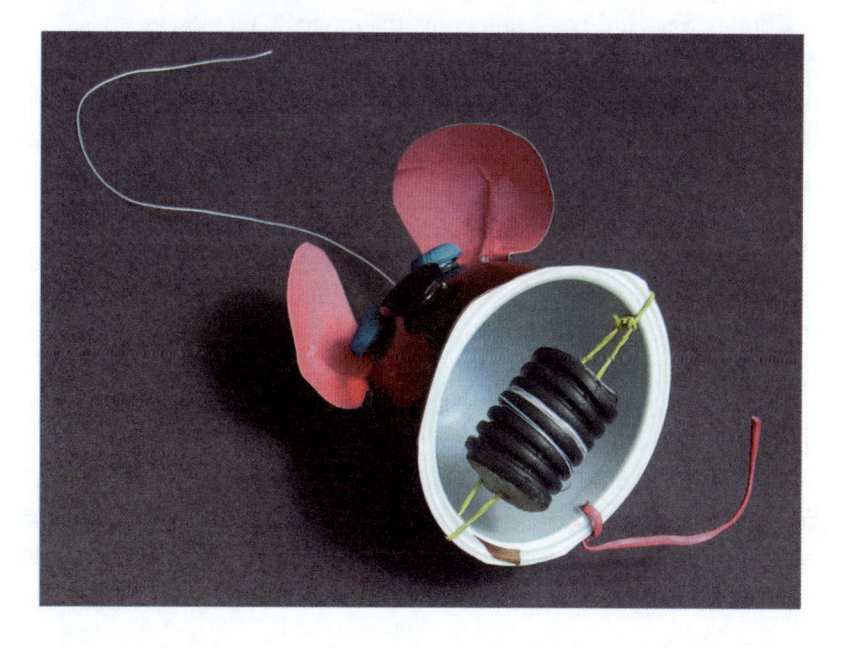

Jogos e brinquedos com sucata e outros materiais

Depois de seco o durepóxi, amarrar a ponta de uma linha de costura (2 m) no meio do conduíte, e enrolar na ranhura, passando a outra ponta pelo furo do fundo do copinho. Passar um elástico (de borracha) por um dos furos da lateral do copinho; passar cada uma das pontas do elástico nos furos do conduíte e depois no outro furo da lateral do copinho, amarrando-as. Caracterizar o bichinho com tinta plástica, colagem com pedaços de papéis, pequenas sucatas etc.

Depois de pronto, colocá-lo no chão, puxar a linha para cima e para baixo para o boneco andar para frente e para trás.

259. Colar de contas de papel

Confeccionar um colar de contas utilizando triângulos (isósceles) de papel de mais ou menos 3 cm de base por 20 cm de altura. Essa medida poderá ser aumentada ou diminuída tanto na sua base como na sua altura. Usar papel espelho, folhas de revistas, jornal, papel de presente ou mesmo o papel sulfite.

Colocar a base do triângulo sobre uma agulha de tricô ou um palito de churrasco, enrolar bem apertadinho e colar a ponta, que deverá estar bem no centro. Depois que a cola secar, segurar firme o papel e retirar a agulha ou o palito. Fazer quantas contas quiser. Para ficar mais firme, colar a base do triângulo em um canudinho de plástico, enrolar e deixá-lo dentro do papel. Cortar as sobras do canudinho. Uma camada de verniz também torna as contas mais resistentes.

No caso do uso do papel espelho ou do sulfite, contornar o triângulo com uma caneta hidrocor ou riscá-lo formando listas, usando uma cor que contraste bem com o papel. Esse traçado, depois do papel enrolado, dá um efeito muito interessante.

260. Bola de bexiga e painço

Essa bola deverá ter o tamanho aproximado ao de uma bola de tênis. Ela fica com uma consistência muito agradável de ser manipulada. É muito adequada para fazer malabarismo e também pode ser usada em outros jogos.

Colocar dentro de uma garrafa limpa (pequena, de água) o painço (comida de passarinho). Não é necessário enchê-la. Soprar um pouco uma bexiga e segurar o bico (deixando uma ponta do bico sobrando) para que não escape o ar. Enquanto um aluno segura o bico (não muito na ponta), outro abre o bico da bexiga e o coloca na ponta da garrafa. A bexiga se manterá cheia de ar. Virar a garrafa para que o painço passe para a bexiga. Novamente segurar o bico da bexiga para tirá-la da garrafa. Vagarosamente ir retirando o ar da bexiga. Dobrar o bico dela e segurar. Em outra bexiga, cortar o bico e encapar a primeira bexiga fazendo com que o bico da primeira fique preso. Para a bolinha ficar mais resistente, usar uma terceira bexiga, sem o bico, e colocá-la por cima das outras duas. A bolinha estará pronta para ser usada.

Experimentar substituir o painço por farinha de trigo procedendo da mesma forma.

261. Isopor encolhido

Tirar as beiradas de uma bandejinha descartável de isopor (embalagem), desenhar e colorir com caneta de retroprojetor aproveitando a maior parte de sua área interna. Recortar o contorno da figura. Colocar o isopor em uma assadeira. Assar por 3 minutos (mais ou menos) em forno quente. Deixar o forno ligeiramente aberto ou com a luz acesa para observar seu encolhimento. O isopor entortará, mas logo em seguida desentortará sozinho. Quando parar de encolher, retirá-lo do forno. Esperar esfriar para tirá-lo da assadeira. Se estiver torto, apertá-lo ainda quente com uma espátula ou colher para deixá-lo reto.

Além de encolher muito, a peça fica totalmente rígida, com um resultado bem inusitado. Todos os traços desenhados e a pintura permanecem na figura.

Para transformá-la num pingente e pendurá-la num cordão, furar o isopor antes de assá-lo.

Outra possibilidade é o ímã de geladeira. Para tanto, colar um ímã no verso com superbonder ou araldite. Para um broche, usar o mesmo tipo de cola para fixar um alfinete de bijouteria.

Observação: O resultado deste trabalho varia de acordo com o tipo de bandejinha, portanto, é interessante experimentá-lo várias vezes.

Jogos e brinquedos com sucata e outros materiais

262. Rabo de gato

Para este exercício é necessário um objeto cilíndrico, como, por exemplo, um carretel de linha de madeira, rolinho de durex ou de fita crepe, uma lata com abertura em cima e embaixo, um rolinho de papelão ou outros semelhantes. Se o objeto for de madeira, pregar quatro pregos com distâncias equivalentes, deixando-os salientes uns 2 cm. No caso dos outros objetos, colar com fita crepe ou durex, pregos ou pedaços de palito de churrasco, enfim, qualquer coisa que sirva como ponta, pois é por essas pontas que a trama vai ser formada.

Passar um fio de lã pelo cilindro de cima para baixo deixando um pequeno "rabo". Segurar a lã da parte de cima do cilindro e passar ao redor de cada prego. Quando chegar novamente no primeiro prego, passar a lã por trás de todos os pregos até chegar no primeiro. Com uma agulha grossa ou com a ponta de um lápis, pegar o fio de lã que está por baixo (a primeira laçada) e passar por cima da cabeça de cada prego (da segunda laçada). Dar uma puxada no fio que passa dentro do carretel. Passar de novo a lã por trás de todos os pregos e passar a lã de baixo por cima do prego, sucessivamente, até que vá sendo tecido um cordão que descerá por dentro do cilindro. Não esquecer que a cada volta deve ser puxada a lã que vem de dentro do carretel. É interessante mudar a cor da lã e fazer uma trama bem colorida.

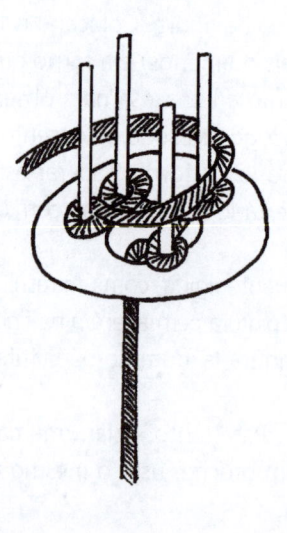

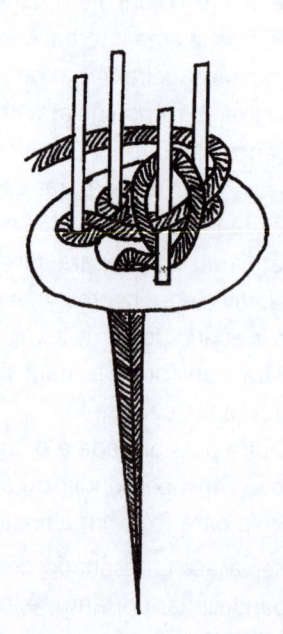

Para finalizar o trabalho, soltar o fio de lã em volta de cada prego, cortar a lã do novelo e passá-la no meio das quatro "argolinhas" que se formaram ao tirar a lã dos pregos. Depois é só dar uma puxada.

O rabo de gato pode ser utilizado como pulseira, cordão de amarrar tênis, para prender o cabelo, para complementação de bonecos etc.

263. Quatro, seu retrato

Recortar o fundo de uma caixa de fósforos rente às laterais, deixando uma das laterais menores sem recortar. Desenhar ou fazer uma colagem de um retrato, de pessoa, animal ou monstro, bem engraçado, e colar na tampa da caixa de fósforos. Fechar a caixa com o fundo solto para o lado de fora, tampando o retrato. Escrever o número quatro nesse fundo solto.

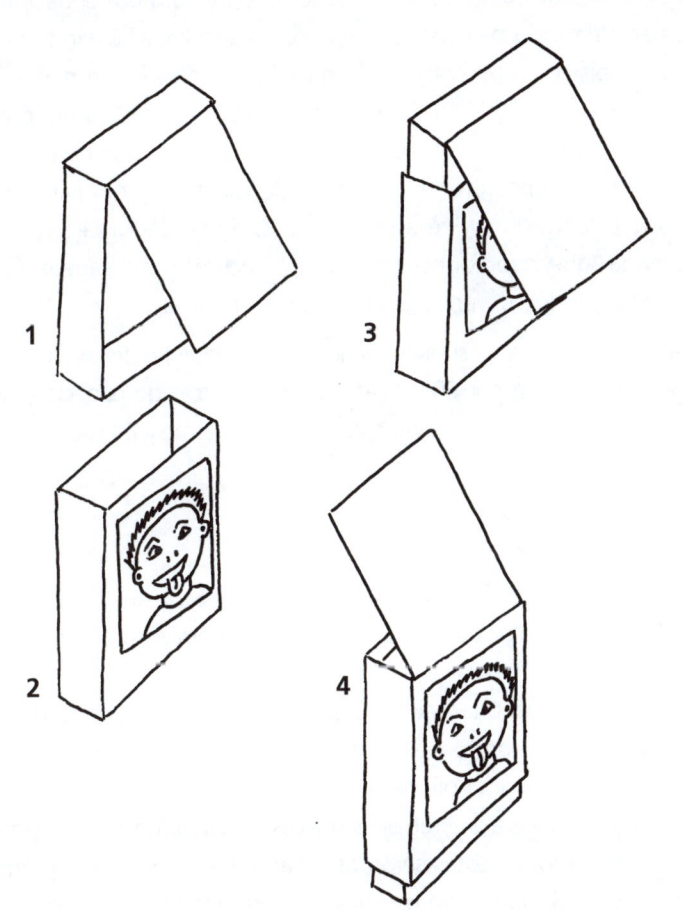

Jogos e brinquedos com sucata e outros materiais

A brincadeira consiste em pedir a uma pessoa que leia o número que está escrito e em seguida, empurrando a caixa, mostrar o "seu retrato". Empurrá-la de cima para baixo de tal forma que o fundo entre um pouco dentro da caixa.

— Que número é este?
— Quatro.
— Seu retrato!

264. Mensagem na tira de papel

Recortar uma tira de papel de 2 cm por 20 cm. Enrolar em um lápis, fazendo com que o papel percorra todo o comprimento do lápis, segurando sua extremidade (se quiser, prender levemente com um pedacinho de durex), não deixando o papel se sobrepor a cada volta. Quando chegar ao fim do lápis, prender com um pedacinho de durex que depois será removido. Colocar o lápis na posição horizontal e escrever sobre o papel alguma adivinha, charada ou parlenda. Girar o lápis e escrever (sempre na horizontal) até encontrar a primeira linha escrita. Desenrolar o papel, desamassá-lo, para que volte a ser uma tira, e mandá-lo para que uma outra pessoa (que não conheça o truque) decifre a mensagem. Para a pessoa conseguir ler, deverá enrolar novamente no lápis.

264a Pode-se fazer a mesma atividade com um desenho. Recortar uma tira de papel de 4,5 cm por 60 cm, enrolar em um rolo de papelão (tipo de papel-alumínio), fazer o desenho e proceder do mesmo jeito citado acima.

265. Futebol de prego

É uma experiência muito importante para o aluno construir seus próprios brinquedos. Com retalhos de madeira e pregos é possível montar um campinho de futebol.

Numa tábua retangular, o aluno prega ripas de madeira em toda a sua volta, deixando uma abertura atrás de cada gol. As ripas servem para dar limite ao campo e para a bolinha não sair. Pintar o gramado, desenhar o meio de campo e as áreas. Pregar os pregos no campinho, na disposição que se achar melhor — estes serão os jogadores — e mais um prego na frente de cada gol, que serão os goleiros. Para diferenciar os dois times, pintar os pregos com cores diferentes ou vesti-los com canudinhos. A bola do jogo pode ser uma moeda ou uma bolinha de gude. Depois organizar um campeonato, inventar nomes para os times, criar um distintivo, a bandeira, o troféu etc. Jogar com o dedo dando um peteleco na bola. As regras variam, seria interessante que os alunos criassem as suas.

Uma das regras possíveis é combinar que cada um dos jogadores pode dar três toques na bola, sendo que um deles é o chute a gol.

O jogo é para dois alunos de cada vez. Estipular um número de gols para terminar a partida.

266. Cavalinho de pau

Pedir para o aluno trazer de casa um cabo de vassoura ou algo semelhante que será o corpo do cavalo. A cabeça poderá ser feita com a técnica do jornal amassado (Ver exercício 169, "Boneco de jornal amassado") ou de papelão. Pintá-la caracterizando o cavalo e depois fixá-la na ponta do cabo de vassoura, com fita crepe, cola branca (ou cola quente de pistola), arame, barbante ou preguinhos. Para a crina do cavalo usar lã, feltro, retalhos de tecido, sisal desfiado ou outros materiais. Amarrar um cordão para ser a rédea e na outra extremidade do cabo, "nas patas", pregar tampinhas de garrafa, com uma pequena distância entre elas, para produzir um "som" na hora de galopar. O cabo de vassoura pode ser pintado com tinta guache; depois de seco, passar uma camada de verniz.

Propor aos alunos que inventem suas brincadeiras, apostar corridas etc.

267. Jogo de damas com cabo de vassoura

Os alunos trazem de casa cabos de vassoura e os serram para formar as peças (12 para cada lado). Lixam as peças e pintam, diferenciando bem um time do outro. Pode-se usar tinta acrílica, plástica, guache etc. Depois de secas, passar verniz. Depois constroem um tabuleiro com papelão, caixa ou caixote ou então uma placa de compensado ou aglomerado. Pintam e envernizam o tabuleiro utilizando duas cores contrastantes (o tabuleiro deve ter 8 por 8 quadrados).

Organizar um armário de jogos na escola, feitos pelos próprios alunos.

Ver exercício 192, "Jogos de argila" e todos os outros que se encontram neste capítulo.

Jogos e brinquedos com sucata e outros materiais

268. Jogo da velha gigante

Neste jogo os alunos são as peças do jogo da velha: uma turma será a "cruzinha" e outra a "bolinha". Traça-se no chão, com fita crepe, um grande jogo da velha de um tamanho que os alunos se acomodem em cada espaço. Caracteriza-se cada time de uma cor, por meio de fantasias confeccionadas por eles com papel crepom. Podem ser fantasias, chapéus ou simplesmente algum adereço que diferencie bem um time do outro.

Cada time fica de um lado do "tabuleiro". Um jogador começa ocupando um dos espaços, outro, do outro time, ocupa um outro espaço e assim sucessivamente, até um time ganhar (ou empatar). Esvazia-se o "tabuleiro" e começa-se uma outra partida. Alguém vai anotando os pontos. Quanto mais velhos forem os alunos, mais rapidamente terão de ser feitas as jogadas para dinamizar a partida. Quanto menos pensarem para ocupar os espaços, mais divertido ficará o jogo. Mínimo de nove jogadores.

269. Jogo da velha em três planos

O suporte deve ter uma certa transparência, para que o jogo aconteça simultaneamente em três planos, o de cima, o do meio e o de baixo. Para isso o ideal é usar as forminhas plásticas que servem para fazer ovinhos de Páscoa. Recortá-las, se necessário, para que cada uma contenha 9 cavidades (como um tabuleiro de jogo da velha).

Usar quatro barbantes de aproximadamente 50 cm. Fazer quatro furinhos nos quatro cantos de três forminhas para passar o barbante. As forminhas estarão uma sobre a outra, separadas por um canudinho de mais ou menos 10 cm. Dar nós nas extremidades dos barbantes das forminhas de baixo e depois dar um único nó nas outras extremidades para poder pendurar o jogo.

As peças podem ser de diferentes materiais: sucatas miúdas, botões, bolinha de papel colorido, massinha de modelar e outros.

As regras são as do jogo da velha, porém valendo nos três planos ao mesmo tempo; os alunos podem inventar novas regras.

270. Jogo da memória e dominó

Memória: Esta é uma atividade para se fazer com toda a classe. Recortar vários quadrados ou retângulos de cartolina (o tamanho pode ser bem variado; sugere-se em torno de 6 cm x 6 cm). Distribuir os cartões para os alunos. O aluno escolherá uma imagem de revista e colará em um dos cartões, num outro cartão fará um desenho de observação dessa imagem, tentando chegar o mais próximo possível. Pintar com materiais variados. Cada aluno montará um ou mais pares do jogo. Também pode-se fazer só com desenhos, repetindo o mesmo nos dois cartões. É interessante colar um contact transparente em cada cartão para conservá-los limpos.

Para brincar, virar todas as imagens para baixo e misturar. Um aluno vira dois cartões (um de cada vez) tentando formar pares; se conseguir, joga de novo; se não, passa a vez para o próximo.

270a Dominó: Recortar retângulos de cartolina (5 cm x 10 cm, por exemplo) e dividi-los ao meio com um traço. De um lado fazer um desenho e do outro um outro desenho diferente. Numa outra cartela repetir, em um dos lados, um desenho da primeira cartela e criar um outro, e assim sucessivamente. Para que esse jogo mantenha a mesma estrutura de um dominó, é interessante que os alunos tenham em mão um dominó "verdadeiro" (28 peças) e percebam as relações numéricas nele existentes, assim cada número será substituído por um desenho. Haverá sete tipos de desenho que se repetirão pelas cartelas. Um tipo de desenho corresponde a todos os números "zero", um outro corresponde a todos os números "um" e assim por diante. Eles podem tentar repetir o mesmo desenho ou trabalhar com semelhanças temáticas, por exemplo, os números "dois" correspondem a pássaros, os números "sete" a flores etc.

Se os alunos não quiserem repetir a estrutura do verdadeiro dominó, propor que inventem seu próprio jogo e suas regras.

É interessante também cobrir as peças com contact transparente para conservá-las limpas.

271. Come-come

É um joguinho bastante conhecido feito com dobradura de papel. Usar papel sulfite ou papel espelho. A partir de uma folha de papel quadrada, vincar na metade nos dois sentidos (vertical e horizontal), e em seguida nas diagonais. Dobrar cada um dos quatro vértices do quadrado até o centro formando um quadrado menor, sempre tomando o cuidado para que as dobras sejam perfeitas, para se obter um bom resultado. Virar o papel e dobrar novamente da mesma maneira, os vértices para o centro. Dobrar o quadrado ao meio.

Jogos e brinquedos com sucata e outros materiais

Será formada uma figura com quatro aberturas ou abas para se colocar os dedos polegar e indicador de cada mão. Fazer as quatro pontas se unirem no centro, abrindo e fechando a dobradura alternadamente.

De um lado, o quadrado terá quatro abas para os dedos; do outro, oito triângulos internos. Colorir ou desenhar cada um de uma forma diferente. Levantar a ponta de cada triângulo e escrever embaixo um adjetivo como, por exemplo, bonito, gordão, inteligente, vesga etc. A brincadeira é a seguinte: o aluno que manipula o brinquedo pergunta a outro que número ele quer. O aluno abre e fecha alternadamente quantas vezes foram as indicadas pelo número escolhido. Quando chega no número, mostra as quatro opções para que seja escolhida uma.

O aluno lê a mensagem e recomeça a brincadeira.

272. 5 Marias

Cortar retalhos de tecidos para fazer cinco saquinhos (de mais ou menos 3 cm por 6 cm, ou 4 cm por 8 cm; o tamanho pode variar contanto que todos caibam na palma da mão). Dobrar o tecido ao meio e costurar as laterais deixando somente uma aberta. Enchê-los com grãos de arroz ou areia, sem estufá-los. Costurar a última lateral e depois brincar. Este é um jogo muito popular e as regras variam conforme a região.

273. Pião de tampinha

Fazer um furo (pequeno) bem no centro de uma tampinha plástica de refrigerante e encaixar um palito de dentes. Para fazer o pião com tampas maiores, usar palitos de churrasco. Segurar a ponta do palito e girar. Desenhar na tampinha com cola colorida, caneta para retroprojetor, tinta plástica etc.

Observação: Consultar o exercício 109, "Disco de cores com bola de gude".
O efeito óptico é semelhante ao que se consegue com a tampinha.

274. Diabolô

O diabolô é um brinquedo muito antigo e muito divertido de jogar. Para construí-lo são necessários dois funis, um parafuso e uma porca, duas arruelas, quatro rodelas de borracha (câmara de pneu) e uma mangueirinha de borracha. Para jogar o diabolô são necessárias duas varetas (ou bambus) de 40 cm e um barbante de 1,20 cm.

Os funis devem ter a "boca" larga (diâmetro de mais ou menos 12 cm). Cortar os bicos e as alças dos funis e uni-los pela abertura menor, tomando a forma de uma ampulheta. Usar um parafuso de mais ou menos 5,5 cm e arruelas por volta de 3 cm. As rodelas de borracha (com um furo no meio para a passagem do parafuso) devem ser maiores que as arruelas (4,8 cm) e a mangueira de borracha deve medir por volta de 3 cm de comprimento e ter um diâmetro em que caiba o parafuso.

Montagem: Colocar no parafuso uma arruela e duas rodelas de borracha, passá-lo pela mangueirinha e encaixá-lo dentro do funil (da abertura maior para a menor). Encaixar o outro funil, as borrachinhas, a arruela e a porca. Apertar bem com uma "chave de boca" (ou chave canhão).

Jogos e brinquedos com sucata e outros materiais

Fazer um furo nas extremidades das varetas para amarrar o barbante, ou fazer um sulco para o barbante não escapar. O barbante ideal é a fieira de pião, mas o barbante comum também serve.

O diabolô pode ser decorado, de preferência por dentro (por causa do atrito do barbante), com pedaços de contact colorido, canetas de retroprojetor, etiquetas ou tinta plástica.

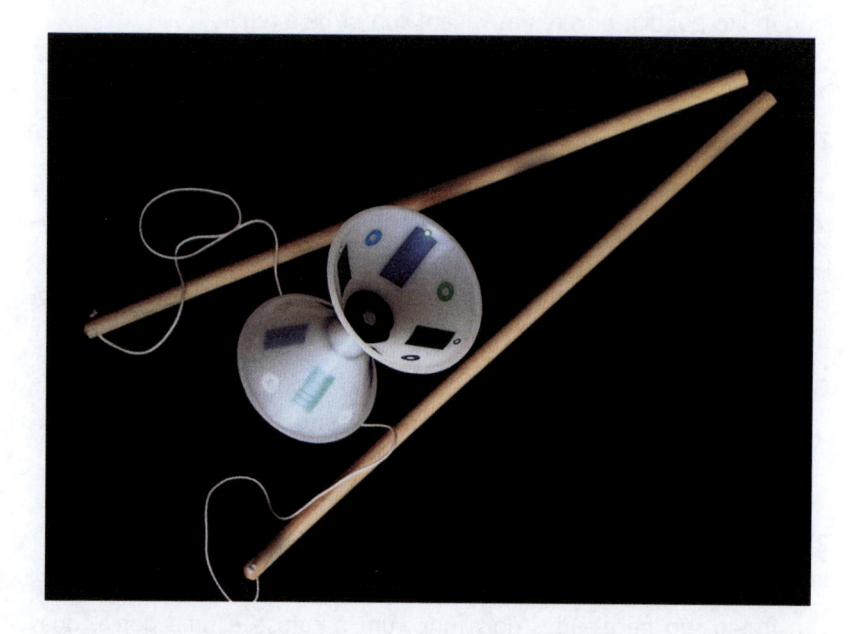

Para brincar, segurar as duas varetas e deixar que o barbante encoste no chão. Colocar o diabolô, por cima do barbante com uma de sua aberturas voltada para a pessoa. Se o manipulador for destro, fazer deslizar o diabolô para a esquerda e com a mão direita levantá-lo do chão: não parar de mexer essa mão, fazendo movimentos rápidos de cima para baixo e vice-versa. As mãos têm que se manter paralelas e próximas. O objetivo é fazer com que o brinquedo não pare de girar sobre o barbante.

Dominada essa etapa, jogar o diabolô para cima, tentando pegá-lo sem deixar cair no chão, e continuar a fazê-lo girar. Para isso, levantar as duas mãos acima da cabeça e esticar bem o barbante. Quando o diabolô encostar no barbante, voltar os braços para baixo e continuar o movimento do início.

Muitas outras manobras são possíveis, mas é interessante que os alunos as pesquisem conforme o domínio que vão adquirindo do jogo.

275. Bilboquê

Tirar o fundo de uma garrafinha plástica (de refrigerante ou de água). Fazer uma bolinha de jornal bem apertadinha (meia página de jornal) deixando dentro dela a ponta de um barbante de aproximadamente 60 cm. Cobrir a bolinha com fita crepe pressionando bem para que não escape o barbante. Tirar a tampa da garrafa, amarrar a outra ponta do barbante no gargalo e tampar novamente. Para colorir o trabalho usar cola colorida, colar etiquetas variadas ou fazer desenhos com caneta de retroprojetor. Para brincar, balançar o barbante com o objetivo de colocar a bolinha dentro da garrafa.

276. Barangandão

Dobrar uma folha de jornal inteira em quatro, sempre no mesmo sentido. Cortar tiras coloridas de papel crepom de mais ou menos 4 cm. As tiras devem ser cortadas ainda com papel crepom fechado. Elas ficarão bem compridas. Para cada barangandão usar pelo menos 4 tiras de cores diferentes. Dobrar as tiras ao meio e enrolar, bem apertadinhas, junto com o jornal. Amarrar um barbante bem firme em volta do jornal enrolado. O barbante deverá medir em torno de 75 cm. Segurar na extremidade do barbante e girar o barangandão. Ele produzirá um som muito interessante. Explorar os movimentos, inclusive jogando o brinquedo para o alto.

Jogos e brinquedos com sucata e outros materiais

277. Enrola-bola

Uma brincadeira para se jogar em duplas. Cortar três cordões de algodão ou corda de polipropileno (6 mm) nas seguintes medidas: dois de 1,50 m e um de 1,10 m. Cortar também uma cordinha mais fina (50 cm). Amarrar (bem firme) nas extremidades do cordão de 1,10 m os dois cordões maiores pelo meio. No meio do cordão menor (de 1,10 m), amarrar a cordinha mais fina. Fazer uma bola de meia bem compacta e prender na extremidade da cordinha. O jogo está montado.

Para brincar, amarrar cada cordão (1,50 m) na cintura de um participante. Eles deverão se posicionar um na frente do outro, mantendo o cordão bem esticado. Com o balanço dos corpos terão que enrolar no cordão a bola e depois a desenrolar. Conforme vão dominando essa etapa, o jogo pode ser dificultado, ficando os jogadores de lado e por fim de costas. É muito divertido.

É um jogo cooperativo, não tem vencedor. Pode-se tornar o jogo competitivo, fazendo "campeonatos" entre duplas, cada qual com um enrola-bola.

Observação: A bola de meia pode ser substituída por uma bola de tênis; nesse caso cobri-la com uma meia, dar um nó e prendê-la na cordinha.

278. Mini joão-bobo

Passar cola na borda de um dos lados menores de um pedaço de cartolina de mais ou menos 5 cm por 8 cm para fazer um cilindro. Fixar com cola ou durex duas tiras de cartolina (de aproximadamente 1 cm por 5 cm), em cruz em uma das extremidades do cilindro. Colocar uma bolinha de gude dentro do cilindro e fixar mais duas tiras na outra extremidade. Decorar o mini joão-bobo, transformando-o em boneco, carrinho, minhoca etc., usando caneta hidrocor, lápis de cor ou tinta guache.

Depois de pronto, colocá-lo em pé, sobre uma tábua ou superfície lisa levemente inclinada, para fazê-lo dar cambalhotas. A superfície pode se transformar em uma pista de corridas.

Observação: A medida do cilindro dependerá do tamanho da bolinha de gude que será colocada dentro dele. A bolinha deve estar solta em seu interior.

279. Escada de jacó

A escada de jacó é um brinquedo que dobra e desdobra e dá a impressão de um sobe e desce. É muito interessante. Para cada brinquedo são necessárias 6 caixas de fósforos vazias. Colocar dentro de cada caixa dez grãos de feijão. Usar cinco cores diferentes de fita (a última caixinha usará a fita da penúltima).

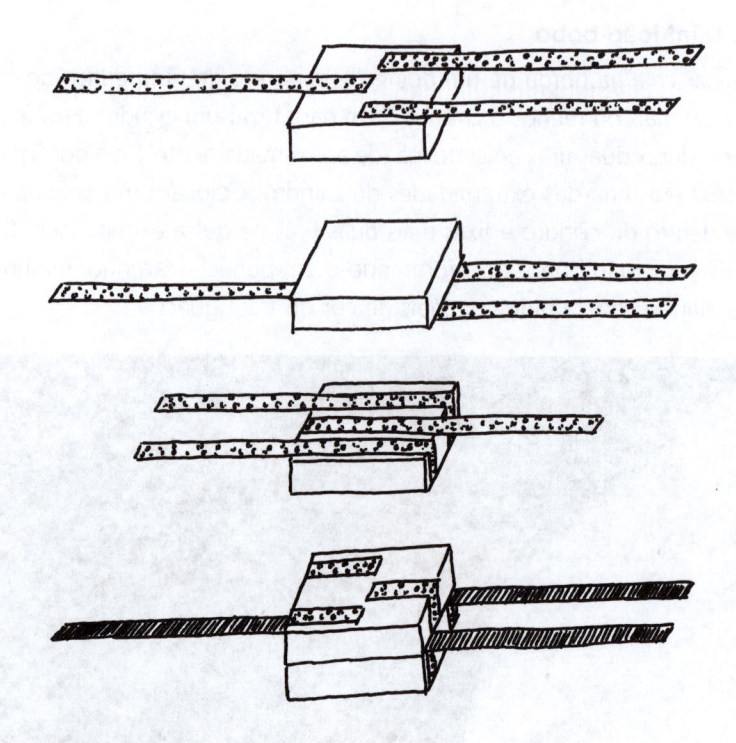

Jogos e brinquedos com sucata e outros materiais

Encapar as caixinhas com papel espelho ou sulfite, decorá-las, se desejar, fazendo desenhos com caneta hidrocor.

Colar três pedaços de fita, da mesma cor, em cada caixinha da seguinte maneira (as fitas deverão ser estreitas e medir 13 cm de comprimento cada): dividir a caixinha ao meio (com um leve traço) e colar a ponta de uma fita neste traço. Sobrará um bom pedaço de fita sem colar. Colar outras duas fitas, da mesma cor, com suas pontas no traço, do lado oposto da primeira, uma de cada lado. Também sobrará uma boa parte sem colar. Proceder da mesma maneira com as outras quatro caixinhas. Colocar a primeira caixinha, já com as fitas coladas, sobre a mesa com a face sem as fitas para cima. Esticar as fitas. Passar as três fitas por cima da própria caixinha, uma no meio e duas de cada lado. Colocar a segunda caixinha (com as três fitas coladas como na primeira caixinha) sobre a primeira, com a face sem fitas para cima. Colar as pontas das fitas da primeira caixa sobre a segunda, só em cima da caixinha. Daqui em diante é só repetir o processo até terminar as seis caixinhas.

Para brincar, segurar a primeira caixa e virá-la até encostar na segunda (tente dos dois lados). As caixinhas cairão para lá e para cá, dobrando e desdobrando e com esses movimentos seus grãozinhos de feijão produzirão sons.

279a Pode-se utilizar pequenas placas de compensado (10 cm por 12 cm, por exemplo) no lugar de caixas de fósforo. Nessas plaquinhas, o aluno pode criar histórias, escrevendo de um dos lados da placa e ilustrando do outro ou pintá-las com tinta guache. Passar uma camada de cola branca ou verniz depois de seca. A montagem se faz da mesma maneira, utilizando fitas mais grossas. O som deste brinquedo é diferente do que se faz com caixas de fósforo.

280. Avião de lata de refrigerante

Furar com um prego uma latinha de refrigerante bem no centro, na parte superior e no fundo. Decorar a lata pintando-a diretamente com tinta plástica, acrílica ou cola colorida. Pode-se também cobri-la com papéis coloridos ou se preferir fazer um desenho numa folha de sulfite (10 cm x 22 cm) e fixá-la com cola.

Recortar uma tira de garrafa de refrigerante (2 litros) de 20 cm por 5 cm, no sentido da circunferência, para fazer a hélice do avião. Dobrar a tira em "V" deixando as curvas para fora (dobrar ao meio deslocando as pontas). Fazer dois furos na base da dobra, um acima do outro, com uma distância de 1,5 cm. Passar a ponta de um arame de 17 cm de comprimento pelos dois furos da hélice e dar uma virada. Passar a outra ponta do arame pelos dois furos da lata e dobrá-la com um alicate formando uma argola (no fundo da lata). O arame deve ter folga para não prender o movimento. Amarrar bem firme um barbante de 1 metro de comprimento em volta da latinha, segurar a ponta e girar o braço para fazer o avião "voar". Ao girar a hélice, o brinquedo produz um som bem forte.

Jogos e brinquedos com sucata e outros materiais

281. Helicóptero de sucata

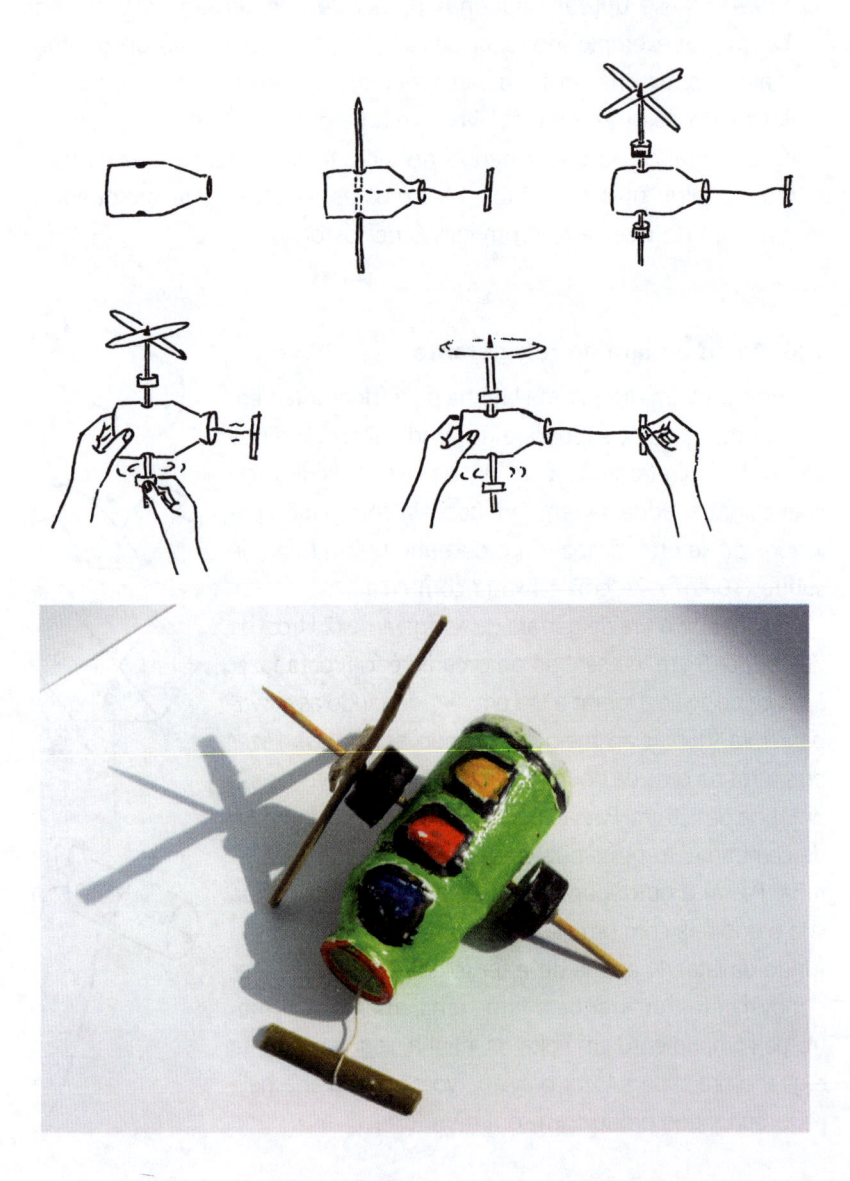

Fazer dois furos no centro de uma garrafinha de iogurte, um de cada lado. Amarrar a ponta de um barbante (fino) de 40 cm no meio de um palito de churrasco. Passar o palito, com o barbante amarrado, pelos furos da garrafinha, atravessando-a, para fazer o eixo da hélice. Os furos devem ter uma folga para não prender o movimento do eixo. Pegar a ponta do barbante, que se encontra dentro da garrafinha, e puxá-la para fora. Amarrá-la em um pedaço de palito, maior que a abertura da boca da garrafa. Furar o centro de duas tampinhas plásticas de refrigerante e enfiá-las no palito de churrasco, uma de cada lado da garrafinha. Furar dois palitos de sorvete no meio e enfiá-los, em cruz, na ponta do palito de churrasco, para formar a hélice. Passar cola (cola branca ou quente) no cruzamento dos dois palitos para manter a forma em cruz.

Para caracterizar o helicóptero, usar tinta plástica ou acrílica, cola colorida ou colar recortes de papéis.

Para brincar, girar o eixo da hélice até que o barbante se enrole todo no palito de churrasco. Segurar a garrafinha e com a outra mão puxar o barbante que está amarrado no pedaço de palito. Ao esticar quase todo o barbante, relaxar a mão para que naturalmente o eixo enrole o barbante de volta, e aí novamente puxá-lo num movimento contínuo, girando a hélice. Esse movimento produz um som muito interessante.

282. Carrinho de garrafa e latas de refrigerante

Usar uma garrafa de refrigerante de 2 litros para o "corpo" do carrinho. Com a garrafa deitada, fazer duas aberturas no centro de mais ou menos 4 cm x 6 cm mantendo uma distância de 2 cm entre elas. Fazer oito furos nas laterais da garrafa da seguinte maneira: 4 furos a 4 cm do fundo da garrafa, sendo dois de um lado e dois do outro (um furo acima

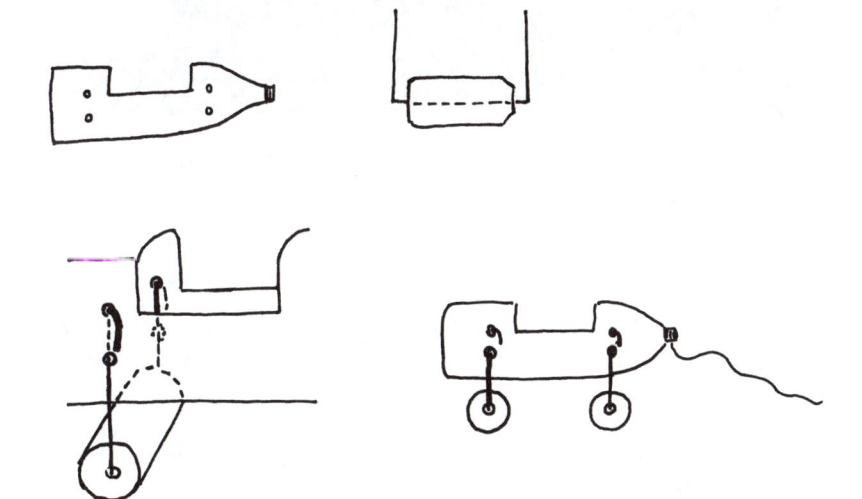

Jogos e brinquedos com sucata e outros materiais

do outro) e quatro furos a 13 cm do bico da garrafa, dois de um lado e dois do outro (um acima do outro).

Furar com um prego duas latas de refrigerante, bem no centro, em cima e no fundo, para fazer as rodas do carro. Passar um arame de 50 cm de comprimento pelos furos da lata, deixando sobras iguais de arame para cada lado da lata. Dobrar o arame, formando um ângulo reto, deixando uma pequena folga para não prender o movimento da lata. Passar as pontas do arame pelos furos da garrafa, acertar a altura e apertá-los com um alicate (as rodas não devem encostar no carrinho). Para passar o arame das rodas, enfiar a mão dentro da garrafa pelas aberturas que foram feitas no início.

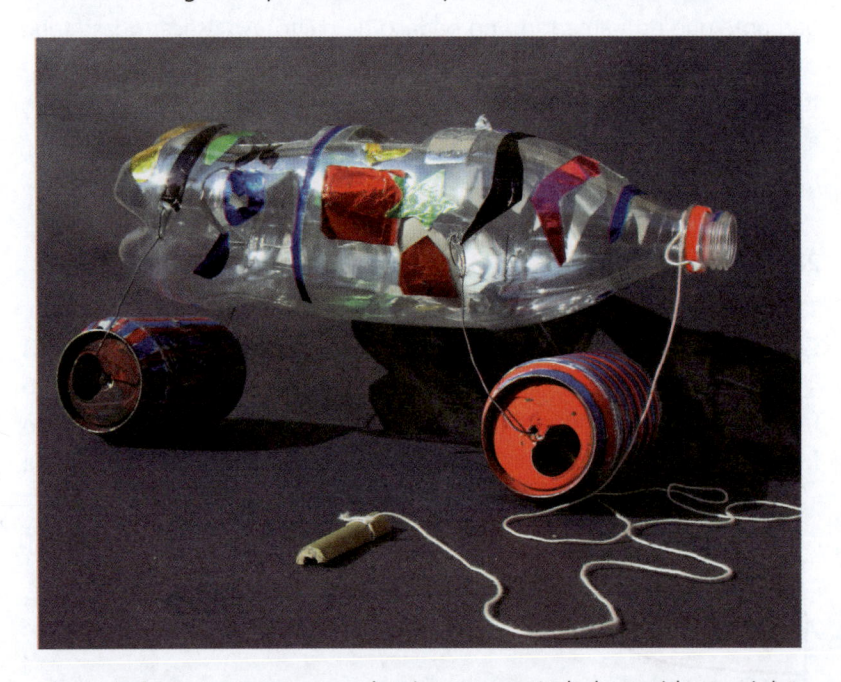

Caracterizar o carro como se desejar: conversível, de corrida, caminhão, ônibus etc., utilizando papéis coloridos, cola colorida, tinta plástica, botões, tampinhas e outras sucatas. Fazer também outros cortes na garrafa para as janelas, portas etc. Amarrar um barbante no gargalo e puxar.

Observação 1: Se as latas forem pintadas com listras coloridas, ao girarem produzirão um efeito óptico muito interessante. Para isso, as listras devem ser pintadas na vertical estando as latas em pé.

Observação 2: Experimentar fazer carrinhos com outras sucatas como caixas de papelão, latas de óleo, leite em pó etc.

283. Corrupio

Recortar dois círculos de papel-cartão ou dúplex de aproximadamente 8 cm de diâmetro. Decorá-los com desenhos bem coloridos feitos com caneta hidrocor. Fazer um corte da borda ao centro e depois colar as extremidades, uma sobre a outra, formando uma espécie de chapeuzinho chinês. Fazer dois furos no centro e alguns aleatoriamente. Colocar alguns grãos de arroz dentro e colar as bordas dos dois chapeuzinhos.

Cortar um metro de barbante fino (bem resistente). Furar no meio duas varetas de madeira de 12 cm. Com a ajuda de uma agulha sem ponta, passar o barbante pelo furo de uma das varetas, passar por um dos furos do centro do chapeuzinho, passar pela outra vareta e pelo outro furo do centro do chapeuzinho até encontrar a primeira vareta, onde deverá ser dado um nozinho.

Segurar as duas varetas e rodar o corrupio, sempre para o mesmo lado, até que fique bem enrolado. Depois disso, puxar e afrouxar o barbante (sempre segurando nas varetas), para que o corrupio gire de um lado para outro, produzindo dois sons, o do arroz e o do ar nos furinhos (assobio). Se o movimento for constante, o corrupio girará sem parar.

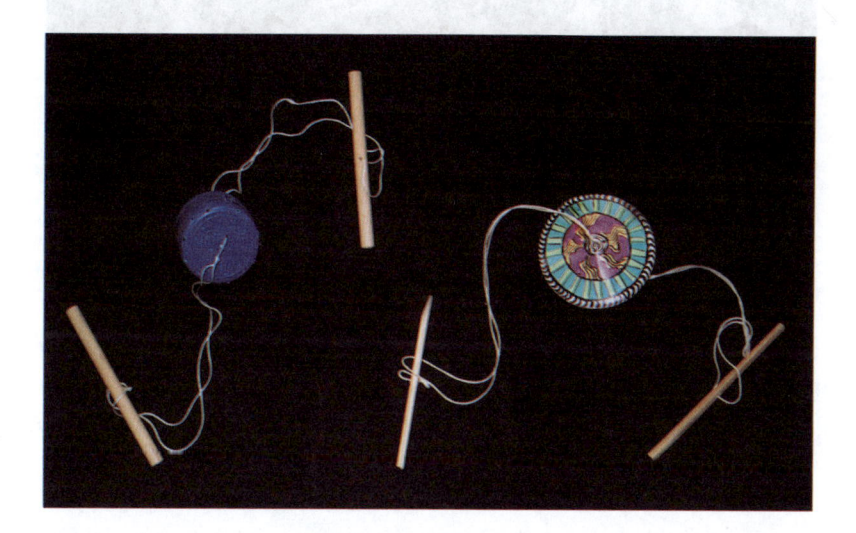

Observação: Na montagem, dar um nozinho no barbante bem próximo aos chapeuzinhos para segurar o corrupio no lugar.

283a O corrupio também pode ser feito com tampinhas plásticas (de refrigerantes). Fazer dois furos no centro das tampinhas para passar o

Jogos e brinquedos com sucata e outros materiais

barbante. Fazer outros furos nas laterais para produzir o som do ar. Colocar alguns grãos de feijão dentro e uni-las com durex. Desenhar com canetas de retroprojetor ou cola colorida.

Ver no exercício 173a, "Boneco acrobata", outra possibilidade para fazer o corrupio.

284. Rói-rói

É um brinquedo sonoro. Para construí-lo usar um pedaço de canudo de papelão (4 cm) de papel-alumínio ou de papel toalha. É possível fazê-lo com papel dúplex, mantendo essa medida. Recortar um círculo de cartolina, um pouquinho maior que o diâmetro do canudo, para fixá-lo em uma de suas extremidades. Colar com cola branca; se necessário, fazer pequenos cortes na borda para que o círculo se encaixe melhor no canudo.

Num pedaço de galho seco de árvore de 15 cm, "gastar" uma das extremidades com um canivete ou faquinha afiada, formando uma cintura. Passar bastante breu na área descascada para dar atrito. Amarrar um sisal de 20 cm de comprimento, nessa "cinturinha", deixando uma pequena folga. Fazer um furo no fundo da caixinha (do canudo) para passar a outra extremidade do sisal. Amarrar um pedaço de palito para segurar o sisal pelo lado de dentro da caixinha. Depois de pronto, segurar o galho da árvore com uma das mãos e fazer a caixinha girar em torno dele. O som do atrito do sisal no galho será amplificado pela caixinha, lembrando o coaxar de um sapo.

Pintar a caixinha com tinta guache, desenhar com caneta hidrocor ou giz de cera, ou fazer colagem com recortes de papel. Passar uma camada de verniz sobre ela, se desejar.

285. Som de galinha

Num pote de plástico rígido (tipo iogurte), fazer um pequeno furo no fundo e passar, de fora para dentro, um barbante de aproximadamente 30 cm de comprimento. Fazer um nó na ponta do barbante, pelo lado de fora do fundo do pote.

Com papéis coloridos, retalhos de tecidos e pequenas sucatas, caracterizar o potinho como se fosse uma galinha. Depois de pronto, umedecer o barbante, segurar o pote com uma das mãos e com a outra dar pequenos puxões no barbante, fazendo a "galinha cacarejar".

286. Chocalho de lâmpada

Passar vaselina numa lâmpada comum (queimada) e aplicar a técnica da papelagem: rasgar ou cortar pequenos pedaços de jornal, mergulhá-los em uma bacia com cola branca e água (diluídas na mesma proporção), deixar escorrer o excesso e cobrir toda a lâmpada. Fazer umas cinco camadas, cobrindo inclusive a parte de baixo da lâmpada (a rosca de metal). Depois

Jogos e brinquedos com sucata e outros materiais

de bem seco o trabalho, bater sobre uma superfície dura para que a lâmpada se quebre, mas sem arrebentar a papelagem. Se as camadas de jornal se romperem, colocar um pedaço de fita crepe no local e cobrir com mais uma camada de papelagem. Para não se perder na contagem das camadas, intercalar jornal e papel de seda, ou papel manilha.

Ao sacudir a lâmpada, os caquinhos farão um som de chocalho.

Para pintar, passar uma camada fina de tinta látex branca e, depois de seca, pintar com tinta guache ou acrílica. Pode-se também decorar com a própria papelagem, escolhendo para a última camada papel de presente, papéis coloridos ou mesmo papel de seda. Cada lâmpada produz um som diferente.

287. Pau de chuva

Juntar com fita crepe dois ou mais canudos de papelão duro (de papel-alumínio ou papel toalha), formando um só canudo bem comprido. Enfiar pregos, formando uma espiral que contorne todo o canudo, mantendo entre eles uma distância de 1,5 cm, mais ou menos. Cobrir as cabeças dos pregos com fita crepe para fixá-los.

Recortar dois círculos de papel-cartão ou dúplex um pouco maiores que o tamanho do diâmetro do canudo e colar com cola branca em uma das extremidades, fazendo pequenos cortes na borda do círculo para facilitar o encaixe no canudo. Jogar dentro aproximadamente um copo de arroz. Colar o outro círculo de papel na outra extremidade para fechar o canudo. Pintar com tinta guache ou fazer colagens com papéis coloridos etc. Depois de pronto, virar lentamente o pau de chuva para que os grãos caiam batendo nos pregos e produzam um som semelhante ao da chuva.

Experimentar outros tipos de grãos como feijão, milho, alpiste etc. para conseguir sons diferentes.

Observação: Quanto maior o número de pregos, melhor o efeito sonoro.

287a Pau de chuva de conduíte. Usar conduíte de 3/4 de polegadas do tipo amarelo, que tem texturas que farão com que os grãos de arroz desçam lentamente, proporcionando o som de chuva. Em um metro de conduíte, prender com durepóxi um copinho de yakult em uma das extremidades. Colocar arroz dentro (a medida de um copinho de yakult cheio) e fechar a outra extremidade com outro copinho de yakult. Decorar o pau de chuva com fitas coloridas, caneta de retroprojetor, giz de cera, tinta plástica etc. Produzir o som de chuva movimentando lentamente, segurando um copinho em cada mão.

288. Chocalho de canudo de papelão

Usar um canudo de papelão (papel higiênico, papel-alumínio ou papel toalha etc.). Recortar dois círculos de cartolina um pouco maiores que o diâmetro do canudo e colar um em uma das extremidades. Colar com cola branca fazendo pequenos cortes na borda do círculo para melhor encaixá-lo no canudo. Colocar dentro aproximadamente meia xícara de café de grãos de arroz e colar o outro círculo para fechar o canudo. Caracterizar o chocalho como um bichinho: gato, cachorro, porco, centopeia etc., utilizando diferentes materiais: papelão, sucatas em geral, botões, lãs, rolhas etc. Em alguns casos é adequado o uso da cola quente. Pintar com tinta guache, acrílica ou fazer colagens com papéis variados.

289. Maracas

A maraca pode ser feita com uma garrafinha de plástico de refrigerante com grãos de arroz dentro. Cortar um pedaço de cabo de vassoura (ou galho de árvore) e encaixar na boca da garrafa. Se houver necessidade, fixá-la com durepóxi, preparando-o como indica a instrução.

Para decorar a maraca, pintá-la com tinta plástica, cola colorida, tinta acrílica ou fazer colagem com papéis finos para não abafar o som, por exemplo, papel de seda. Também pode-se amarrar fitas coloridas, papel crepom etc.

Jogos e brinquedos com sucata e outros materiais

Construir maracas, com conteúdos diversos, como, por exemplo, feijão, sementes, milho, areia, pedrinhas etc., para pesquisar timbres diferentes.

289a Juntar três potinhos de yakult com durepóxi, para isso colocar alguns pedaços da massa nas laterais dos três potinhos e juntá-los. No meio dos três potinhos fixar, também com durepóxi, um cabo de madeira, galho de árvore ou bambu. Os potinhos deverão estar com a boca voltada para cima. Colocar dentro deles grãozinhos como arroz, feijão, areia, pedrinhas, sementes etc. Não é necessário enchê-los. Experimentar conteúdos diferentes e perceber o que acontece com o som. Tampar as bocas dos potinhos com durepóxi.

Depois de secar a massa, decorar com os mesmos materiais acima citados.

290. Reco-reco de conduíte

Usar um pedaço de conduíte (de 3/4 de polegada do tipo amarelo) de aproximadamente 30 cm. Cortá-lo ao meio longitudinalmente. Preparar o durepóxi como manda a instrução e colocá-lo por toda a extensão do conduíte na borda. Fixá-lo em uma ripa de madeira um pouco maior ou em um pedaço de bambu (com a parte côncava voltada para cima). Não é necessário usar muita massa; deixar a abertura das extremidades sem massa. Depois de seco o durepóxi, pintar o reco-reco com tinta plástica, cola colorida ou tinta acrílica.

Passar uma baqueta, de bambu ou madeira, pelo reco-reco e perceber o som que emite. Como a baqueta atrita o conduíte, a pintura que estiver sobre o seu relevo sairá conforme o uso, portanto pode-se pintar somente suas reentrâncias e a madeira.

291. Unicórdio

É um brinquedo sonoro de uma só corda. Prender uma lata, com parafuso e porca, numa das extremidades de uma ripa de madeira de 50 cm de comprimento por 5 cm de largura, aproximadamente. A lata deverá ser presa pela lateral com a boca voltada para baixo (latinha de legumes, de leite condensado etc.). Passar um fio de náilon (mais ou menos um metro) por um furo no fundo da lata, amarrando na ponta, por dentro da lata, um pedacinho de madeira para não escapar.

Prender uma cravelha (ganchinho com rosca) na outra extremidade da madeira e amarrar nela o fio de náilon, deixando-o bem esticado. Quando se quiser afinar a corda, torcer a cravelha e o som ficará mais agudo.

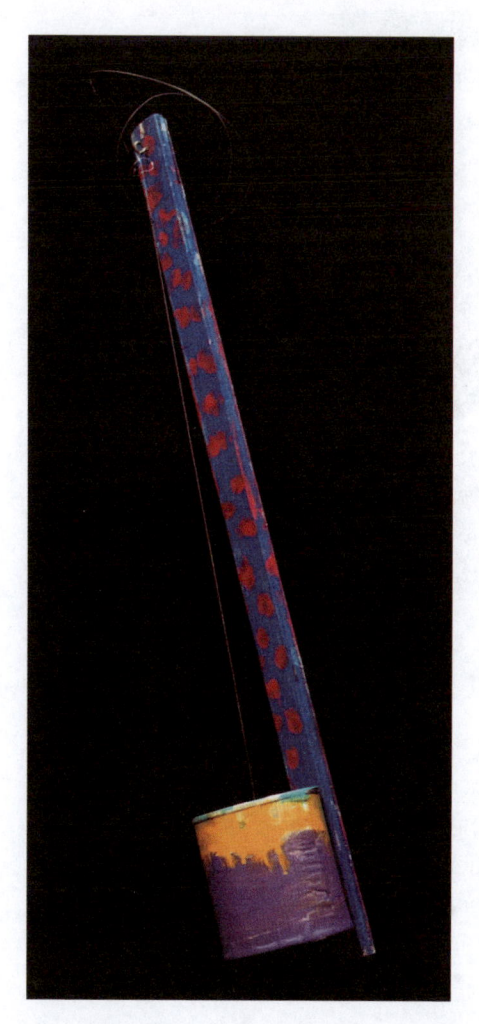

Jogos e brinquedos com sucata e outros materiais

É interessante decorar o brinquedo com tinta guache ou acrílica, antes de amarrar o fio de náilon.

Experimentar amarrar mais fios, cada um em uma cravelha.

292. Apito de barro

O apito de barro pode ter muitas formas. Neste exemplo, vamos usar o formato de um passarinho.

Com um pouco de argila fazer uma bola (mais ou menos do tamanho de uma de tênis) e ir achatando-a na palma da mão. Colocá-la em volta do dedão e ir pressionando até cobri-lo totalmente. Isso será o corpo do passarinho, que deverá ficar oco. Na ponta do dedão modelar o rabo, com a argila maciça neste pedaço. Retirar cuidadosamente a argila do dedão, fechar o corpo do passarinho, mantendo-o oco por dentro, e modelar a cabeça.

Enfiar um palito de sorvete pelo meio do "rabo" do passarinho, no sentido de seu comprimento, e devagarinho ir conduzindo-o, com uma pequena inclinação na diagonal (para baixo) até chegar à superfície (ao meio da barriga) onde aparecerá a ponta do palito. Deixar o palito e com outro ir "limpando" a argila que se encontra sobre o palito 1 (uma pequena área de 1 cm mais ou menos). Puxar um pouco o primeiro palito como se fosse retirá-lo da argila. A argila dessa pequena área de 1 cm será removida para dentro da barriga do passarinho (a parte oca) da seguinte maneira: com o segundo palito, perpendicular à barriga, empurrar a argila onde se encontra a extremidade do palito 1. Fazer o mesmo nas "paredes" de cima e de baixo (da pequena área). Na parede que fica em frente ao palito 1, fazer uma pequena inclinação, colocando o palito na diagonal em direção à cabeça do passarinho. Nesse lugar formou-se um buraco. Retirar com cuidado o palito 1. Soprar pelo rabo. Mesmo com a argila molhada o passarinho vai produzir um som, portanto verificar se a experiência deu certo ou não. Não se deve deixar rebarbas de argila na abertura do rabo, pois elas impedem a emissão do som. Os sons variam conforme o tamanho dos passarinhos.

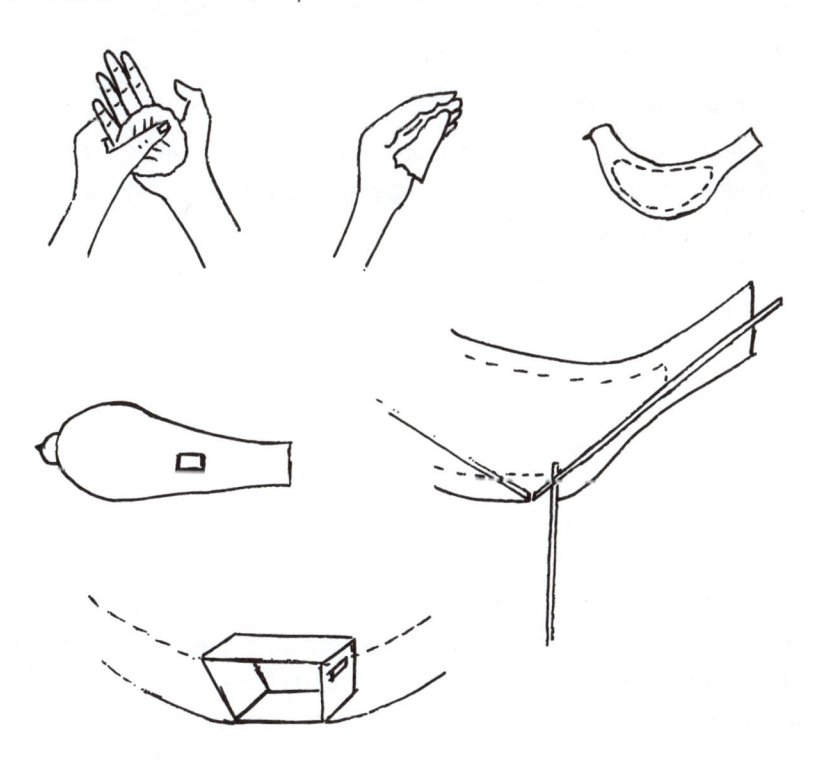

Jogos e brinquedos com sucata e outros materiais

Nem sempre se consegue um bom resultado logo na primeira tentativa, mas aos poucos vai-se percebendo as sutilezas dos cortes e com isso consegue-se fazer o apito de barro. Para pintar, esperar secar completamente. Passar uma camada de cola branca, depois que a tinta estiver totalmente seca, para dar brilho. Orientar os alunos a não molhar o rabo do passarinho ao soprarem, pois a tinta e a cola começarão a sair na boca.

293. Flauta de êmbolo

A flauta de êmbolo é feita com um pedaço de cano de PVC (1/2 polegada) de aproximadamente 20 cm. Encaixar a boca de uma bexiga em uma de suas extremidades. Colocar um pouco de água dentro do cano, o suficiente para preencher a bexiga. Para tocar, colocar o canudo embaixo do lábio inferior, soprar para dentro dele e ao mesmo tempo apertar e soltar levemente a bexiga com a mão. Perceber o que acontece com o som conforme a água se desloca para cima do canudo.

Pintar a flauta com tinta plástica, acrílica ou cola colorida, e depois de seca passar uma camada de verniz para proteger a tinta do contato com a água.

294. Agogô de lata

Este instrumento é feito com duas latas de tamanhos diferentes, por exemplo, uma de legumes e outra de leite em pó. Preparar o durepóxi como manda a instrução e colocar em torno da boca das latas para fixá-las em um pedaço de madeira. Esta deverá ter o tamanho justo, tanto no comprimento como na largura, para que as duas latas caibam nela sem que fiquem encostadas, somente próximas. Experimentar o som, batendo com uma baqueta de madeira.

As latas e a madeira podem ser pintadas com tinta plástica, acrílica ou cola colorida. Depois de secas, passar uma camada de cola branca para dar brilho.

É interessante explorar vários tamanhos de latas e perceber o que acontece com o som.

Outras atividades

295. Interferência no espaço externo

Escolher algum espaço externo para montar um ambiente e brincar: pátio, parque entre árvores, embaixo do trepa-trepa etc. O objetivo é construir casinhas, cabanas, escolinhas, para que os alunos brinquem à vontade. O material utilizado pode ser bastante variado e simples: barbante, varal ou corda para ajudar na construção, caixas de papelão desmontadas, fita crepe, jornal, tecidos, saco de lixo aberto, papel celofane e sucatas de todo o tipo. Usar esses materiais, conforme a necessidade.

Se a escola tiver um trepa-trepa, por exemplo, aproveitar sua estrutura de ferro para fazer as paredes de uma casinha, fixando nela jornal com fita crepe ou amarrando tecidos. Nas árvores pode-se esticar barbantes nos quais se colocam tecidos ou sacos de lixo para delimitação de espaços. Já o papelão pode ser colocado em pé emendando um ao outro para fechar um espaço. A placa de isopor é um material leve que pode ser aproveitado para essas construções. O papel celofane, com suas cores e transparências, se colocado nas "janelas" das casas, possibilita a entrada de luz colorida.

Depois que as cabanas, casinhas, escolinhas etc. estiverem montadas, propor aos alunos, dependendo do material que foi utilizado, que pintem as fachadas.

Trazer bonecas, bonecos, fogãozinho e outros apetrechos para complementar a brincadeira. Os alunos podem também construir seus próprios bonecos para brincar (ver exercícios 168, "Boneco de jornal enrolado" e 169, "Boneco de jornal amassado").

296. O circo

Este é um tema muito rico e gostoso de trabalhar com os alunos, pois é quase certo que todos eles já assistiram a algum espetáculo. É um trabalho que integra artes plásticas, teatro, música e dança.

Indagar quais são os "personagens" que compõem um circo e dividir a classe conforme o interesse na caracterização deles. Entregar papel crepom, tesoura, fita crepe e grampeador para que façam suas fantasias. Outros tipos de materiais, como papel laminado, celofane, tecidos, fitas coloridas, barbantes, lantejoulas, purpurina e sucatas em geral podem ser bastante proveitosos para ajudar na construção dos personagens. Com o papel-cartão preto pode-se fazer a cartola do mágico.

Outras atividades

As fantasias também podem ser confeccionadas com sacos de lixo (preto), por exemplo. Fazer buracos para a cabeça e para os braços, vestir o saco e fazer recortes que tenham a ver com o que se quer caracterizar. Colar outros plásticos coloridos, papel celofane etc.

Cartolina, tinta e caneta hidrográfica também servem para fazer máscaras para os animais. Consultar outros tipos de máscaras que se encontram a partir do exercício 177 "Máscara de saquinho de papel". Para fazer a maquiagem, além das tradicionais, existe a tinta de palhaço, que é apropriada para o teatro, e o "lápis para pintura facial" da Faber Castell.

Quanto mais diversificado for o material disponível, melhor para a caracterização do circo. Depois dessa etapa, os alunos ensaiam o número de seus personagens para uma apresentação. Reunir todos os grupos para discutir a ordem de entrada no "picadeiro". Se a escola tiver instrumentos musicais, seria interessante formar um grupo e criar efeitos sonoros para cada número. Se não houver esse recurso, professor e alunos podem trazer CDs de casa para compor a trilha.

Depois de tudo pronto é só ensaiar e se apresentar. Fazer cartazes anunciando o espetáculo, inventar um nome para o circo, construir cenários e adereços; também faz parte do trabalho. É uma atividade para mais de uma aula.

Observação: Esse processo de trabalho pode acontecer com outros temas. O importante é despertar o interesse dos alunos para que se envolvam do começo ao fim.

Muitos artistas abordaram esse tema em seus trabalhos como Alexander Calder, Picasso, Seurat, Portinari e Tolouse Lautrec (entre outros); ilustrar a atividade com essas obras seria importante para motivar os alunos.

297. "Boibolê"

O bumba-meu-boi é uma festa popular encontrada em muitas regiões do Brasil. Conforme a localização, mudam seu nome e a forma como é contada sua história.

Uma maneira de construir um boi com os alunos é fazer um "boibolê". Em um bambolê de plástico fixa-se com barbante e fita crepe um canudo de papelão grosso (de papel-alumínio) que servirá como o pescoço do boi. Com uma caixa de papelão retangular (de sapato), com a abertura voltada para baixo, faz-se a cabeça do boi. Os olhos, narinas, orelhas e chifres podem ser feitos com sucatas ou com jornal amassado (ver exercício 169, "Boneco de jornal amassado") e colados na caixa. Pintar tudo com tinta guache e colar o canudo de papelão por dentro da caixa, utilizando cola branca ou quente e fita crepe. O canudo de papelão também deve ser pintado ou decorado com papel crepom ou tecidos.

Amarrar duas tiras de pano no bambolê, que ficarão nos ombros do aluno, como suspensórios, para que possa "vestir" o boi.

Em volta do bambolê cola-se papel crepom ou tecido para servir como o corpo do boi e ao mesmo tempo esconder as pernas do aluno que estará dentro dele. Essa "saia" pode ser enfeitada de muitas maneiras: colagens com papéis coloridos, tiras de papel crepom, lantejoulas, purpurina, bordados com lãs e linhas coloridas etc. No caso do tecido, fazer desenhos com cola quente e jogar purpurina, *glitter* e brocal para que grudem na cola. (Fazer por partes para que a cola não seque.) Se o tecido for preto, as cores darão um ótimo destaque.

Seria muito interessante que os alunos entrassem em contato com essa festa, seja através de vídeo, fotos, reportagens ou, melhor ainda, participando ao vivo dessa importante manifestação folclórica.

Observação: O bambolê pode ser substituído por caixa de papelão, num tamanho que caiba o aluno. Forrar a caixa com papéis ou tecido ou pintá-la para caracterizar o boi.

298. O dragão

Esse dragão é inspirado no dragão chinês, no qual várias pessoas se movimentam dentro dele, guiadas pela primeira, que veste a cabeça. As pessoas, em fila indiana, formam o corpo embaixo de um grande pano.

Numa caixa pequena de papelão, com profundidade suficiente para cobrir a cabeça de um aluno, é desenhada a cabeça de um dragão. A caixa deverá estar com a abertura voltada para baixo. Caracterizar o dragão colando sucatas ou jornal amassado, ou ainda papel machê (ver exercício 208, "Papel machê"), para fazer orelhas, olhos, dentes, língua etc. Não exagerar para que a cabeça não fique pesada. Usar cola branca ou cola quente para colar os materiais. Pintar com guache. É necessário fazer dois pequenos furos na frente da caixa para que o aluno possa conduzir a turma. Se precisar, colocar elástico nas laterais da caixa para melhor firmá-la na cabeça.

Um tecido bem comprido e largo é fixado com cola quente por fora da caixa, em volta da abertura. O tecido deverá ser largo o suficiente para dar a volta na caixa (só não na frente).

Outras atividades

Este pode ser estampado ou pintado pelos alunos com tinta guache ou tinta própria para tecido.

Com esta técnica é possível construir outros bichos, como centopeias, jacarés, monstros etc.

298a Outra ideia é construir um personagem de muitas cabeças. Proceder da mesma maneira acima explicada, só que desta vez fazer aberturas no pano para que as cabeças dos alunos possam aparecer. Estes também constroem suas cabeças de caixa de papelão ou outros materiais. Passam a cabeça pelo tecido e depois vestem suas criações. Em vez de caixas podem usar bonés ou chapéus para fazer a estrutura de suas "cabeças", evidentemente acrescentado colagens ou pinturas para caracterizá-las.

299. Teatro de sombras

O ambiente precisa estar escuro (não escuridão total) e existir um bom foco de luz que iluminará um tecido branco (lençol, por exemplo) esticado a uma distância de mais ou menos três metros do foco. Essa medida é relativa e varia de acordo com o tamanho do tecido, o foco de luz e o que se deseja experimentar. Se o tecido ficar muito perto do foco de luz, não haverá espaço suficiente para os alunos se moverem, pois estes atuam entre o foco e o tecido.

O foco de luz pode vir de um retroprojetor ou de um projetor de *slides* (neste caso usando a moldura do *slide* vazia); ou outras possibilidades a serem experimentadas (vela, lanterna etc.). O teatro de sombras é a encenação de uma história feita de sombras que se passa atrás de um pano para a plateia que assiste do outro lado. Os personagens são representados pelos próprios alunos, ou por bonecos de cartolina presos em uma vara. O boneco pode ter algumas partes vazadas para que passe luz, estas podem ser cobertas com papel celofane colorido.

Para fazer um cenário de algum lugar, por exemplo, uma cidade, recortar em uma cartolina a silhueta dos prédios, casas, igreja etc. e abrir "janelas" transparentes e coloridas para criar um belo efeito. Qualquer papel transparente colorido fica muito bonito, por exemplo, papel de bala de plásticos decorados, celofane etc. Se colocadas diretamente na frente do foco de luz, essas transparências podem criar climas diferentes ou simplesmente modificar a cor do tecido como um todo.

Quanto mais próximo do tecido o objeto for colocado, mais nítida ficará sua imagem e seu tamanho, mais próximo do real. Quanto mais próximo do foco de luz, maior ficará a sombra e mais desfocada. É interessante que os alunos experimentem bastante esses planos e percebam o que acontece. Cenas com mais de um plano ao mesmo tempo são enriquecedoras no teatro de sombras.

Experimentar outros materiais na construção de personagens e objetos, por exemplo, o arame, que por sua flexibilidade oferece muitas possibilidades (ver exercício 223, "Escultura com arame").

299a O retroprojetor: se o foco de luz for um retroprojetor, experimentar também desenhar em acetato com canetas coloridas para retroprojetor para criar ambientações, cenários, personagens etc. que podem servir como fundo ou mesmo como cena principal. É possível colar no acetato materiais transparentes (com pequenos pedaços de durex). Enfim, é mais um recurso para enriquecer o trabalho. O interessante é criar "diálogos" entre as várias técnicas aqui propostas.

299b O projetor de *slides*: neste caso, usar várias "molduras" de *slides* vazias. Trabalhar com vários tipos de transparência, por exemplo, plásticos com estampas, papel de bala ou bombom, papel de seda, acetato, encaixando-os nas molduras. Experimentar fazer tramas com linhas de costura montadas na própria moldura.

Outras atividades

É muito interessante usar como suporte filme de fotografia queimado ou radiografia (a parte preta) raspados com um instrumento pontudo, por exemplo, a ponta de um compasso, prego etc. O aluno pode fazer um desenho com essa ponta seca e criar texturas raspando o filme. Como o material é escuro, onde é raspado a luz vaza, ótimo efeito para climas noturnos. Outra possibilidade é pintar o acetato com nanquim: passar várias camadas para vedá-lo completamente e depois de seco raspá-lo.

O trabalho do aluno é feito em uma dimensão bem pequena (do tamanho de um *slide*), porém, quando projetado, ele terá uma grande surpresa com sua ampliação.

299c Outra ideia é usar o projetor de *slides* e/ou o retroprojetor para criar um audiovisual. O suporte para receber a projeção pode ser o tecido esticado ou mesmo a própria parede. Através dos desenhos dos alunos, conta-se uma história, que poderá ter uma trilha sonora também elaborada por eles.

O Sucatário

300. Sucatário

As possibilidades de construções com sucatas são infinitas, baratas e podem ser muito criativas. Além disso, as sucatas podem ser utilizadas em muitas outras atividades, como complemento de outra técnica. Porém, precisam ser muito bem cuidadas para que não fiquem com uma aparência desprezível, de lixo. A organização e a limpeza dos materiais são imprescindíveis para a realização do trabalho.

Cada ateliê, classe ou espaço de aula de artes organizará seu Sucatário de acordo com as condições e os equipamentos do local. Por exemplo, em prateleiras, armários, sobre uma bancada etc. O importante é que a sucata esteja classificada por agrupamentos de semelhanças. O ideal seria dispor de caixas de vários tamanhos para cada tipo de sucata. Essas caixas podem ser de papelão (de embalagem) e pintadas por fora para ganhar melhor aparência. A pintura das caixas (guache ou látex) é uma atividade que pode ser feita com os alunos. As caixas maiores devem ser reservadas para latas em geral, potinhos de plástico, garrafas plásticas, rolinhos de papel higiênico, laminado e papel toalha, caixas de papel ou de papelão que não sejam muito pequenas, pedaços de madeira, pedaços de isopor de embalagens, bandejinhas de isopor etc. As caixas menores para tampinhas de garrafas e de outras embalagens, caixinhas pequenas (de fósforo), palitos de dentes, sorvete e churrasco, retalhos de tecido, botões, lãs, barbante e linhas, e assim por diante. O importante é que o aluno perceba e reconheça com facilidade o lugar de cada tipo de sucata para que, inclusive, possa guardá-la sem o auxílio do professor.

Todos devem ser avisados de que a sucata precisa vir limpa de casa. O único momento em que o Sucatário estará um pouco "bagunçado" será quando os alunos estiverem trabalhando, mas ao término de cada atividade deverá de novo ser organizado. Quando há clareza na disposição dos objetos, é muito mais fácil detectar algo que esteja fora do lugar. Se a sucata não for valorizada, fica muito próxima de mero lixo e com isso não desperta nenhum interesse para a criação.

Além de toda essa organização, é preciso oferecer materiais que complementem o trabalho, como cola branca e quente, fita crepe e durex, tinta, papéis coloridos, caneta hidrocor, giz de cera etc. As construções com sucata podem ser bem interessantes e criativas, mas muitas vezes é importante o professor chamar a atenção de seus alunos para os rótulos das embalagens. Para um trabalho ficar bem acabado, deve-se muitas

O Sucatário

vezes cobrir as embalagens para que visualmente fiquem mais agradáveis. Isso pode ser feito com papéis coloridos, tecidos ou tinta, ou ainda virando a caixa do avesso. Deve-se deixar aparecendo a estampa com o rótulo quando o aluno quiser aproveitá-lo esteticamente.

Embora chegue de graça, a sucata deve ser valorizada, assim como os outros materiais. Essa sensibilização deve envolver toda a comunidade escolar.

Indíce remissivo

A

anilina 31, 43-46, 86, 190
arame 51, 87, 104, 115, 154-155, 166-167, 170, 207-211, 214, 222, 227-228, 231-238, 243, 254, 259-260, 280
argila 59, 146, 166, 180-182, 185-193, 195-198, 201-203, 207-208, 210, 212-213, 216, 223, 228, 263, 280
azulejo 47, 202-203

B

bambu 207, 219, 228, 231-232, 234, 262-263
barbante 29, 51, 83, 110, 125, 138, 157, 161-162, 164-166, 172, 176-179, 181-182, 184, 190, 220-222, 236, 238, 245, 247, 250-253, 258, 260, 263, 274, 276, 280
bexiga 157, 161-162, 239, 266
bolinha de gude 102-103, 243, 251
bombril 83, 116, 151, 155, 157, 195, 201, 204, 211

C

caixa 33, 95, 103, 129, 139-140, 147, 151, 156, 165, 176, 186, 190, 192, 209, 213, 217, 223, 235-236, 241-243, 251-252, 272-274, 280

caneta de retroprojetor 50, 124, 239, 249, 261
caneta hidrográfica 68-69, 75, 82-84, 87, 91, 93, 101, 124, 127, 162-163, 232, 272
canudo 147, 151-152, 187, 233-234, 258, 260-261, 266, 272-273
cartolina 28-33, 36, 38, 43-46, 48-49, 51, 53, 55-57, 60, 68, 70-71, 73, 77, 79, 81-85, 87, 90, 93-97, 99, 101-103, 105, 109, 112, 115-117, 121-127, 129-131, 133-134, 137-138, 146-147, 151, 155-157, 162, 178, 181, 185, 187, 189, 195, 215-216, 228, 232-233, 244-245, 251, 258, 261, 272, 275
carvão 49, 51, 56, 70, 73, 123
cimento 185
cola colorida 50, 85, 86, 102, 121, 152, 182, 184, 219, 235, 247, 249, 253, 255-256, 258, 261, 263, 266-267
concreto celular 217
conduíte 237-238, 260, 262-263
corante 27-28, 28, 36, 37, 38, 62, 85, 109, 166, 167, 186, 187

D

durepóxi 59, 103, 178-180, 237-238, 260-263, 266

E

elementos da natureza 62, 83, 109-110, 182

espelho 31, 49-50, 56, 68, 72, 82-83, 100, 104, 123, 127, 130-132, 136, 138, 154, 216, 227, 230, 232, 238, 245, 252

esponja 28-29, 128, 131, 142, 189, 201, 204

espuma 28-29, 32, 36, 110-112, 114, 117-118, 128, 160-161, 172, 194, 196

F

foto 57, 73, 74, 124

G

garrafa 146, 161, 193, 195, 228, 239, 243, 249, 253, 255-256, 261

gesso 38, 42, 59, 168-169, 181-190, 192

giz de cera 27-28, 30, 34, 44, 46, 68-69, 71, 74, 79, 81-87, 92, 94, 117, 120, 133, 146-147, 162-163, 187, 222-223, 230, 232, 259, 261, 279

grãos 117, 121-122, 181, 247, 251, 257-258, 260, 261

I

isopor 28-29, 84, 91, 94, 111-112, 117, 128, 151, 153, 157, 165, 172, 190, 197-198, 207-209, 233, 236, 239, 271, 279

J

jornal 90, 111, 124-125, 131, 139, 142, 144-145, 151-154, 157, 161-162, 164, 166-168, 170, 186, 192, 194-196, 227, 230-232, 238, 243, 249, 259-260, 271-273

L

lã 83, 138-141, 151, 157, 162, 168, 195, 228, 232, 240-241, 243

lápis 30, 33, 37, 44-45, 49, 51, 53-54, 56, 63, 67-74, 76-77, 79, 82-90, 92-94, 99-101, 103, 109, 114, 115-116, 121, 123, 124, 127, 130, 135-136, 190, 192, 208, 218, 230, 240, 242, 251, 272

lápis de cor 30, 33, 37, 69, 71-73, 79, 82-84, 86-89, 93-94, 99, 101, 109, 124, 127, 135, 227, 230, 251

lata 146, 193-194, 222-223, 227, 240, 253, 256, 263, 266

lixa 39, 42, 84-85, 87, 117-118, 168, 170, 190, 192

luva 156-157, 187-188

M

madeira 28, 39, 41-42, 47, 59, 104, 117-119, 141, 143, 159, 162, 167, 172, 177, 182, 185, 188, 193, 196-198, 201, 212, 214, 219-221, 240, 242, 257, 262-263, 266-267, 279

meia 77, 79, 123, 142, 156-157, 192, 196, 249-250, 261

N

nanquim 34, 46, 70, 75, 80-82, 86, 89, 92-93, 276

O

ovo 39, 121, 209

P

palito 30, 33, 44, 80-81, 83, 86, 89, 103, 111, 114, 139-140, 144, 147, 151, 155, 157, 170, 172, 174, 176-178, 184, 190, 196-197, 232, 234, 238, 240, 247, 254-255, 258, 265

papel-alumínio 165, 211-212, 228

papel celofane 128-129, 139, 208, 223, 228, 232, 271-272, 275

papel crepom 30-31, 139, 153, 162-163, 192-193, 197, 230-231, 244, 249, 261, 271, 273

papel de seda 30-31, 121, 156, 223, 228, 230, 232, 260-261, 275

papel higiênico 142, 155, 162, 191, 195, 212, 228, 261, 279

papel machê 191-194, 207, 211, 273

papel-carbono 53-54, 89-90

papelão 33-34, 38, 48-49, 59, 84, 91, 93-95, 104, 112, 117, 133, 138, 146-147, 151, 157, 159-160, 162-163, 165, 172, 183, 186, 189-190,

192-193, 195-196, 207, 211-214, 217, 233-237, 240, 242-243, 256, 258, 260-261, 271-274, 279
parafina 86, 113, 145, 207, 221
pastel oleoso 27, 44, 81, 84-85, 93, 113, 115-117, 223
pastel seco 69, 190
pedra 44, 47, 59, 179-180, 187, 207, 218, 221

R
revista 56, 90, 112, 116-117, 122, 124-127, 131-132, 137, 232, 245

S
sabão 44, 97, 145, 179-180, 218, 221-222, 234-235
sucata 91, 153, 161, 196, 198, 209, 214, 254, 279, 280

T
tecido 28, 32-35, 39, 41-42, 47, 51, 123-124, 133, 139, 143, 145, 151, 154-158, 162, 168, 172, 194-197, 201, 211, 214, 216, 231, 233, 240, 243, 247, 273-276, 279
têmpera 39-40, 59, 221
tinta acrílica 34, 42, 47, 49-50, 74, 121, 124, 140, 152, 154, 164, 168, 170-171, 174-175, 178, 189, 192-195, 203, 219, 221, 236, 243, 260-261, 263
tinta creme 38
tinta de impressão 111, 114-115, 118, 119
tinta guache 28-29, 32, 37-38, 43-44, 46-49, 51, 57, 61, 69, 71, 73, 78, 82-84, 87-88, 99, 103, 110-114, 117-118, 121-123, 128, 130-131, 133, 135-136, 152-155, 161, 163-164, 166, 168, 170-179, 181, 186-188, 190-191, 193, 197, 203, 211, 213, 217, 219-221, 227, 234, 243, 251, 253, 259-261, 264, 272, 274
tinta óleo 109, 221
tinta plástica 42, 47, 50, 87, 121, 152, 165, 168, 170, 174-175, 191-193, 195, 203, 238, 247-248, 253, 255-256, 261, 263, 266-267

V
vela 86, 113, 132, 143, 145-147, 221-223, 233, 275

X
xerox 51-52, 55-56, 73-74, 89, 93-94, 100-101, 125-127, 135

Uma editora sempre **conectada com você**!

Quer saber mais sobre as novidades e os lançamentos, participar de promoções exclusivas, mandar sugestões e ficar por dentro de tudo o que acontece em Edições Loyola? É fácil! Basta fazer parte das nossas redes sociais e visitar nosso *site*:

facebook.com/edicoesloyola

twitter.com/edicoesloyola

youtube.com/edicoesloyola

issuu.com/edicoesloyola

www.loyola.com.br

Receba também nossa *newsletter* semanal! Cadastre-se em nosso *site* ou envie um *e-mail* para: **marketing@loyola.com.br**

Edições Loyola

editoração impressão acabamento
rua 1822 n° 341
04216-000 são paulo sp
T 55 11 3385 8500/8501 · 2063 4275
www.loyola.com.br